王冀生

内 容 简 介

这本《大学的理想》以"我国大学正在实现新的文化觉醒"为导论，以作者1996年以来公开发表的有关学术论文、报告、演讲和公开出版的有关学术专著中按照时间顺序精选的24篇论文为主体，从历史的轨迹和哲学的高度比较全面、系统地探索、论述和回答了当代中国大学在传承和创新文化过程中面临的一系列重大理论和实践问题，并以"以人为本，实现和谐"为价值基石，以"人文、理性、求实、创新、和谐"为共享核心价值信念，为构建当代中国大学人的精神家园和实现当代中国大学理想而奋斗，具有较高的学术水平、文化价值和时代意义。

本书封面贴有清华大学出版社防伪标签，无标签者不得销售。

版权所有，侵权必究。举报：010-62782989，beiqinquan@tup.tsinghua.edu.cn。

图书在版编目（CIP）数据

大学的理想/王冀生著. —北京：清华大学出版社，2022.11
ISBN 978-7-302-62034-1

Ⅰ.①大⋯　Ⅱ.①王⋯　Ⅲ.①高等学校－校园文化－建设－研究－中国　Ⅳ.①G647

中国版本图书馆CIP数据核字(2022)第190619号

责任编辑：纪海虹
封面设计：常雪影
责任校对：王荣静
责任印制：曹婉颖

出版发行：清华大学出版社
　　　　网　　　址：http://www.tup.com.cn，http://www.wqbook.com
　　　　地　　　址：北京清华大学学研大厦A座　　邮　　编：100084
　　　　社　总　机：010-83470000　　邮　　购：010-62786544
　　　　投稿与读者服务：010-62776969，c-service@tup.tsinghua.edu.cn
　　　　质　量　反　馈：010-62772015，zhiliang@tup.tsinghua.edu.cn
印 装 者：三河市东方印刷有限公司
经　　　销：全国新华书店
开　　　本：170 mm×240 mm　　印　　张：16.75　　字　　数：296千字
版　　　次：2022年12月第1版　　印　　次：2022年12月第1次印刷
定　　　价：98.00元

产品编号：096564-01

王冀生 著

大学的理想

清华大学出版社
北京

内 容 简 介

这本《大学的理想》以"我国大学正在实现新的文化觉醒"为导论，以作者1996年以来公开发表的有关学术论文、报告、演讲和公开出版的有关学术专著中按照时间顺序精选的24篇论文为主体，从历史的轨迹和哲学的高度比较全面、系统地探索、论述和回答了当代中国大学在传承和创新文化过程中面临的一系列重大理论和实践问题，并以"以人为本，实现和谐"为价值基石，以"人文、理性、求实、创新、和谐"为共享核心价值信念，为构建当代中国大学人的精神家园和实现当代中国大学理想而奋斗，具有较高的学术水平、文化价值和时代意义。

本书封面贴有清华大学出版社防伪标签，无标签者不得销售。

版权所有，侵权必究。举报：010-62782989，beiqinquan@tup.tsinghua.edu.cn。

图书在版编目（CIP）数据

大学的理想 / 王冀生著. —北京：清华大学出版社，2022.11
ISBN 978-7-302-62034-1

Ⅰ.①大… Ⅱ.①王… Ⅲ.①高等学校—校园文化—建设—研究—中国 Ⅳ.①G647

中国版本图书馆CIP数据核字(2022)第190619号

责任编辑：纪海虹
封面设计：常雪影
责任校对：王荣静
责任印制：曹婉颖

出版发行：清华大学出版社
网　　址：http://www.tup.com.cn, http://www.wqbook.com
地　　址：北京清华大学学研大厦A座　　　邮　编：100084
社 总 机：010-83470000　　　　　　　　邮　购：010-62786544
投稿与读者服务：010-62776969, c-service@tup.tsinghua.edu.cn
质 量 反 馈：010-62772015, zhiliang@tup.tsinghua.edu.cn
印 装 者：三河市东方印刷有限公司
经　　销：全国新华书店
开　　本：170mm×240mm　　印　张：16.75　　字　数：296千字
版　　次：2022年12月第1版　　印　次：2022年12月第1次印刷
定　　价：98.00元

产品编号：096564-01

王冀生 著

大学的理想

清华大学出版社
北京

作 者 简 介

王冀生，安徽省庐江县东汤池镇人，农历庚午（马年）十月初六日（公元1930年11月25日）出生于天津市，1948年9月就读于北洋大学采矿系一年级，1949年9月转学至清华大学电机系二年级学习直至毕业。

1952年8月清华毕业后分配到当时全国学习苏联教育先进经验样板学校哈尔滨工业大学，1955年8月哈尔滨工业大学师资研究生班结业后留校任教，任工业企业电气化专业教研室副主任，1956年任专业主任，同年评为讲师。1978年6月奉调到原第八机械工业总局（部）教育局，历任副处长、处长，1980年评为副教授。1981年11月转到教育部（国家教委）高等教育二司，历任处长、副司长，正司级巡视员。1991年12月调任原国家教委高等教育研究中心主任（正司级），1992年评为研究员，1994年3月退休。

从1996年至今潜心研究大学文化，公开发表学术论文、演讲和报告近百篇，公开出版的自著和主编的著作有：《现代大学文化学》（北京大学出版社，2002年4月）、《大学之道》（高等教育出版社，2005年8月）、《大学理念在中国》（高等教育出版社，2008年3月）、《大学文化哲学——大学文化既是一种存在更是一种信仰》（中山大学出版社，2012年4月）、《我的大学文化观》（天津大学出版社，2014年8月）和《中国特色高等教育文化研究》（清华大学出版社，2019年5月）。在这期间，曾主持教育部人文、社会科学研究2007年度规划基金项目"中国大学文化百年研究"并担任由北京大学、清华大学、浙江大学、上海交通大学、天津大学、中山大学、厦门大学、中国科学技术大学、湖南大学和苏州大学分别撰写出版的《中国大学文化百年研究系列丛书》的总主编。高等教育出版社，2011年3月—2013年10月）。

2002年9月应聘担任由北京大学、清华大学和高等教育出版社联合组建的"大学文化研究与发展中心"顾问，2009年4月以后兼任"大学文化研究与发展中心"学术委员会主任，2017年4月应聘担任中国高等教育学会大学文化研究分会顾问。

代序一　加强大学文化研究　推进大学文化建设

2002年9月1日在"大学文化研究与发展中心"成立会上的讲话

教育部副部长　袁贵仁

开展大学文化研究，推进大学文化建设，是一项具有基础性、战略性、前瞻性的工作。

众所周知，人类社会由经济、政治、文化构成，社会主义现代化建设包括经济建设、政治建设、文化建设。我们党历来重视文化和文化建设，江泽民同志在新的历史时期，把"代表先进文化前进方向"作为"三个代表"重要思想的基本内容之一，深刻地反映我们党对文化发展与党的先进性之间本质联系的科学把握，体现了世界眼光和时代精神。由于教育和大学与文化具有天然的联系，因此，教育和大学在发展中国先进文化中负有重任。

大学的根本任务是培养优秀人才，正如江泽民同志在"庆祝清华大学建校90周年大会"上的讲话中所说的，一流大学应该成为培养人才的主要基地，不断为祖国、为人民培养出具有正确世界观、人生观、价值观，具有创新精神和实践能力的全面发展的人才。大学是通过什么培养人才呢？回答是文化。文化的基本功能就是武装人、引导人、塑造人、鼓舞人，亦即培育人。从起源说，文化是"人化"，人的主体性或本质力量的对象化；从功能说，文化是"化人"，教化人、熏陶人。人是文化的创造者，也是文化的创造物。大学就是通过文化培养人、"创造"人的。大学的出现，是为了继承、传播和创造文化，通过文化的继承、传播和创造促进受教育者的社会化、个性化和文明化，从而成为健全的人、完善的人。所以，江泽民同志在谈到建设一流大学时，强调大学应该成为继承传播民族优秀文化的重要场所和交流借鉴实践先进文化的窗口，成为新知识、新思想、新理论的重要摇篮，努力创造和传播新知识、新理论、新思想，不断促进社会主义文化的发展。

在一定意义上说，大学即文化。大学的教育教学过程，实质上是一个有目的、有计划的文化过程。所谓教书育人、管理育人、服务育人、环境育人，说到底都是文化育人。大学传统、大学精神，实质上就是大学的文化传统、文化精神。所谓校训，不过是一所大学对其文化传统、文化精神的理性抽象和认同；所谓校风，不过是一所大学对其传统、精神、校训的文化自觉和习惯。不同的传统、精神，不同的校训、校风，是一所大学展示的"文化名片"和大学绵延的"文化基因"，构成了学生思想和行动的不同"文化模式"。总之，文化是一所大学赖以生存、发展的重要根基和血脉，也是大学间相互区别的重要标志和特征。研究大学文化，有助于准确把握大学的本质、使命和责任，有助于全面了解不同国家大学的不同文化传统，不同类型大学的不同文化风格，不同层次大学的不同文化底蕴。

我们不仅要研究大学文化，还要推进大学文化建设，因为这有助于我们全面贯彻党的教育方针，全面推进素质教育，培养德智体美全面发展的高素质人才。由于种种原因，我们对大学文化的研究还不够，对大学文化建设的重视还不够，客观上使得我们的一些工作常常流于表面，流于肤浅。我们的教育重视学科专业的系统性，相对忽视人的完整性，对人的健全人格、个性的培养重视不够；我们的教学侧重"教书"，突出知识、技能的传授，相对忽视"育人"，对人的思想品德、素质能力的培养重视不够；学校的建设，重视硬件、设施，相对忽视观念、制度，对教学观念、办学理念的研讨、宣传不够；学校的管理环境，多了一些社会机构共性，相对少了一点文化自觉、文化蕴含，对学校整体文化形象、文化气质的设计、培育重视不够。由于对大学文化研究和建设的重视还不够，我们对教育方针的贯彻、教育制度的执行、教育内容的安排、教学方法的改进，乃至教育教学设施的建设，往往就事论事的多，在表层的、技术的、局部的方面加以设计和操作的多，缺乏应当具有的丰富、深厚的文化内涵，缺乏应当具有的高度、深度和广度。所以，也就较难把握其实质和精髓，达到预期的理想和目标。

大学文化研究和建设，首先要坚持先进性的要求，用"三个代表"重要思想统领大学文化研究，把是否体现中国先进生产力的发展要求、中国先进文化的前进方向和中国广大人民群众的根本利益，作为衡量大学文化研究性质、方向和水平的根本尺度，深入揭示在改造落后文化、防止和抵御腐朽文化中建设中国特色社会主义大学文化的规律和特点。大学文化研究和建设，根本在于坚持以人为本，着眼于思想道德建设，帮助师生树立正确的世界观、人生观和价值观，培养有理想、有道德、有文化、有纪律的高素质人才。根据不断变化的社会实际和师生思想实际，深入探索大学文化的内涵以及对师生的导向功能、教育功能、熏陶功能实现的途径。大学文化研究和建设，还要坚持文化的全面发展、人的全面发展的思想，在承认人文文化和自然科学不同特点的基础上，研究自然科学中的人文精神和人文文化中的科学精神，在大学文化及其教育中探索人文文化与自然科学，自然科学与人文，社会学科相互结合、综合、融合的机理，以及培养学生科学精神和人文精神的方法、途径。加强大学文化研究和建设的关键是积极进行文化创新，继承和弘扬优秀文化传统，吸收和借鉴世界优秀文化成果，总结社会主义大学文化建设经验，不断丰富和发展大学文化内涵，增强有中国特色社会主义大学文化的吸引力和感召力。文化包括观念、制度、器物不同层次，大学文化研究和建设要坚持整体推进的原则，全面分析和把握作为统一整体的大学文化观念、制度、器物之间相互联系、相互促进的机制和整体效应的发挥。

大学文化是社会主义文化的重要组成部分，大学文化建设理应走在社会前列。我们要全面贯彻"三个代表"，特别是"代表先进文化前进方向"的重要思想，坚持解放思想、实事求是的思想路线，弘扬与时俱进的精神，发扬理论联系实际的学风，刻苦钻研，勇于探索，在大学文化研究上争取创造新成果，得出新结论，在大学文化建设上争取取得新进展，实现新突破，为新世纪新阶段中国高等教育的发展、改革，中国先进文化建设和中华民族伟大复兴作出我们应有的贡献。

（载于《中国大学教学》2002年第10期）

代 序 二

　　2002年的阳春三月，冀生同志找到清华大学原党委书记方惠坚同志，希望由清华大学牵头组建一个大学文化研究中心。方惠坚同志推荐由我来做这件事，因为自20世纪90年代中期以来我一直在从事教育研究和大学生文化素质教育工作，在工作中我认识到营建良好的大学文化氛围是深化文化素质教育的重要途径，而文化素质教育是大学文化建设的重要渠道。于是，我就义无反顾地成为了这一倡议的首位积极响应者。不久，北京大学的赵存生副书记、原常务副校长王义遒教授和高等教育出版社的郑惠坚副总编（受高等教育出版社刘志鹏社长的委托）也积极投身到这项工作中来。在时任教育部副部长袁贵仁同志的支持下，2002年9月1日，由北京大学、清华大学和高等教育出版社联合组建的"大学文化研究与发展中心"在清华大学宣告成立，这是一个富有远见的创举。袁贵仁同志亲自到会并发表了既富有深刻哲理又有现实指导性的讲话，指出："开展大学文化研究，推进大学文化建设，是一项具有基础性、战略性、前瞻性的工作。""研究大学文化，有助于准确把握大学的本质、使命和责任，有助于全面了解不同国家大学的不同文化传统，不同类型大学的不同文化风格，不同层次大学的不同文化底蕴。……有助于我们全面贯彻党的教育方针，全面推进素质教育，培养德智体美全面发展的高素质人才。""大学文化研究与发展中心"成立后，明确由清华大学和北京大学轮流出任轮值主任，由高等教育出版社任常务副主任，我被确定为首届轮值主任，冀生同志应聘担任"大学文化研究与发展中心"顾问，后来又兼任学术委员会主任。10年来，我和冀生同志以及其他众多学者一起共同探索中国特色大学文化发展之路，取得了一批重要成果。在这期间，尽管我和冀生同志彼此之间也会有一些不同的学术见解，但是，总体方向和基本理念有很多的共识，合作是愉快的。

　　大学文化哲学研究是一个宏大的命题，首先需要界定什么是文化、什么是大学文化、什么是文化哲学、什么是大学文化哲学这一系列尚不十分清晰的重要概念。由于文化现象和人们视角的多样性，仅对于"什么是文化"就有数以百计不同的界定。当年影响比较广泛并得到较大认同的是英国人类文化学家爱德华·泰勒于1871年给出的定义：文化"是包括知识、信仰、艺术、法律、道德、习俗以及作为一个社会成员所获得的能力与习惯的复杂整体"。冀生同志经过研究提出的关于大学文化的界定则是以"大学的本质及其在人类社会发展中承担的文化使命"为出发点的，他认为"大学的本质是一种以传承和创新文化为己任的功能独特的文化组织"，肩负着文明守卫、人文化成、文化引领和价值批判的文化使命。在这个基础上，他对大学文化作了如下的界定："主要凝聚在深厚的文化底蕴之中的大学文化是一种独特的社会文化形态，是以大学精神文化为核心和灵魂的，由大学物质文化、大学精神文化、大学制度文化和大学环境文化构成的一个相互渗透、相辅相成和辩证统一的有机的整体。"随着大学文化研究逐步进入到哲学领域，冀生同志进一步把大学文化界定为"大学文化既是一种存在更是一种信仰"，并以此为核心初步构建了一个大学文化哲学的基本理论框架，标志着他对大学本质的认识进入到了一个新的境界，力求从哲学的高度来探索和回答大学文化理论和建设问题。

冀生同志这本《大学文化哲学——大学文化既是一种存在更是一种信仰》的问世，不是偶然的。新世纪伊始，文化受到越来越多的关注，与之相适应的便是文化哲学思潮的进一步兴起。文化哲学是对于文化现象和文化事件的理性思考，是对文化现象的哲学理解和历史阐释，是一种文化理论研究模式。这种哲学理解和历史阐释，对于提升人们的文化自觉具有重大意义。恩格斯在《自然辩证法》中，针对德国民族在19世纪前半叶热衷于实际操作而摈弃理论、沉溺于形而上学的现象，深刻地指出："一个民族要站在科学的最高峰，就一刻也不能没有理论思维。"由于哲学对人的文化行为具有价值规范和思维导向的功能，欲使文化行为具有高度自觉的意识，必须使之上升到哲学的高度。正如清华大学哲学系邹广文教授在《当代文化哲学》一书中指出的："面对21世纪人类的现实发展，文化哲学应该体现人类文化创造与哲学反思的双重自觉。文化哲学的理论构建不应是悬浮于社会实践之上的抽象理性活动，它应以关注现实人类生存和发展为自己的第一要务。"当今，我们面临建设中国特色社会主义文化强国的历史任务，提升文化自觉、加强文化建设体现了中华民族伟大复兴的战略需求，也体现了在经济上取得巨大成功之后，人们对高尚的精神生活的迫切追求。在这一背景下，文化哲学的研究具有不容置疑的重要性和紧迫性，这不仅体现在文化自觉的需求，也是哲学理论自身生命力之所在。作为社会文化重要组成部分的大学文化，同样需要对以往和现实的文化现象及文化事件从哲学的视角进行思考，以提升大学文化建设理论的深刻性、批判性、历史超越性和前瞻性。这是大学文化自觉的体现，也是促使大学文化建设沿着理性方向前进的重要保障。特别是文化哲学自身是将人对真善美的综合追求和人的全面而自由的发展作为最高的价值目标，而马克思主义创始人正是将理想社会的实现与人的自由全面发展统一在一起，并将其作为教育活动的根本目的。所以，文化哲学在教育工作上有着特殊重要的现实需求和突出针对性。因此，开展大学文化哲学研究，对大学文化理论研究和建设实践有灵魂性的作用。

当代文化哲学的一个重要特点是突出了人在社会发展中的主体地位，并从人的生命存在方式的高度来界定文化，把握文化的意义与价值。实际上，这也是冀生同志论述大学文化哲学的一个基本出发点。他认为：当前在世界范围内和我国之所以出现大学精神衰微现象，其哲学根源主要是由于人文主义与科学主义两种思潮的对立日益加深，出现"科学理性"偏离"人文目标"的价值冲突，其本质是"人"日益丧失了作为社会发展中的主体地位，使人"生活在物质丰富、心灵贫乏之中，失去了生命的意义和尊严"。根本出路是以"马克思社会思想的核心就在人"的精辟论断为指导，回归"人的本质及其发展规律"，在"人文学科和自然科学相互融合"的基础上进行文化反省和价值整合，进一步确认"坚持'人文目标'与'科学理性'的辩证统一"既是人类社会发展应当追求的崇高理想，也是一所真正意义上的大学应当坚守的"永恒之魂"。

我要强调的是，大学在完成文化传承创新的历史使命过程中，应当努力把握两个基本点：一是极力体现价值理性与工具理性的统一，这既是社会物质文明与精神文明并进的需要，也是通过教育发掘人的全面潜力，使人全面成长的需要；二是将发展人的精神生命的主动权作为人的自由全面发展的重要价值诉求，作为转变教育思想的重要目标，也作为国家向创新型转型的一个带有根本意义的前提与内涵，其核心是要最大限度地体现人在社会进步和自身发展中的主体性和主动精神。此外，我们还注意到文化所具有的整体性特点越来越成为人们的关注点。上面提到泰勒将文化定位为"复杂整体"，正如邹广文所指出的，"整体性是文化的精神血脉"，"在今天人们之所以开始关注文化的整体性问题，是因为全球现代化实践极大地拓展了物质、工具与技术为主要支撑的现代性维度，甚至将其视为现代性的全部价值内涵。这种倾向导致文化被切割成碎片，其丰富的人文内涵被肢解了"，出现了人成为哲学家马尔库塞所指的"单向度的人"和建筑大师梁思成所批判的"半个人"的现象。而实际上文化和价值是不可分割的，特别是文化哲学作为人类文化追求整体性时代的哲学表现形式，对于文化整体性消解现象具有抵御和导引作用。冀生同志在《大学文化哲学——

大学文化既是一种存在更是一种信仰》一书中涉及的精神与物质、科学与人文、大学存在的认识论和政治论哲学基础、育人为本与科学为根、探索未知与创造未来、科学理性与人文目标、大学文化的民族性与现代性、中国特色与综合创新等，均是对文化整体性的一种辩证思考与追求。

当代文化哲学研究的根本目的在于回答和解决人类在文化实践中所面临的重大问题，而大学文化哲学则要回答和解决好当代大学在文化传承创新中面临的重大问题。从2002年4月《现代大学文化学》的出版到这本《大学文化哲学——大学文化既是一种存在更是一种信仰》的问世，冀生同志为此付出了艰辛的劳动和进行了可贵的探索，尤其是他对这项工作的高度自觉和满腔热情、勤于思考、矢志不渝的求真精神和锲而不舍、脚踏实地的工作作风，成为推动许多参与者持续开展大学文化研究和实践而对其难以舍弃的一种精神力量。我们深知，要深刻回答和解决好当代大学在文化传承创新中面临的一系列重大问题是一项长期而艰巨的任务，是一个历史的过程，需要一代又一代学者，尤其是大学人从理论与实践的结合上进行持续的努力。我们感谢冀生同志发挥的开拓性作用，期待着有更多的学者、教育管理者参与这一探索过程，以将我国大学文化理论研究和建设实践不断推向新的高度。

胡显章
2012年4月清华园

（载于《大学文化哲学——大学文化既是一种存在更是一种信仰》，王冀生著，中山大学出版社，2012年4月）

目 录

导论　我国大学正在实现新的文化觉醒　/　1
时代精神与教育观念　/　21
现代大学教育理念　/　29
全面推进素质教育的科学内涵　/　33
高等教育的科学内涵和学科建设　/　38
现代大学文化学的基本框架　/　45
继承和创新大学精神　/　58
超越"象牙塔"：现代大学的社会责任　/　72
对大学理念的再认识　/　83
论"大学之道"　/　91
中国大学文化百年研究　/　100
大学校园文化的内涵和建设　/　111
大学文化的科学内涵　/　121
大学理念在中国的发展　/　132
培养有社会主义觉悟的有文化的劳动者　/　142
追寻中国"大学之魂"　坚持中国特色社会主义新文化观与普遍意义的"大学之魂"的有机结合　/　149
育人为本，科学为根，文化为魂　三位一体的大学哲学观　/　160
大学更重要的是一种文化存在和精神存在　/　168
"中国大学文化百年个案研究成果系列丛书"总序　/　177

当代中国大学人的一项创举——"大学文化研究与发展中心"顾问王冀生先生访谈录 / 183

大学文化既是一种存在更是一种信仰 / 192

大学精神的核心在生命信念和价值追求 / 199

自觉地培育和践行社会主义核心价值观 / 204

《当代中国大学精神研究》序 / 210

探索构建当代中国大学人的精神家园 / 215

结语 当代中国"大学之道" / 231

参考文献 / 242

附录：作者有关论著 / 247

导论　我国大学正在实现新的文化觉醒

我国是一个历史悠久的文明古国，在长期社会实践中积淀和创造了以孔子儒学及其"以伦理道德为本位"的教育理想为核心的中华优秀传统文化。我国先秦时期以"立德树人，亲民济世"为核心和以"人文化成"为精髓的"大学之道"是我国大学发展、变革的"根"。自古希腊以来，西方大学曾经长期处于"象牙塔"之内，一直坚守"知识即目的"的理性追求、"为科学而科学"的价值准则和亚里士多德倡导的以"注重发展人的理性"为宗旨的"自由教育"思想。近代以来，面对帝国主义列强坚船利炮的猛烈轰击和以"科学、民主"为核心的西方现代文明的严峻挑战，20世纪初"从科举到学堂"和"从20世纪40年代'民族的科学的大众的'新民主主义文化观到20世纪80年代'面向现代化面向世界面向未来的'改革开放新文化观"，我国教育领域已经经历了两次重大的思想解放和划时代教育变革，效法西方为在我国建立和发展近、现代大学奠定了坚实的基础，成功地开辟了中国特色社会主义教育发展道路，我国实现了从人口大国向人力资源大国的深刻转变，为40多年来当代中国的迅速崛起和中华民族的伟大复兴提供了强大的人力和智力支撑。20世纪90年代中期以来，随着人类社会逐渐进入以经济全球化为基本特征的崭新时代和我国社会从计划经济体制逐渐向社会主义市场经济体制转型，在世界范围内和我国日益明显地出现了一种以"崇尚物质，忽视人文"为主要内涵的全球性文化生态危机及其导致的大学精神衰微现象，其实质是一种"道德信仰危机"，日益引起我国社会的广泛关注。面对这个新的严峻挑战，近一个时期以来我国悄然兴起了一个大学文化问题研究学术思潮，其核心是一股大学精神研究热潮，深刻揭示我国大学精神衰微现象的突出表现及其出现的众多根源，大力提高文化自觉，包括使命自觉、理论自觉、道路自觉和信仰自觉，探索创新"当代中国大学之道"的核心价值信念，以"社会转型与精神重建"为主线进一步深入研究大学文化，在回顾总结中国大学百年文化发展道路的基础上探索创立中国大学文化学科和构建当代中国大学人的精神家园，为追寻和认知"当代中国大学理想"开辟道路。

一、"人文化成"是我国先秦时期"大学之道"的精髓

一个伟大的民族必然有自己伟大的民族文化,中华民族之所以能够创造出光辉灿烂的古代文明,并且长盛不衰,就在于它有伟大的中华优秀传统文化。春秋战国时期我国曾经有过一个短暂的诸子百家学术争鸣的繁荣局面,自汉武帝作出"罢黜百家,独尊儒术"的重大决策以后,这个中华优秀传统文化就是以孔子儒学及其"以伦理道德为本位"的教育理想为核心的,它后来虽然在漫长的封建社会里历经变迁,但是,作为孔子儒学的精华——"贵仁"和"重礼"却是一以贯之的,它长期凝聚着整个中华民族,培育着它的人民和精英,并且造就了中华民族辉煌的过去。

我国先秦时期《大学》开宗明义就说:"大学之道,在明明德,在亲民,在止于至善。""古之欲明德于天下者,先治其国;欲治其国者,先齐其家;欲齐其家者,先修其身;欲修其身者,先正其心;欲正其心者,先诚其意;欲诚其意者,先致其知;致知在格物。"后人把"明明德,亲民,止于至善"称为"三纲领",把"格物、致知、诚意、正心、修身、齐家、治国、平天下"称为"八条目"。宋代理学大师朱熹先生的注释是:"大学的宗旨,在于彰明、发扬'光明正大的品德',在于使人'弃旧图新,去恶从善',成为品德高尚的人,并且努力达到'尽可能尽善尽美的境界'。"并把《大学》列为"四书"之首。

经过认真研究和深入思考,我认为,"立德树人,亲民济世"是我国先秦时期"大学之道"的核心,"人文化成"是我国先秦时期"大学之道"的精髓。"立德树人"的基本要求是通过格物、致知、诚意、正心,特别是通过"修身"促使受教育者成为道德高尚的君子和治国安邦的人才,这是我国教育的优良传统。"亲民济世"的基本要求是通过亲近、服务和引导人民,齐家,治国,平天下,推动社会不断地延续和发展,这是我国传统教育的根本目的。"人文化成"一词最早见于《易经》,《易经·贲卦》中说"观乎人文,以化成天下"。作为我国先秦时期"大学之道"的精髓,基本要求是通过人文化成"推行教化庶民促使天下昌明",也就是通过"人文化成"潜移默化地教化人、熏陶人和引领人,在通晓儒学经典的基础上把庶民教化成为道德高尚的君子和治国安邦的人才,目的是以天下为己任,通过"齐家、治国、平天下"建设文明昌盛的社会。随之,我国先秦时期的"大学"成了人类文明的精神家园和人才养成的重要基地。

梅贻琦在《大学一解》(载于《清华学报》第十三卷第一期,《清华三十周年纪念号》上册,1941年4月)一文中对我国先秦时期"大学之道"的深刻哲理

和现代价值作了精辟的阐述,指出:"儒家思想之包罗虽广,其于人生哲学与教育思想之重视'明明德'与'新民'二大步骤,则始终如一也。今日之大学教育,骤视之,若与'明明德'、'新民'之义不甚相干。然若加深察,则可知今日大学教育之种种措施,始终未能超过此二义之范围。所患者,在体认尚有未尽而实践尚有不力耳。""不尽者尽之,不力者力之,是今日大学教育之要图也,是《大学一解》之所为作也。"

二、"象牙塔"是古希腊以来西方大学精神永恒的象征

早期的西方大学曾经长期处于"象牙塔"之内,远离社会从事传授知识的教学活动和纯科学研究,其基本精神是恪守古希腊"知识即目的"的理性追求、"为科学而科学"的价值准则和亚里士多德倡导的以"注重发展人的理性"为宗旨的"自由教育"思想,其哲学基础是柏拉图作出的"'有理性'是人与其他动物之间的本质区别"的科学论断。欧洲中世纪以后,高深知识及其构成的学科成了大学的细胞和承载大学职能的基础平台。作为一个"学者行会",通过向教会和世俗王权斗争得到诸多权利,终于确立了"学术自由,学校自治,学者中立"的著名原则,促使大学成为学者们自由地追求学术、探讨高深学问和进行精神自由交流的场所。随之,西方中世纪大学被赞誉为人类文明的家园和人才养成的重要基地。

在文艺复兴、宗教改革和启蒙运动等一系列思想解放运动之后,随着理性逐渐成为人类认识自然和驾驭自然的认识论基础,自然科学逐渐从自然哲学中分化出来形成了独立的学科。18世纪中叶以蒸汽技术为主要内涵的第一次工业革命兴起以后,面对自然科学发展的严峻挑战,毕业于牛津大学的英国都柏林天主教大学校长约翰·亨利·纽曼坚守古希腊亚里士多德倡导的以"注重发展人的理性"为宗旨的"自由教育"思想,他的演说集1873年正式出版时定名为《大学的理想》,是西方第一本系统论述"以古典人文主义为主导的"大学理想的学术专著,在西方高等教育学术界有广泛、深刻的影响。与英国的纽曼不同,德国新人文主义教育思想家威廉·冯·洪堡顺应第一次工业革命兴起和自然科学发展的时代潮流,以1810年柏林大学的创立为标志,把学术研究功能引入了大学,并且创造性地提出了"教学与学术研究相统一"和"由科学而达至修养"两条著名原则。从此,严格意义上的科学活动正式进入大学这个知识殿堂,开启了西方大学从传统向现代转变的新纪元。

19世纪中叶，特别是进入20世纪以后，面对先后出现的以电气技术和信息技术为主要内涵的两次工业革命的机遇和挑战，随着西方从"以人的体力劳动为基础的"农耕文明社会逐渐向"以科学技术是第一生产力为基础的"工业文明社会的成功转型，人文学科由于其非生产性、非营利性和非直接应用性，它在社会文化形态和大学文化中的主导地位逐渐被现代科学技术所取代，这是历史发展的必然。应该充分肯定，近代以来西方作出的最伟大的贡献是有力地推动了科学技术的进步和极大地促进了人类社会的延续发展。但是，与此同时，西方现代大学教育明显地出现了过度技术化的倾向，引起社会的广泛关注。面对这个新的挑战，1946年西班牙奥尔特加·加塞特的演讲集《大学的使命》（徐小洲、陈军译，浙江教育出版社，2001年12月）在深刻剖析西班牙和欧洲大学教育存在的严重弊端的基础上，严格区分文化、科学、专业三者之间的深刻联系和质的区别，鲜明地提出"通过'文化的传授'加强基本文化修养教育是'大学凌驾于其他一切之上的基本功能'"，强烈呼吁对西班牙和欧洲大学教育进行彻底的改革。但是，西班牙加塞特的主张并没有能够阻挡住西方大学教育"注重科技，忽视人文"的发展趋势。特别是第二次世界大战以后，随着美国大学逐渐走出"象牙塔"融入社会之中，面对既要积极应对现实社会众多领域不同层次的广泛需求又要坚守大学应有的基本理性和学术价值的两难选择，1978年美国学者约翰·S.布鲁贝克的学术专著《高等教育哲学》以"高深学问"为逻辑起点和以"认识论哲学"为主导提出了"二十世纪'使高等教育合法存在的哲学'"。随之，美国大学进一步发展成为人类社会的知识权威和最富有创造力的学术殿堂，继英国教化型学院和德国研究性大学之后，成为20世纪世界高等教育和大学发展的中心。

张祥云教授的学术专著《大学教育回归人文之蕴》（中山大学出版社，2004年8月）深刻地指出："约翰·S.布鲁贝克在其著作《高等教育哲学》中提到19世纪法国作家圣伯夫把大学称为'象牙塔'"，"'象牙塔'不是一个'概念'，而是一个'象征'，圣伯夫想借用'象牙塔'来形象地揭示出大学作为'一个按照自身规律发展的独立有机体'的主要特点。""'象牙塔'的精神实质"，"就是秉承于古希腊'知识即目的'的理性追求和中世纪的宗教信仰，把研究'高深学问'视为一种崇高的生活方式"，"恪守'为科学而科学'的价值准则，崇尚'学术自由、学术自治、学术中立'的学者人格，自觉地维护大学作为'社会良心'之神圣殿堂的不屈精神。""走出'象牙塔'并不意味着放弃'象牙塔'的精神实质，'象牙塔'的精神理念依然是当代大学的核心和灵魂所在。从一定意义上说，'走出'非但不在于'放弃',而是在于更好地'护卫'并更有效地实现其价值,'护卫'与'走出'共同构成我们时代大学改革和发展的命运"。

三、中华民族伟大复兴的根本在"文化"

1840年鸦片战争失败以后,面对帝国主义列强坚船利炮的猛烈轰击和以"科学、民主"为核心的西方现代文明的严峻挑战,1898年伟大的革命先行者孙中山先生在檀香山创建"兴中会"时庄严地立下了"驱除鞑虏振兴中华"的伟大誓言。接着,1924年他又在创建广东大学时高瞻远瞩地发出了"把世界文化迎头赶上去,把中华民族从根救起来"的伟大号召。为积极响应孙中山先生立下的伟大誓言和发出的伟大号召,1932年11月时任中央大学校长罗家伦在《就职演说》(载于《南京大学办学理念治校方略》,冒荣、王运来主编,南京大学出版社,2002年5月)中鲜明地提出把"为中国建立有机体的民族文化"作为中央大学的使命。他的主要观点是:

第一,民族文化是一个民族自立图存的根本

"一个民族要能自立图存,必须具备自己的民族文化。这种文化,乃是民族精神的结晶,民族团结图存的基础。如果缺乏这种文化,其国家必定缺乏生命的质素,其民族必然要被淘汰。一个民族形式上的灭亡,不过是最后的结局,必定是由于某种文化和民族精神先告衰亡。"

第二,民族振兴的关键在于重建自己的民族文化

"今日中国的危机,不仅是政治社会的腐败,而最要者却在于没有一种有机体的民族文化,足以振起整个民族精神的文化。若是一个民族能重新建立起自身的文化,则虽经重大的危险,非常的残破,也终究可以复兴。积极的成例,就是拿破仑战争之后,普法战争以前的德意志民族","其具体的表现便是威廉·冯·洪堡创立的柏林大学"。"柏林大学代表着当时德意志民族的灵魂,使全德意志民族在柏林大学所创造的一个民族文化之下潜移默化地成为一个有机体的组织。"

第三,创立民族新文化的使命大学责无旁贷

"民族文化乃是民族精神的表现;而民族文化之寄托,当然以国立大学为最重要。""可见创立民族新文化的使命,大学若不能担负起来,便根本失掉大学存在的意义,更无法领导一个民族在文化上的活动。一个民族要是不能在文化上努力创造,一定要趋于灭亡,被别人取而代之。"

第四，有机体的民族文化的核心要素

"现在，中国的国难严重到如此，中华民族已经到生死关头，我们设在首都的国立大学，当然对于民族和国家应尽到特殊的责任。""这个使命，我觉得就是'为中国建立有机体的民族文化'。""讲到有机体的民族文化，我们不得不特别提到其最重要的两点含义：第一，大家必须具有复兴中华民族的共同意识"；"第二，今后要使中国成为有组织的国家，便要赶快创立起有组织的民族文化，也就是有机体的民族文化。"

从孙中山先生立下的伟大誓言和发出的伟大号召以及罗家伦的《就职演说》中，我们不仅为他们当时具有高度的文化自觉所折服，而且更加确信了这一理念：中华民族伟大复兴的根本在"文化"。近代以来中华民族之所以灾难深重，中华民族之所以到了最危险的关头，并不仅仅是由于政治、社会的腐败，也不能把希望仅仅寄托在向西方学习制造"坚船利炮"上。最根本的是由于长期以来在我国占统治地位的根深蒂固的封建文化和意识形态已经远远落后于以"科学、民主"为核心的西方现代文明。所以，只有"把世界文化迎头赶上去"，才能"把中华民族从根救起来"。

四、中西两种大学精神文化的矛盾冲突和初步融合

1840年鸦片战争失败以后，我国逐渐沦为半殖民地半封建的国家。随着甲午战争硝烟的散去，人们看到在北洋水师旌旗折断的地方，1895年10月2日升起了一面"兴学强国"的大旗，中国第一所近代大学——北洋大学诞生了。这是中华民族不屈于外侮进行的又一次新的探索，开创了中国高等教育从传统向近代转换的新纪元。

在这个新的时代背景下，迫于内外种种压力，1905年晚清政府作出了"废科举，兴学堂"的重大决策，开启了近代以来我国教育领域第一次重大的思想解放和划时代教育变革。在这场伟大变革中，以蔡元培、梅贻琦、张伯苓和竺可桢为杰出代表的我国新一代学贯中西的学术大师和教育家们高举"教育救国"的伟大旗帜，在近代中国广泛传播以"注重理性，崇尚学术，教授治校，大学自治"为核心的西方近、现代大学理念，促进了中华优秀传统文化与西方现代文明的初步融合，如"海纳百川，有容乃大"之于北京大学、"自强不息，厚德载物"之于清华大学、"允公允能，服务中国"之于南开大学和"求是之光，海上灯塔"之于浙江大学，为在我国建立和发展近、现代大学奠定了坚实的基础。

尤其是在抗战期间，由北京大学、清华大学和南开大学联合组建的西南联大，在极端困难的条件下，形成和坚守"刚毅坚卓，学术自由，教育独立，关注社会"的联大精神，成为我国近、现代高等教育和大学史上一座真正的丰碑。但是，陈平原教授在《中国大学百年》（载于《中国大学十讲》，陈平原著，复旦大学出版社，2002年10月）一文中尖锐地指出："今日中国之现代大学教育，溯其源流，实自西洋移植而来，故制度为一事，而精神又为一事。就制度言，中国教育史中固不见有形式相似之组织；就精神言，则文明人类之经验大致相同，而事有可通者。""这其实正是本世纪中国大学教育的问题所在：成功地移植了西洋的教育制度，却谈不上很好地承继中国人古老的'大学之道'。"

新中国成立以后，在中国共产党的坚强领导下，在20世纪40年代毛泽东提出"民族的科学的大众的"新民主主义文化观及其在解放区进行教育改革试验的基础上，坚持马克思主义的普遍真理与我国的实际情况相结合，遵循教育工作的普遍规律，学习苏联先进教育经验，开启了近代以来我国教育领域第二次重大的思想解放和划时代教育变革，为探索建立中国特色社会主义教育制度和体系奠定了较好的基础。史无前例的"文化大革命"结束以后，20世纪80年代从"拨乱反正"到"三个面向"，全党全社会同心同德艰苦奋斗，把坚定正确的政治方向放在首位，成功地开辟了中国特色社会主义教育发展道路，高等教育快速进入大众化阶段，教育的发展极大地提高了全民族素质，推进了科技创新、文化繁荣，为经济、社会发展进步和民生改善作出了不可替代的重大贡献，实现了从人口大国向人力资源大国的深刻转变，却重蹈了教育与权力不分的覆辙。我国学者熊丙奇教授在《体制化：大学最深刻的危机》（载于《科学时报》，2007年4月3日）一文中尖锐地指出："大学行政化问题已经深入我国今日大学的骨髓，而体制化是当前我国大学发展面临的最深刻的危机"。"中国高等教育要发展，就必须从根本上解决大学体制化问题"。

杨适教授的学术专著《中西人伦的冲突——文化比较的一种新探求》（中国人民大学出版社，1991年3月第1版）深刻地指出："文化的中心在人，文化理论的中心在人伦。""如果说中国人的显著特点是宗法人伦的话，那么西方人的显著特征就是自由文化。""应当说，这两种'人伦'在人类历史上都起过重大的进步作用，又都扭曲了人的整体性或人的个性"，"根本出路是寻求二者的相互融合"。"从文化上看，一种新的人类整体与个人的正常全面丰富关系将有可能建立"，"这是中西人类的共同任务。中国虽然现在从总体上说还落后于西方，但是，中国人民正在积极倡导'和谐人伦'，建设社会主义和谐社会，进而与世界人民一道建设'和谐世界'。我坚信，通过这场伟大的斗争，我国完全有可能为世界文化的进步事业作出特殊的贡献"。

五、大学精神衰微是当前我国社会的一个重要话题

20世纪90年代中期以来，随着我国社会从计划经济体制逐渐向社会主义市场经济体制转型，在经济获得快速发展、物质财富迅速增长和人们生活显著改善的同时，我国日益明显地出现了一种以"崇尚物质，忽视人文"为主要内涵的道德信仰危机及其导致的大学精神衰微现象，引起我国社会的广泛关注，成为当前我国社会的一个重要话题。经过初步分析，当前在我国出现的这种大学精神衰微现象突出表现在以下四个方面：

第一，教育活动价值的缺失

长期以来，在我国人才培养工作中一直存在着重政治方向轻如何做人、重社会需要轻个性发展、重知识传授轻人文养成和重规范轻创新的倾向。近一个时期以来，随着高等教育大众化的快速实现和教育消费市场的迅速建立，育人为本和教育质量没有得到有效的保证，在大学毕业生中甚至出现了"物质丰富，精神空虚"的"单面人"现象。肖雪慧教授在《教育：必要的乌托邦》（载于《中国问题》，李静主编，中国工人出版社，2002年1月）一文中深刻地指出："中国教育的问题，可以说与我国教育价值理念的狭隘性是分不开的。这种狭隘性首先表现为把教育的价值确定在国家、社会这一环，而忽视个人与人类整体这两端。""狭隘性的另一突出表现是排斥教育的超功利意义，而把教育的价值定位于纯功利性方面。"

第二，大学办学目标的功利化倾向

长期以来，在我国大学办学中一直存在着重当前轻长远、重科技轻人文、重知识应用轻求真创造和重服务轻引领的倾向。随着我国社会从计划经济体制向社会主义市场经济体制转型，创新意识和独立精神虽然有所调动，但是，大学仍然缺乏学术自由和面向社会自主办学的活力，创造力明显不足，有些大学盲目地跟着市场走，办学目标功利化倾向越来越突出。我国学者杨东平教授在《重温大学精神》（载于《大学精神》，杨东平编，辽海出版社，2000年1月）一文中尖锐地指出："我国现代高等教育的发展，主要是向西方学习的产物。""中国大学精神的发育和大学制度的形成，有着与西方国家很不相同的情景和路径。一方面由于中国的高等教育源自晚清洋务运动，是从发展军事和工业的实际功

利出发和主要由政府推动，具有浓厚的技术主义、工具主义背景"；"另一方面，随着意识形态的变化，自由主义的大学精神渐为国家主义、权威主义所挤压"。"和世界大学相比，当前中国大学的问题和处境仍然是十分独特的。大学里同时运行着官、学、商三种功能、目标完全不同的机制，大楼多于大师，设备多于人才，仍是普遍的事实"，"商业化的侵蚀和对教育的扭曲已经触目惊心"。

第三，行政化教育体制影响深刻

由于行政化教育体制的影响，加上新中国成立以后长期坚持高度集中的高等教育领导管理体制，大学领导和大学地位直接与行政级别挂钩，大学内部运行机制日益行政化，大学缺乏依法面向社会自主办学的活力。加拿大学者徐美德的学术专著《中国大学1895—1995——一个文化冲突的世纪》（许洁英主译，教育科学出版社，2000年2月）深刻地指出："欧洲大学最根本的学术价值观，概括起来主要有两个方面：自治权和学术自由。""在悠久的文明发展历程中，中国呈现出一种与欧洲国家截然不同的学术价值体系。"

第四，不同程度地存在着教育、学术腐败现象

杨玉良院士在接受《中国青年报》记者访问时尖锐地指出，"'精神虚脱'创建不了世界一流大学"，发人深省。他说："现在我国大学缺的是精神，当精神虚脱后，大学就开始过分地追求时髦。""如果连大学里都有贪污受贿、权钱交易，那社会还有什么信任可言？""任何一个国家、民族的大学都是这个国家、民族的精神脊梁，大学教师必须真正崇尚学术，追求真理，对国家、民族包括整个人类有非常强烈的责任感。""现在'学术至上'的精神坚持得不够，应该有一批人'为学术而学术'。不出大师，实际上就是缺少'为学术而学术'的人。""当前对我国大学来讲，回归和坚守，比改革更重要，回归大学应该担负的使命，回到大学应有的状态。""20年后中国不得不扮演负责任的强国的角色，要有这么一批人担负起这样的责任。""既有深厚的中国文化功底，又有对世界文化的了解、容忍和宽容，还有专业基础，这样的人在今后的各种领域里面，才能成为领袖。"（摘自2010年6月22日《中国青年报》网站）

六、时代呼唤我国大学实现新的文化觉醒

面对20世纪90年代中期以来我国出现的大学精神衰微现象，近一个时期以来我国悄然兴起了一个大学文化问题研究学术思潮，其核心是一股大学精神研究热潮，首当其冲的是把矛头直接指向深刻挖掘我国出现如此严重的大学精

神衰微现象的众多根源。主要是：

第一，近代以来我国对封建文化革新的缺失

王长乐教授在《大学问题的深层原因是文化革新缺失》（载于《科学网》，2008年4月8日）一文中深刻地指出："由于我国曾经经历过长达2000多年的封建社会，因而封建文化的历史悠久且根深蒂固。我国社会在整体上正式对封建文化进行批判的运动是著名的'五四运动'。""然而，相对于欧洲的文艺复兴运动，我国的新文化运动不仅在时间上滞后，而且在运动的深度上也远远没有达到民智启蒙及文化革新的目标。""这种文化对教育，尤其是对大学的影响深刻而复杂。"

第二，忽视"人"在人类社会发展中的主体地位

张楚廷教授的学术专著《高等教育哲学》（湖南教育出版社，2004年12月）以"马克思的社会思想其核心就在'人'，在寻求一个怎样的社会更有利于人，其核心就在人的发展，人的个性，人的自由，人的尊严，人的幸福，人不再被异化"的精辟论断为指导，对1978年美国学者约翰·S.布鲁贝克以"认识论哲学"为主导的"使高等教育合法存在的哲学"提出了质疑，强烈要求回归"人"在人类社会发展中的主体地位和把"生命论哲学"作为高等教育赖以合法存在的主要哲学基础，深刻地指出："把高等教育哲学主要植于认识论哲学基础之上，显然是偏向于用理性主义解释了高等教育的本性。""然而，我们提出了多方面事实，从而也多方面地阐明了，对于高等教育哲学，不能仅仅归结为政治论和认识论那两种哲学基础之上。""生命论哲学不仅涉及教育的本性、基础，而且涉及它的功能，不仅涉及其历史，也涉及今天"，"相信有了人，才开始了教育的历史"。

第三，我国社会正在转型产生的影响

张应强教授在《现代大学精神的批判与重建》（载于《大学的文化精神与使命》，张应强著，安徽教育出版社，2008年10月）一文中进一步指出："在我国，由于封建专制制度和传统文化中负面因素的影响，个人主体性没有得到充分发育。在建立社会主义市场经济体制和推进社会现代化进程时，我们必然要用工业文明中的理性和市场经济的自由自主意识来取代农耕文明社会的依附性，逐渐走向具有独立人格和个体主体性。但是，随着社会主义市场经济在我国的深入发展，在'工具理性主义文化全面包围'下，我们又面临着'个人主体性'意识膨胀，特别是个人占有性主体性所带来的人的异化和物化的危险"。

第四，大学自身缺乏高度的文化自觉

眭依凡教授在《大学庸俗化批判》（载于《大学的使命与责任》，眭依凡著，教育科学出版社，2007年7月）一文中冷静地指出："尽管政治和市场是构成大学发展变化的重要影响力，但是，来自大学自身力量对大学方方面面的影响也是绝对不能低估的，因为市场和政府只是影响大学发生变化的外因，对大学最后如何变化起决定作用的还是内因即大学自身。同理，大学庸俗化的根源必须从其内部来找。""如果大学是自省的、自重的、自律的"，"大学庸俗化还能有滋生的土壤吗？"

2011年10月18日《中共中央关于深化文化体制改革推动社会主义文化大发展大繁荣若干重大问题的决定》（下称《决定》）精辟地指出："社会主义先进文化是马克思主义政党思想精神上的旗帜"，"没有文化的积极引领，没有人民精神世界的极大丰富，没有全民族精神力量的充分发挥，一个国家、一个民族不可能屹立于世界民族之林。物质贫乏不是社会主义，精神空虚也不是社会主义。没有社会主义文化大发展大繁荣，就没有社会主义现代化"。这个《决定》的颁布，深刻地指明了我国发展社会主义文化和进行大学精神重建的根本方向。

七、文化自觉是一种内在的精神力量

随着大学文化问题研究学术思潮，特别是大学精神研究热潮在我国的深入发展，我越来越深刻地感悟到：对于当代中国大学来说，面对当前我国出现的大学精神衰微，其实质是一种道德信仰危机的严峻挑战，必须努力提高文化自觉，包括使命自觉、理论自觉、道路自觉和信仰自觉，它们是一个相互渗透、相辅相成和辩证统一的有机的整体。

1. **使命自觉：传承和创新文化是当代中国大学的重大使命**

对于任何一种社会组织而言，它的存在总是与这种社会组织所承担的特定使命密切相关。正是这种社会组织具有某种强烈的使命感，才赋予这种社会组织特有的文化意义和价值系统。由此可见，使命自觉是当代中国大学提高文化自觉的根本前提。

从根本上说，教育和大学在人类社会发展中主要承担着两个方面的任务和使命：一方面，对于作为"个体"的人来说，教育和大学负有开发人的理性和潜力，革新人的天赋，养成健全人格，扩大人的生命内涵，为人的一生奠基的任务；另一方面，对于作为"整体"的人类社会来说，教育和大学承担着传承文化和批判地发展知识以更新扩大文化遗产的使命。大学主要承担的这两个方面的任务和使命是相互渗透、相辅相成和辩证统一的，而且具有超越阶级、政党和一时功利的独立性。正是基于这种认识,联合国教科文组织提出教育和大学应以"人的发展"为基本目标,国际21世纪教育委员会进一步提出了"教育:必要的乌托邦"这一重大哲学命题。"教育:必要的乌托邦"意味着教育和大学应当具有一种着眼于未来的精神,保留其对于超越现实功利的理想追求。正因为这样,人类至少还可以寄希望于教育和大学,以它来对人和社会的纯功利冲动进行某种平衡。

教育和大学在人类社会发展中主要承担的上述两个方面的任务和使命,是由教育和大学的本质决定的。教育的对象是作为"个体"的有生命的人,教育的本质是通过文化促进人的发展的一种生命活动,文化传承和创新是教育"促进人的发展"的基础,文化育人是教育本质的核心,"人文化成"是教育活动的本义,教育活动的根本目的是"使人成其为'人'",以天下为己任,建设文明、昌盛的社会。人类社会的延续和发展主要通过两条基本途径,一是人的生命的自然繁衍,二是文化的传承创新,从事后一种活动的主体是文化组织,主要代表是大学和研究机构。由此可见,大学的本质是一种以传承和创新文化为己任的功能独特的文化组织。这就是我们应当树立的科学的教育和大学本质观,是人们观察和分析一切教育和大学现象的根本出发点和归宿。

由于高深知识及其构成的学科(专业)是教育"促进人的发展"的知识基础和大学存在的组织基础,所以,我们应当把传承和创新高深知识作为当代中国大学全面完成时代赋予的重大文化使命的认知基础。但是,必须明确,在传承和创新高深知识的基础上,当代中国大学还应当自觉地把"守卫文明、立德树人、求真创造、文化引领"作为自己全面完成时代赋予的重大文化使命的核心和灵魂。"守卫文明",就是在守卫人类在长期社会实践中积淀和创造的一切优秀文明成果的基础上坚持正义、区分善恶、明辨是非和建立信念;"立德树人",就是通过人文化成"推行教化庶民促使天下昌明",在"使人成其为'人'"的基础上以天下为己任,建设文明、昌盛的社会;"求真创造",就是在"探索未知"和"达至修养"的基础上创造未有的新世界,直接为人类社会谋福祉;"文化引领"就是应当始终站在学科发展的前沿和时代的前头,通过守卫文明、立德树人、求真创造和运用自己拥有的新知识、新思想、新文化引领社会前进,成为发展人类先进文化的重要基地。这里的关键是要充分发挥大学特有的价值批判和文化选择功能,只有这样,"人类文明"才能守卫,"真正的人"才能养成,"求真创造"才能做到,"文化引领"才能实现,当代中国大学才能全面承担起时代赋予的重大文化使命,成为人类文明的精神家园、人才养成的重要基地和人类社会的知识权威、最富有创造力的学术殿堂，既服务又引领社会前进。

2. 理论自觉：大学文化的独特本质及其发展规律

文化觉醒与理论创新是紧密相关的，文化觉醒是理论创新的思想基础，理论创新是文化觉醒的重要标志。由此可见，理论自觉，主要是探索和掌握"大学文化的独特本质及其发展规律"，是当代中国大学提高文化自觉的主要标志。

第一，大学不仅是人类文化发展到一定阶段的产物，大学还在长期教育和办学实践中积淀和创造了深厚的文化底蕴，主要凝聚在深厚的文化底蕴之中的大学文化是一种独特的社会文化形态，是大学物质文化、大学精神文化和大学制度文化的总和，它的形成和发展同时受到教育、办学规律和一定社会文化形态，特别是一定社会起主导作用的文化形态的深刻影响和制约，并在一定条件下对社会文化形态起反作用，阻碍或推动、引领社会文化发展。因此，大学文化是大学的文脉。作为文化底蕴的积淀和大学发展、变革方向的引领，研究大学文化主要是以史为鉴，面向未来，探寻大学"从哪里来，到哪里去"的根本问题。

第二，教育、科学和文化是构成大学的三个基本要素，它们既是不同质的事物又处于同一所大学之中，共同构成了一个以求真育人为核心的文化共同体。在这个"文化共同体"中，教育的本质是通过文化促进人的发展的一种生命活动，"育人为本"是大学存在的第一要义，科学的本质是一种"探求未知"的认知活动，"科学为根"是大学存在的价值基础，它们共同构成了"大学应当坚守的文化品位和崇高理想"的核心内涵，基本要求是始终坚守大学作为人类文明的精神家园、人才养成的重要基地和人类社会的知识权威、最富有创造力的学术殿堂的历史地位以及与之相应的以人文关怀和独立精神为核心的大学精神文化传统。作为大学赖以存在的精神支柱，"文化为魂"不是孤立存在的，它既深深地蕴含在育人为本和科学为根之中，又应深刻反映"时代赖以生存的思想体系"，因此，"大学应有的文化品位和崇高理想"的核心内涵必然随着社会转型和文化变迁有一个在坚守中不断实现超越的过程。由此可见，"育人为本，科学为根，文化为魂"是三位一体的大学哲学观，大学文化是大学人的精神家园，"求真育人"既是大学文化的独特本质，也是大学得以长存于世的独特的和永恒的核心价值。

第三，由于高深知识及其构成的学科（专业）是大学存在的知识和组织基础，因此，作为一种以传承和创新文化为己任的功能独特的文化组织，大学文化的根基在学术,有其区别于其他类型社会组织独特的组织文化个性,主要是以精神家园和知识权威为传统使命、以文化机制为组织整合和运行的主导机制、具有以"崇尚人文、注重理性、自由独立、追求卓越"为核心的精神传统以及坚守对超越现实功利的理想追求。但是,必须明确,大学文化的核心和灵魂在精神——大学人在长期教育和办学实践中,经过历史的文化积淀,逐步形成的一种独特的生命信念、价值追求、道德准则和思维方式,它渗透在大学存在的一切方面、大学活动的所有领域和大学人的心灵之中,以无形的精神力量深刻地影响着有形的存在和大学的未来。大学制度文化的本质是一种学术价值观,在西方,"学术自由,大学自治"既是一种办学理念也是大学制度的根基。大学物质文化是蕴含在大学存在的物质形态之中的学术、文化内涵。"大学环境文化"是个综合概念,泛指为大学完成治学育人任务营造的自然美、科学美和人文美和谐发展的学术、文化氛围,既以大学物质文化、大学精神文化和大学制度文化为基础,又是大学物质文化、大学精神文化和大学制度文化的集中表现,其实质是一种"文化生态"。

第四,在当今世界,由于文化与经济和政治的相互交融日益深入,促使文化的力量越来越深深地熔铸在民族生命力、创造力和凝聚力之中,在综合国力竞争中的地位作用越来越重要。因此,作为一种文化软实力,以优势学科、精神气质、杰出大师和文化生态为核心要素构成的深厚的文化底蕴是大学核心竞争力之重点所在,包括凝聚力、教育力、创造力和引领力,既是大学赖以生存、发展、办学和承担重大文化使命的根本,也是国家"国际核心竞争力"的重要内涵和基础,国家的兴衰与大学的兴衰紧密相关。在当今世界,如果没有众多具有全球意识、较高文化品位和较强国际竞争能力的大学,就不可能成为高等教育大国。如果没有一批拥有卓越的和富有活力的大学文化高水平研究型大学和若干所世界一流大学,就不可能成为高等教育强国。

3. 道路自觉:"中国特色,综合创新"的文化发展道路

大学文化是大学的文脉,因此,作为文化底蕴的积淀和大学发展、变革方向的引领,研究大学文化主要是探寻大学"从哪里来,到哪里去"的根本问题。所以,道路自觉是当代中国大学提高文化自觉的关键所在。

近代以来,面对帝国主义列强坚船利炮的猛烈轰击和西方现代文明的严峻挑战,在对待"中国特色大学文化发展道路"这个重大原则问题上,一直存在着两种值得注意的倾向:一是"唯西方论",对西洋教育制度顶礼膜拜,没有很好地承继我国古老的"大学之道",其实质是一种民族虚无主义;二是"泛政治

化"，把意识形态作为判断一切是非的唯一标准，没有很好地学习、借鉴人类积淀和创造的优秀文明成果。出现这两种倾向的认识根源，是混淆了政权更迭与文化变革之间质的区别。"政权更迭"主要解决的是推翻一个旧世界和建设一个新世界的问题，所以，"从封建走向共和"和"只有社会主义才能救中国"当然是正确的，而"文化变革"主要解决的是在批判地继承的基础上进行价值整合和综合创新的问题，因此，"改造一切旧教育"值得商榷。

随着大学文化问题研究学术思潮的深入发展，尤其是通过认真回顾总结2000多年来，特别是近一个多世纪以来中国特色大学文化和我国近、现代大学发展、变革的历史进程和文化脉络，人们越来越清楚地认识到，发展中国特色大学文化必须坚持走"中国特色，综合创新"的文化发展道路。"中国特色"，就是牢牢把握中国先进文化前进方向，坚持"民族的科学的大众的，面向现代化面向世界面向未来的，以人为本传承创新和谐发展的"中国特色社会主义新文化观，以中华优秀传统文化为主体，以社会主义核心价值观为主导，在承继我国古老的"大学之道"基本精神的基础上，发扬以爱国主义为核心的民族精神和以改革创新为核心的时代精神，倡导爱国、敬业、诚信、友善，倡导自由、平等、公正、法治，为建设富强、民主、文明、和谐、美丽的社会主义现代化国家而奋斗。"综合创新"，就是遵循文化选择的本质及其规律，在世界多元文化激荡交融中学习、借鉴人类社会积淀和创造的一切优秀文明成果，包括中世纪以来西方近代大学进行理念创新取得的积极成果，全面、科学地认识和分析中华传统文化和西方现代文明各自的优点和不足，以我为主，博采众长，进行价值整合和综合创新，创造出一种既高于自己又超越西方的更加卓越的当代中国大学文化。

无数事实充分证明，发展中国特色大学文化必须坚决纠正"唯西方论"和"泛政治化"两种错误倾向，坚定不移地走"中国特色，综合创新"的文化发展道路，这是"中国特色大学文化发展道路"唯一正确的文化选择。

4.信仰自觉："以人为本，实现和谐"是一种信仰

从本质上说，信仰是对事物发展唯一性真理坚信不疑的认定。由此可见，信仰自觉是当代中国大学提高文化自觉的最高境界，这个坚信不疑的"唯一性真理"有一个随着社会转型和文化变迁而逐渐认定的过程。

第一，人类曾经长期处在"以人的体力劳动为基础的"农耕文明社会，在这个漫长的农耕文明社会里，人文学科一直处于社会文化形态的主导地位，当时人们普遍"崇尚人文，鄙视贪欲"，物质生活虽然比较简朴，但精神境界却

是相对充实的。我国自先秦时期以来，一直奉行孔子儒学及其"以伦理道德为本位的"教育理想，"立德树人，亲民济世"是我国教育的优良传统。西方自古希腊以来，一直坚守亚里士多德倡导的以"注重发展人的理性"为宗旨的"自由教育"思想，其哲学基础是柏拉图主张的"有理性"是人与其他动物之间的本质区别。面对19世纪初叶工业革命迅速兴起的严峻挑战，德国新人文主义教育思想家威廉·冯·洪堡顺应自然科学蓬勃发展的时代潮流，把学术研究功能引入柏林大学，注重坚持"教学与学术研究相统一"和"由科学而达至修养"的有机结合，实现了从传统向现代的转换，在全世界产生了广泛而深刻的影响。

第二，19世纪中叶以后，随着人类从"以人的体力劳动为基础的"农耕文明社会逐渐向"以科学技术是第一生产力为基础的"工业文明社会转型，由于人文学科的非生产性、非营利性和非直接应用性，它在社会文化形态中的主导地位逐渐被自然科学和科学技术所取代，这是历史发展的必然。随着美国大学走出"象牙塔"融入社会之中，在社会世俗化和现代化的过程中，面对既要积极应对现实社会众多领域不同层次的广泛需求又要坚守大学应有的基本理性和学术价值的两难选择，1978年美国学者约翰·S.布鲁贝克以"高深学问"为逻辑起点创造性地提出了"使高等教育合法存在的哲学"。随之，美国大学成为现代以来引领世界高等教育发展潮流的中心。

第三，20世纪90年代中期以来，随着人类社会逐渐进入以经济全球化为基本特征的崭新时代，在物质财富迅速增长和人们生活明显改善的同时，在全球范围内日益明显地出现了一种以"崇尚物质，忽视人文"为主要内涵的全球性文化生态危机，其哲学根源是由于人文主义和科学主义两种思潮的对立导致的"科学理性"偏离人类社会发展的"人道目标"的价值冲突，其本质是作为社会发展主体的"人"日益生活在"物质丰富、精神贫乏之中"，成了所谓的"单面人"，忽视了生命的意义和价值，其实质是一种信仰危机。这是一个根本性的变化，深刻地影响着当前世界的高等教育和今日的大学，导致大学精神衰微成为当前一个世界性的重要话题，大学组织作为人类文明的精神家园和人类社会的知识权威的历史地位正在逐渐蜕变成为技术人才和科技成果的生产基地，以人文关怀和独立精神为核心的大学精神传统正在随着外部各种力量的介入而日趋淡化，人们惊呼"大学处在深刻的危机之中"。

第四，正、反两个方面的经验教训使人们深刻地认识到，从根本上说，大学的存在是由人类社会发展的客观需要决定的。人类社会发展的崇高理想是实现和谐，实现人类社会和谐发展的根本在人，但是，实现人类社会和谐发展的"人道目标"离不开"科学理性"的强力支撑，应当努力实现"人道目标"与"科学理性"的辩证统一并促使二者和谐发展。因此，我们坚信不疑地认定"以人为本，实现和谐"是人类社会发展应当遵循的"唯一性真理"，它既是人类社会发展应当追求的永恒目标，更是一所真正意义上的大学应当为之奋斗的崇高信仰。

八、大学新的转型正在向我们走来

任何社会思潮都是特定时代的产物，随着大学文化问题研究学术思潮在我国的深入发展，引起社会广泛关注开始进入哲学视野，2012年4月《大学文化哲学——大学文化既是一种存在更是一种信仰》在当代中国应运而生，从大学本质和文化使命、高深学问和文化个性、教育本质和人文化成、探索未知和创造未来、文化品位和崇高理想、价值危机和文化觉醒、文化存在和精神存在、以人为本和实现和谐8个方面初步构建了一个以"大学文化既是一种存在更是一种信仰"为核心的大学文化哲学的基本理论体系，是高等教育哲学在当代中国的最新进展。经过研究，我们认为，从1978年美国学者以"高深学问"为逻辑起点和以"认识论哲学"为主导提出20世纪"使高等教育合法存在的哲学"，到2012年我国以"大学文化"为逻辑起点和以"生命论哲学"为主导提出以"大学文化既是一种存在更是一种信仰"是一个质的飞跃，预示着大学新的转型正在向我们走来。

1. 高等教育和大学面临的挑战有了新变化

19世纪中叶以后，特别是第二次世界大战结束以后，随着美国大学走出"象牙塔"逐渐融入社会之中，高等教育面临的主要挑战是如何在积极主动地应对现实社会众多领域不同层次的广泛需求的同时坚守大学应有的基本理性和学术价值，这是1978年布鲁贝克在学术专著《高等教育哲学》中提出20世纪"使高等教育合法存在的哲学"的时代背景。20世纪90年代中期以后，随着人类社会逐渐进入以经济全球化为基本特征的崭新时代和我国社会从计划经济体制逐渐向社会主义市场经济体制转型，当今世界高等教育和我国大学面临的主要挑战已经变化为"如何彻底变革教育和大学，以促使目前正在经历着一场深刻价值危机的社会可以超越一味的经济考虑，而注重深层次道德和精神问题"。所以，2012年我国《大学文化哲学——大学文化既是一种存在更是一种信仰》深刻地指出："所有传统社会的意识形态都把贪欲视作洪水猛兽","我国儒家力主'存天理，灭人欲'，古希腊柏拉图也认为'有理性'是人与其他动物之间的本质区别。但是，19世纪中叶以后的近、现代社会发生了变化，日益把人的贪欲视作创造的源泉和进步的动力","有些经济学家把这种现象称之为'人的贪欲的理性化释放'，更多的有识之士则把这种现象称为全球性文化生态危机。这是一个根本性的变化，正在深刻地影响着当前世界的高等教育和今日的大学"。

2. 回归了"人"在人类社会发展中的主体地位

1978年布鲁贝克在《高等教育哲学》中之所以以"高深学问"为逻辑起点和以"认识论哲学"为主导提出20世纪"使高等教育合法存在的哲学"，在理论上说是他当时仍然认为"教育的本质是一个认知过程"，并把"每一个较大规模的现代社会，无论它的政治、经济或宗教制度是什么类型的，都需要建立一个机构传递深奥的知识，分析、批判现存的知识，并探索新的学问领域。换言之，凡是需要人们进行理智分析、鉴别、阐述或关注的地方，那里就会有大学"作为提出20世纪"使高等教育合法存在的哲学"的客观依据。2004年我国学者张楚廷教授的学术专著《高等教育哲学》对布鲁贝克的上述论据提出了质疑，他从马克思社会思想的核心就在"人"的科学论断出发，强调"生命论哲学"是高等教育合法存在的主要哲学基础，深刻地指出："生命论哲学不仅涉及教育的本性、基础，而且涉及它的功能，不仅涉及其历史，也涉及今天。""把高等教育哲学置于认识论基础之上，显然是偏向于用理性主义解释了高等教育本性。""然而，我们提出了多方面事实，从而多方面阐明了对于高等教育哲学，不能仅仅归结为政治论和认识论那两种基础之上。"2008年我国学者朱人求教授的学术专著《儒家文化哲学研究》进一步指出："在西方，随着资本主义工业社会的发展，科学理性与人道目标之间发生了冲突，出现了科学主义思潮与人文主义思潮的对立。尤其是一战、二战的爆发把科学技术的负作用充分暴露了出来，科学技术虽然给人类带来了高度的物质文明，也带来了精神状态的严重颓废和衰落，带来了深刻的社会问题和文化危机。"2012年清华大学胡显章教授在为《大学文化哲学——大学文化既是一种存在更是一种信仰》（下称《大学文化哲学》）一书作序时强调指出："当代文化哲学的一个重要特点是突出了人在社会发展中的主体地位，并从人的生命存在方式的高度来界定文化，把握文化的意义和价值。"由此可见，2012年我国《大学文化哲学》以"大学文化"为逻辑起点和以"生命论哲学"为主导，构建以"大学文化既是一种存在更是一种信仰"为核心的大学文化哲学基本理论框架，是高等教育哲学理念上对"人"在人类社会发展中的主体地位的一种回归。

3. 确认"大学的本质是一种文化组织"是理论创新

按照布鲁贝克的观点，大学是一个"传递深奥的知识，分析、批判现存的知识，并探索新的学问领域"的高等学府，并没有深刻揭示大学的文化本质。实际上，从大学诞生之日起，它的本质一直是一种功能独特的文化组织。2007年我国学者眭依凡教授在《大学者，有大学文化之谓也》（载于《大学的使命与泽恩》，眭依凡著，教育科学出版社，2007年7月）一文中深刻地指出："曾子在《大学》一文开篇即道：'大学之道，在明明德，在亲民，在止于至善。知止而后能定，定而后能静，静而后能安，安而后能虑，虑而后能得'。大学之形而上即文化也。无文化之护养，大学何以明德、亲民、至善？无文化之滋润，大学何以能知、止、定、静、安、虑而后得？"面对20世纪90年代中期以来以"崇尚物质，忽视人文"为核心内涵的全球性文化生态危机及其导致的大学精神衰微现象，其实质是一种道德信仰危机的严峻挑战，在回归"人"在人类社会发展中的主体地位的基础上，2012年我国"大学文化哲学"的主要贡献是从宏观与微观的结合上确认"大学的本质是一种与社会的经济和政治组织既相互关联又鼎足而立的以传承和创新文化为己任的功能独特的文化组织"，并且以"大学文化"为逻辑起点和以"生命论哲学"为主导构建了一个以"大学文化既是一种存在更是一种信仰"为核心的大学文化哲学的基本理论框架，为创立中国大学文化学科和探索构建当代中国大学人的精神家园奠定了新的大学文化哲学基础。

4. "道德信仰危机"呼唤大学认定崇高信仰

文化是一个内涵非常广泛而又极其深刻的概念，有狭义和广义两种理解。1871年英国学者爱德华·泰勒关于文化"是包括知识、信仰、艺术、道德、法律、习俗和任何人作为一名社会成员而获得的能力和习惯在内的复杂整体"的界定是一种广义的文化观，1946年西班牙学者奥尔加特·加塞特关于"文化是时代赖以生存的思想体系"的界定是一种狭义的文化观。面对20世纪90年代中期以来世界范围和我国日益明显地出现的以"崇尚物质，忽视人文"为核心内涵的全球性文化生态危机及其导致的大学精神衰微现象，其实质是道德信仰危机的严峻挑战，2012年4月我国"大学文化哲学"研究作出"大学文化既是一种存在更是一种信仰"的界定。我们之所以以马克思社会思想的核心就在"人"的精辟论述为指导，回归"人"在人类社会发展中的主体地位，进一步确认"大学的本质是一种功能独特的文化组织",坚信不疑地认定"'以人为本,实现和谐'既是人类社会发展应当追求的永恒目标,也是大学应当为之奋斗的崇高信仰",并以"以人为本,实现和谐"为价值基石探索构建人文理性求实创新和谐的当代中国大学人的精神家园,为实现当代中国大学理想而奋斗,主要是因为当前我们面临的严峻挑战是"道德信仰危机",这正是当前我国大学出现大学精神衰微现象的症结所在。我们坚信,"道德信仰危机"只有依靠并充分发挥"信仰的力量"才有可能得到有效地克服。

任何事物都不可能没有矛盾,一切事物都是在矛盾运动中不断地向前发展着。我国学者张应强教授在《现代大学精神的批判与重建》(载于《大学的文化精神与使命》,张应强著,安徽教育出版社,2008年10月)一文中深刻地指出:"自人类开始现代化大业之后,现代化的压力一直迫使大学片面地服务于市场经济与民族国家之间的发展竞争。'政治论高等教育哲学'主宰了大学与大学教育,工具主义理性观实现了对大学教育的征服与统治,大学精神急剧退化,价值教育普遍失位。""我国古代大学以'明德、亲民、止于至善'为宗旨,将知识、意志、情感及相应各类学问与价值追求统一于人格的全面发展与完善,指向人文教化的最高目的。""与此同时,由于封建专制社会和传统文化中负面因素的影响,个人主体性没有得到充分发育。在建立社会主义市场经济体制和推进社会现代化进程时,我们首先要用工业文明中的理性和市场经济的自由自主意识来取代依托于传统的小农经济的依附性,走向具有独立人格的个人主体性。但是,我们又同时面临着个人主体性意识膨胀,特别是个人占有性主体性所带来的人的异化和物化的危机。""知识经济的崛起、全球化浪潮的涌现、发展竞争的加剧、大众高等教育及其消费时代的来临,使得大学正在经历着一次新的转型。"

王冀生

农历壬寅(虎年)夏于北京

时代精神与教育观念[*]

21世纪将是一个充满着机遇和挑战的世纪。与此同时，我国社会正在从计划经济体制逐渐向社会主义市场经济体制转型。面对即将到来的21世纪和我国社会转型新的机遇和挑战，必须及时转变与时代精神不相适应的教育思想观念，培养时代所需要的富有主体精神和创造力的一代新人。

一、转变教育思想观念是进行教育创新的先导

长期以来，在我国教育战线，在教育思想观念上主要有四个方面的争论，存在着重社会轻个体、重选择轻发展、重功利轻公益和重继承轻创新的倾向，引起社会的广泛关注。

1.重社会轻个体

所谓社会本位教育观，主张教育主要决定于社会需要，社会需要是教育活动的主要出发点和归宿，教育适应和满足社会需要的程度是教育活动的价值所在，这是目前我国占主导地位的一种教育价值观。但是，一些学者认为，从根本上说，作为"个体"的"人"是人类社会发展的主体，"人的发展"是教育活动永恒的主题，促进"每个人全面而自由的发展"是人类社会发展的崇高理想。

2.重选择轻发展

所谓注重选择教育观，强调教育活动的主要功能是从众多受教育者中选择符合一定社会需要的合格人才，而把多数置于淘汰之列。这种注重选择教育观，在社会发展的一定阶段难以避免，问题主要在于导致"应试教育"思想的出现和不合理的教育竞争，忽视促进"每个人全面而自由的发展"。促进发展教育观并不反对在社会发展的一定阶段通过教育选拔社会需要的合格人才，但是主张教育活动的首要任务是促进每一个受教育者获得"全面而自由的发展"，并在这个基础上选拔社会需要的合格人才。

---

[*] 本文是在两篇文章合并的基础上形成的，分别是《上海高教研究》1996年第4期和《高教探索》1997年第3期。

3. 重功利轻公益

应当承认,在社会发展的一定阶段,教育的功利性是一种客观存在。尤其是高等教育,在社会还不够发达的时候,还是一种非义务性教育,国家发展高等教育是为了培养社会急需的合格人才,学生上大学是为了获取谋生的手段。所谓功利主义教育观,主要是过分地强调了高等教育的"专门性"和"工具性",把受教育者培养成为仅有一技之才和会赚钱的工具。但是,从本质看,教育活动的根本目的是"使人成其为'人'"。因此,高等教育的主导方面是"公益性",它不应当仅仅看到当前的需要,还要"面向现代化,面向世界,面向未来"。

4. 重继承轻创新

教育"促进人的发展"是在认知活动的基础上进行的,所谓认识继承教育观主要是过分强调教育的传递功能,忽视教育的文化选择和创新功能。应当说,认知活动是教育"促进人的发展"的文化基础,但是,教育活动的灵魂和价值在于"文化的选择和创新",应当把选择和创新教育贯穿于从幼儿教育到高等教育的全过程,把受教育者培养成为能够进行"文化的选择和创新"的人。

二、21世纪将是一个充满着机遇和挑战的世纪

在21世纪这个崭新的世纪里,人类社会面临的机遇和挑战主要是:

1. 科学技术突飞猛进

20世纪中叶以来,也就是第二次世界大战结束以后,现代科学技术的发展极其迅速,呈现出综合化、一体化、人文化和信息化的趋势。现代科学技术既高度分化又高度综合,当前科学技术发展,特别是高科技发展的主要趋势是日益综合化。当前正在迅速发展的高科技,无论是航天技术,还是信息技术,无一不是综合应用多种学科才能解决的。在过去一个相当长的历史时期里,追求真理曾经是少数学者的一种"闲逸的好奇"。当今的世界正在进入一个科学、技术、生产一体化的新时期,其主要特点就是科学技术日新月异,它转化为现实生产力的周期越来越短。在古代,人们崇尚人文,自然科学还没有形成独立的学科体系。19世纪初叶以后,随着现代自然科学技术的迅速发展,不仅逐步形成了自己独立的学科体系,而且人们越来越看到现代自然科学技术在改造世界、造福人类方面的巨大作用,于是人文学科与自然科学开始逐步分离,20世纪80年代以来,一些先进的学者开始认识到,现代自然科学技术并不能解决当代社

会的一切问题，它在为人类社会创造巨大物质财富的同时也带来了生态破坏、环境污染、资源枯竭等众多危机，时代强烈呼唤着人文学科与自然科学的相互融合，并提出了可持续发展的崭新观念。自从1946年第一台计算机问世以来，仅仅经过短短的半个多世纪，信息科学技术，特别是微软技术已经几乎渗透到人类社会生活的一切方面，正在全面、深刻地影响着世界的未来。

2. 国力竞争日趋激烈

冷战结束以后，世界政治正朝着多极化的方向发展，"和平与发展"成了当代的主题，经济发展也出现了全球化的趋势，国际竞争的内涵转为以经济和科技实力为基础的综合国力的较量。江泽民同志深刻地指出："在当今世界上，综合国力的竞争，越来越表现为经济实力、国防实力和民族凝聚力的竞争。""现在，科学技术在经济、国防和社会发展中的作用日益重要和突出，知识更新和转化为现实生产力的速度日益加快。""发展的优势蕴藏于知识和科技之中，社会财富日益向拥有知识和科技优势的国家和地区聚集，谁在知识和科技创新上占优势，谁就在发展上占据主导地位。这种发展格局，对于第三世界的广大国家来说，既提供了利用高科技和先进知识超越传统发展模式的有利机遇，又提出了前所未有的严峻挑战。"

3. 知识经济已见端倪

世界经济合作与发展组织在1996年第一次提出了"知识经济"的概念，在世界各国引起了极大的反响。所谓知识经济，就是以知识为基础的经济，即以知识的生产、传播、应用和创新为基础的经济。知识经济社会，是人类继农业经济社会、工业经济社会之后将要进入的第三种社会形态。这是一种崭新的社会形态，是人类社会新纪元的开始，必将对人类的文化、伦理、理论、观念提出严峻的挑战。它的特征主要是：（1）知识密集型产业的产值超过了国民生产总值的50%以上，经济形态发生质的变革，服务业的比重明显上升；（2）知识既是最重要的生产要素，也是最重要的消费要素，信息高速网络将成为最重要的基础设施，经济增长方式也将发生根本性的变化；（3）知识创新将成为技术进步和经济发展的先导，社会劳动力的结构将发生重大变化，以高等学校、科研机构和知识密集型企业为核心构成的国家创新体系将是知识生产、传播、应用和创新的骨干；（4）人的智力资源将是最重要的资源，人类社会将是一个学习化的社会，学习将成为个人和组织发展的有效工具，以素质教育、创新教育和终身教育为主要特征的高等教育将是知识经济社会的基础。

4. 意识形态领域的渗透和争夺更加深刻

当今的世界是个开放的世界，其实质是文化的开放，其突出表现是多元文化的相互冲撞与融合。无论是传统文化与现代文化，东方文化与西方文化，还是本土文化与外来文化，都在相互冲撞，发生对抗和矛盾，也在相互融合，呈现出勃勃生机。这种多元文化的相互冲撞与融合，比较集中地反映在价值观上，必将对现代大学的教师、学生的意识形态产生深刻的影响。

三、社会主义市场经济对高等教育的影响分析

1992年国家决定建立和发展社会主义市场经济体制，这是关系到我国改革开放和社会主义现代化建设全局的一个重大问题，它涉及我国经济基础和上层建筑的许多领域，需要有一系列相应的体制改革和政策调整。高等教育的发展、改革是对于有中国特色的高等教育的探索和建设过程，迫切需要科学理论的指导，高等教育与社会主义市场经济的基本关系问题就是一个涉及建设中国特色高等教育全局的、有战略意义的、新的重大理论问题。通过研究，人们认为，在社会主义市场经济体制下，市场将在政府的宏观调控下对资源配置起基础性作用，其中，人才和技术资源的源头主要在高等学校。在当今世界，谁争得人才和科技的优势，谁就争得市场，也就争得经济和社会发展的主动权。因此，社会主义市场经济体制的建立和发展，必将对我国高等教育的发展、改革提出新的、更高的要求和产生全面的、深刻的影响。

社会主义市场经济体制的建立和发展，从总体上看，对我国高等教育发展、改革的积极影响是主导的，将会给我国高等教育的发展、改革以巨大的推动。主要表现在：第一，大大增加对人才的需求，促进我国高等教育在规模、结构、品质、效益上积极稳步地协调发展，规模将与综合国力的增长相适应，逐步实现高等教育的大众化，结构将与产业、技术结构和区域经济协调发展更加匹配，品质将沿着德智体美全面发展和全面提高人的综合素质的方向上一个台阶，效益特别是规模效益和经济效益将有明显的提高；第二，大大增加对科学技术，特别是高新技术的需要，促使我国高等学校在继续重视基础研究的同时大力开展应用研究、技术开发、推广应用和咨询服务，兴办科技产业，使更多的科技成果尽快地转化为现实生产力，并且组织精干力量承担国家科技攻关项目，发展高新技术，促进相关学科的科研水准和学科建设进入先进行列；第三，要求从根本上改革与高度集中的计划经济体制相适应的国家集中计划和政府直接管

理的高等教育体制，转换运行机制，逐步建立起与社会主义市场经济体制和相应的科技、政治体制改革以及高等教育自身发展规律相适应的新的、充满生机和活力的高等教育体制和运行机制；第四，伴随着社会主义市场经济体制的建立和发展，必然会带来人们思维方式和价值观念的深刻变化，并将对我国高等学校和大学生产生积极的影响，诸如个人价值意识、成才意识、竞争意识、创造意识、法制意识等。

必须清醒地看到，由于市场经济固有的弱点以及目前市场经济发育尚不健全和人们还不善于处理教育规律同经济规律之间的矛盾，市场经济对我国高等教育的影响还有消极的一面。主要表现在：第一，在市场经济活动中和一段时间内，社会分配不公的现象的出现以及经商浪潮对我国高等教育的冲击将会十分强烈，可能导致教育、教学品质面临滑坡的危险，科学研究工作也有可能出现单纯追求"短、平、快"的倾向；第二，在市场经济条件下，合理的人才流动是必然的，其趋向是由低价值向高价值方向流动，由于在一段时间内我国高等学校与社会上一些部门工资待遇的反差较大，将有可能造成教师队伍的严重不稳，尤其是骨干教师和青年教师将有可能流失过多，令人担忧；第三，在新旧体制转换的过程中，旧的体制要改革，新的体制尚未建立，有可能出现一方面尚未真正做到面向社会自主办学，而另一方面政府在宏观上又有些失控，使得在一段时间内我国教育、教学秩序可能出现一些混乱现象；第四，在社会上可能出现拜金主义、享乐主义和极端个人主义的错误思潮以及一些格调不高的消极现象，这些都有可能对我国高等学校师生的世界观、人生观、价值观和道德观带来消极的影响。

由于我国目前正处在由传统的计划经济体制向社会主义市场经济体制转型的过程中，正在建立和发展的社会主义市场经济体制对在计划经济体制下形成的我国传统高等教育的冲击和影响不仅是全面的、深刻的，而且从一开始就有积极和消极的二重性。从长远看，从本质看，积极影响是主导的、决定性的，但对其负面影响也不能低估。这些负面影响，有些是市场经济发育尚未健全和人们还不善于处理教育规律同经济规律之间的矛盾造成的，在新旧体制转型过程中是难以避免的、暂时的问题，随着社会主义市场经济体制的逐步完善和人们新经验的积累将会逐步得到解决。但是，有些则是市场经济固有的弱点引起的，将长期起作用。面对社会主义市场经济对我国高等教育发展、改革冲击和影响的二重性，我们的基本对策是采取"选择性适应"的方针，从而在主动适应社会主义市场经济对我国高等教育发展、改革的积极影响的同时，把其负面影响降低到尽可能低的程度。

四、时代呼唤富有主体精神和创造力的一代新人

21世纪是一个充满着机遇和挑战的世纪，与此同时，我国社会正在从计划经济体制逐渐向社会主义市场经济体制转型，面对即将到来的21世纪和我国社会正在转型新的机遇和挑战，时代呼唤富有主体精神和创造力的一代新人。主要特征是：

第一，富有主体精神

在我国教育界，长期以来，对于教育主要决定于社会发展需要，还是主要决定于人的发展需要，教育的出发点主要是社会需求还是人的需求，是有争论的，争论的实质是教育价值观问题。我国教育方针明确规定："教育必须为社会主义现代化建设服务。"在高度集中的计划经济体制和粗放型经济增长方式的情况下，我国高等教育实行的是国家集中计划和政府直接管理的体制，"统一招生，统一培养，统一分配"，学生上大学全部由国家包下来，国家要求大学毕业生应当成为"社会主义事业的建设者和接班人"，要服从国家需要，到祖国最需要的地方去建功立业。这是一种社会本位教育观，基本方向是正确的。现在的情况正在起变化。一方面，社会主义市场经济体制的建立和发展，市场将在国家宏观调控下对资源配置起基础性作用，要求建立全国统一、开放的市场体系，作为经济活动主体的企业将在激烈竞争中大大激发其内在活力；另一方面，经济增长方式向集约型转变，科学技术是第一生产力，企业为了提高自身的竞争能力，产品不仅要重视引进、消化，更要注意改革、创新，人类生存环境将呈现出多元、多变、多彩、多险的状态，不确定性和可选择性同时加强。时代强烈呼唤着人的主体精神，无论是适应快速变化的环境，还是在激烈的竞争中及时作出正确的决策，都要有人，要富有主体精神的人把党的路线、方针、政策同本单位的实际和不断变化的环境正确地结合起来去求得生存和发展。德智体全面发展与人的个性发展是辩证统一的，符合人才培养、成长的客观规律。在坚持"教育必须为社会主义现代化建设服务"的方针和培养"德智体全面发展的社会主义事业建设者和接班人"的前提下，突出强调培养大学生的主体精神是时代的呼唤。一个现代大学生，不管他是学习什么专业、学科的，首先应当确立为我国社会主义现代化建设服务的明确方向，同时又应是富有个性和主体精神的一代新人。

第二，坚持人文精神与科学素养的统一

教育首先是培养"人"，还是把培养"才"放在首位，在教育发展史上一

直有争论，争论的核心是教育目的问题。自古以来，我国教育就有"立德树人"的优良传统。近代教育家蔡元培先生也认为教育的功能应使人"养成健全的人格"，主张教育应当使人得到全面发展。新中国建立以来，继承和发扬了我国教育的优良传统，一直坚持教育工作的社会主义方向和德智体全面发展的方针，强调要把坚定正确的政治方向放在首位，着重解决好大学生的政治方向和为谁服务的问题。但是，由于我国是在经济、文化比较落后的基础上建设和巩固社会主义的，经济建设是中心，社会稳定是前提，所以，反映在教育工作中就比较强调学生社会主义信念的坚定性和建设社会主义的真实本领，人文精神和科学素养都受到不同程度的削弱。人文精神与科学素养的统一是现代人的基本特征，这应当作为我国现代高等教育追求的目标。人文精神，泛指做人的基本态度，主要指人对自然、人对社会、人对他人、人对自己的基本态度，其中一个重要内涵是具有为社会主义现代化建设事业的献身精神，这不仅需要深刻的人文修养，而且要以良好的科学素养作为支撑，因为现代科学技术对人文精神的形成有着深刻影响。科学素养，在这里也不单指自然科学，也包括人文学科在内，其内涵也不仅是掌握人文学科和自然科学的知识、技能和能力以及分析、解决专门实际问题的能力，更重要的是在这个基础上养成一种"实事求是、追求真理、独立思考、勇于创新"的科学精神和健全的心理。

第三，注重通专结合

大学教育应当注重"通"还是注重"专"，长期以来一直争论不休。这里，既有教育思想问题也有教育模式问题。"通"与"专"是个相对的概念，"通才教育"与"专门教育"是个历史的范畴。19世纪以前是历史上"博雅教育"的时代，17世纪教育理论家夸美纽斯提出"泛智论"和"学习一切"的口号，18世纪启蒙主义思想家狄德罗主张对学生进行"百科全书式的教育"，19世纪初叶英国生物学家赫胥黎把"博雅教育"定义为"文理兼备的普通教育"。19世纪初叶工业革命兴起以后，随着自然科学的迅速发展、学科门类不断增多，工业社会日益趋向严密的专业化和分工的方向发展，人文学科与自然科学逐步走向分离，形成了"隔行如隔山"的现象，于是"专门教育"应运而生。进入20世纪以后，特别是第二次世界大战以后，由于现代科学技术的高速发展，出现了既高度分化又高度综合的趋势，要求理工结合和文理渗透，人们的思维方式也开始由以分析为主向以综合为主转变。在这种情况下，人们逐步认识到，高等教育不仅应当注重培养专门知识、技能、能力的"专业教育"，而且应当加强以全面提高人的基本综合素质为宗旨的"通识教育"。这种"通专结合"教育观的提出，主要是反映出一种对人的文化、素质、人格的完整性追求。这主要是由于当代社会面临巨大的挑战，迫切要求大幅度提高人类自身的质量，创造新的教育，以培养时代所需要的一代新人。面对世纪之交的严峻挑战，主要适应我国经济体制和经济增长方式上的"两个根本转变"和国际高等教育的发展趋势，"通专结合"将是21世纪我国高等教育唯一正确的选择。

第四，以选择和创新为己任

大学教育重在继承还是重在选择和创新，是关于教育的本质、功能和人才价值的争论。有的学者认为，教育的本质特征是通过对个体传递社会生产和生活经验，促进个体身心发展，使个体社会化，并最终使人类社会得以延续和发展。这里有三层意思：教育的基础是文化的传递；教育的最终目的是使人类社会得到延续和发展；教育使人类社会得以延续和发展是通过促进个体身心发展，使个体社会化实现的。由此可见，教育与社会、人的发展是辩证统一的，统一在文化的传递上。必须明确，高等教育虽然具有教育的共同本质，也是以文化的传递作为基础的，但是，高等教育不是一般的文化传递，而是高深知识的传递，而且高等教育应当在传递人类已有高深知识的基础上将重点放在高深知识的选择和创新上，这恰恰是高等教育的价值所在。应当承认，与经济、政治相比，高等教育与人类文化具有潜在的和更加深层次的本质联系，高等教育与经济、政治的联系往往是通过人类文化作为中介的，文化在教育与经济、政治之间起着重要的沟通和桥梁作用。从这个意义上说，高等教育主要是通过培养大学生发挥的对文化的传递、选择和创新作用来为社会服务的。面对世纪之交的严峻挑战，当前我国社会正在从计划经济体制向社会主义市场经济体制转型，我国高等教育应当把工作重点放在文化的选择和创新上，着重培养大学生正确识别、选择和创新文化的能力，这既是教育规律决定的，更是时代的强烈要求。

当今社会文化有两大特点，一是浩如烟海，二是多元化。如何在浩如烟海和多元化的文化中正确地选择文化，取其精华，去其糟粕，继承人类的一切优秀文明成果，正确把握住先进文化前进方向，是时代赋予高等教育的光荣任务，也是时代对大学生的基本要求。"急剧变化"是当今社会的显著特征，"创造力"已经成为人们适应社会急剧变化的一种"生存能力"。在这样新的时代背景下，从继承性教育转变为创造性教育就成了历史的必然。

（载于《上海高教研究》1996年第4期和《高教探索》1997年第3期）

现代大学教育理念

现代大学教育以推动经济和社会发展为重要目标是完全正确的，现代大学教育帮助学生寻求实用和令人满意的职业也是合理的。但是，当前我国大学教育工作中比较普遍存在的过度专业化和严重的功利主义倾向是不可取的。为了培养 21 世纪和我国社会转型需要的德智体美全面发展的、人文精神与科学素养统一的、通专结合的、能在复杂多元、快速多变的社会里正确选择和创新文化的富有主体精神和创造力的一代新人，关键在于坚持以"人文、科学、创新的统一"为核心的现代大学教育理念。

一、人文精神的基本内涵

人文，指的是一种人文精神，泛指认识和处理人与自然、人与社会、人与他人、人与自己之间关系的基本态度，包括自然观、人生观、道德观和价值观，其实质是如何做人，其核心是养成健全的人格，其崇高理想是造福人类。

人与自然　人类社会认识和处理与自然界的基本关系大致经历了三个阶段：当人类还处于蒙昧状态，即还没有掌握自然规律时是"畏惧自然"；当人类逐步掌握自然规律时又提出要"征服自然，造福人类"；当人类逐步认识到自然科学的进步在给人类物质生活创造巨大繁荣的同时又出现了生态破坏、环境污染、资源枯竭等诸多危机，并且不能同时带来人文精神的高涨时又倡导"人与自然和谐发展"，并提出了可持续发展战略。人是社会的主体，当代大学生都应当树立可持续发展的理念，并具有可持续发展的能力。

人与社会　作为"个体"的人如何认识和处理他与社会之间的基本关系的实质是一种人生观和价值观，核心是如何认识和处理人生的社会价值与人生的个体价值之间的基本关系。我们历来主张，人生的社会价值主要在于他的行为或实践活动所创造的精神财富和物质财富能否满足他人或社会的精神和物质需要，人生社会价值的高低就是他对社会作出贡献的大小。但是，我们也并不否认人生的个体价值的存在，其内涵是他人和社会对作为"个体"的人的物质需要（衣、食、住、行、用）和精神需要（文化享受、个性发展、人格尊严）的满足程度，这是作为"个体"的人赖以生存和健康发展及其对社会作出贡献的基础。正确的态度应当是坚持人生的社会价值和人生的个体价值的辩证统一，努力在实现人生的社会价值的同时实现人生的个体价值。

人与他人 作为"个体"的人，如何认识和处理自己与他人之间的基本关系属于道德观的范畴，关键是要"仁者爱人"和"遵纪守法"，要尊重人、爱护人、关心人，努力做到"己所不欲，勿施于人"和"诚信乃立身之本"，并在这个基础上切实做到"遵纪守法"，在法律面前人人平等。在市场经济体制下，还要正确认识和处理竞争与合作之间的基本关系，竞争是必然的、必要的，但竞争应当是在公平、平等基础上的竞争，而且在竞争的同时要提倡合作。

人与自己 作为"个体"的人，最难认识和处理的是个人与自己之间的基本关系，其核心是如何认识自己和控制自己。正确地认识自己固然不易，"人贵有自知之明"，但善于控制自己更难。伟大的科学家培根曾经说过："人类最伟大的力量是控制人类自己的力量。"尤其是在多元文化的社会环境里，如何正确地把握着自己，恰当地认识和处理各种矛盾，始终沿着正确的方向前进，是十分困难的。

二、科学素养的主要要求

科学，指的不仅是科学知识，更重要的是一种科学素养，是养成高尚的人文精神和形成开拓进取的创新能力的基础，在人文精神、科学素养、创新能力三者中居于核心和基础的位置。具体地说，科学素养的主要要求有以下三个方面：

认知基础 全面掌握人文、社会科学和现代自然科学技术的基本理论、基本知识、基本技能，这是科学素养的认知基础。在当代，无论你学习的学科（专业）是什么，是人文、社会科学方面的还是现代自然科学技术方面的，都必须全面掌握人文、社会科学和现代自然科学技术的基本理论、基本知识和基本技能。这既是从事并搞好专业工作和适应未来社会发展、变化的需要，更是养成高尚的人文精神和形成开拓进取的创新能力的通识基础。

科学精神 养成实事求是、追求真理、独立思考、勇于创新的科学精神，这是科学素养的核心和灵魂所在。对于现代大学教育来说，让学生全面掌握人文、社会科学和现代自然科学技术的基本理论、基本知识、基本技能以及具有独立分析、解决专门实际问题的能力并不困难，难点是通过高深学问的教与学活动使学生养成一种实事求是、追求真理、独立思考、勇于创新的科学精神。这是目前现代大学教育、教学工作中的薄弱环节，也是我们必须努力加以解决的一个重大课题。

健全心理 要有健全的心理，这是一个人在事业上能否取得成功的关键因素。现代社会处于快速、剧烈、深刻的变革之中，情况非常复杂，竞争十分激烈。在当代，一个人如果没有健全的心理，要想取得事业上的成功几乎是不可能的。研究表明，健全的心理主要包括自我意识、理想追求、人际关系和良好心态。自我意识，就是把命运牢牢地掌握在自己手里；理想追求，就是有理想、有本领、有担当；人际关系，就是有智慧、有仁心，以正确的态度和高超的智慧处理各种矛盾，达到最佳效果；良好心态，就是胜不骄，败不馁，披荆斩棘，勇往直前，把折磨作为人生的炼金石。

三、创新能力的内在特征

创新，指的是一种创新能力，要求能够在继承前人的基础上突破陈规，不断开拓新的境界。这是如何做事的精髓。创新能力是一种综合能力，包括创新意识、综合智能和实践能力三个基本方面：

创新意识 创新，首先要有强烈的创新意识，它来源于高度的社会责任感和鲜明的个性，这是人是否有创造力的前提。创新意识是一种个性心理特征，其核心是对真理和理想的不断追求，从思维方式来说，既善于进行求同思维，认真继承前人的一切优秀文明成果，在前人的基础上前进，又勇于进行求异思维，敢于突破陈规，不断开创认识的新境界。

综合智能 创新，关键在于具有能够把创新意识转化为新事物的综合智能，这是人的创造力的核心，主要包括自学能力（指运用中文、外文和上网获取知识的能力）、选择能力（指以价值观为指导的判断能力）、思维能力（指形象与逻辑思维、分析与综合思维、求同与求异思维能力）、研究能力（指运算、实验、探索未知的能力）、信息处理能力和表达能力（包括文字、口头、形体和网上表达能力）。

实践能力 创新，必须要有把创新意识转化为新事物的实践能力，也就是进行创新活动的能力，这是创造力的集中体现，它必须让学生亲身参加创造实践才能获得，还要营造有利于学生进行创新活动的文化、学术氛围。

必须指出，创新能力是一个多层次的结构，包括知识创新、技术创新和知识应用等诸多方面。因此，对大学生创新能力的要求适合于所有层次、学科（专业）、类型的高等学校。对基础（包括纯基础和应用基础）学科（专业）的学生要求能够进行知识创新，对应用学科（专业）的学生要求能够进行科技创新和知识应用，这个要求同样也适合于高等职业技术教育。

还要强调指出，鲜明的个性是形成创新能力的客观基础。但是，人的个性是需要开发的，学校教育应当为学生的个性发展和创新能力的形成提供一个广阔的空间。为此，学校教育应当采取以下有力措施：第一，积极采用启发式的教学方法，注重学生的个性发展；第二，在大力提高基本课程教学质量的基础上积极开辟第二课堂，组织他们参加科学研究活动和其他多种社会实践；第三，要让学生对学科（专业）、课程、教师和学习方式有较大的自主选择权，努力提高学生自主学习的积极性；第四，充分发挥图书馆、实验室（实训基地）和校园网的作用，帮助他们把外在文化内化为自己的全面综合素质，促进他们身心的健康发展。

我们应当深刻地认识到，在高等教育没有得到普及之前，高等教育的专门性和功利性是一种客观存在。因此，面对21世纪和我国社会正在转型新的严峻挑战，转变教育思想观念，积极进行教育创新，并不否认高等教育的专门性和功利性。由此可见，以"人文、科学、创新的统一"为核心的现代大学教育理念的提出，反映出当今时代对于人的人格、学识、创造力的一种新的完整性追求，这主要是由于当代社会面临新的巨大压力和挑战，迫切要求大幅度地提高人类自身的质量，强烈要求创造一种新的教育，加强人力资源的开发，以适应当今时代发展、变革的需要。

（载于《中国高等教育》1999年第4期）

全面推进素质教育的科学内涵

1999年6月中共中央和国务院《关于深化教育改革全面推进素质教育的决定》颁布以后,受到我国教育战线广大教育工作者的热烈拥护。经过认真研究,我们认为,以"以人为本"的教育哲学观为指导,从理论与实践的结合上深刻理解全面推进素质教育的科学内涵,是把中共中央和国务院颁布的《关于深化教育改革全面推进素质教育的决定》真正落到实处的关键所在。

一、"以人为本"是一种教育哲学观

教育的对象是作为"个体"的有生命的人,研究"人的本质"问题是研究"教育本质"问题的理论基础。马克思主义对人的本质的认识,大致经历了从黑格尔的理性主义到费尔巴哈的人本主义,再由人本主义到历史唯物主义的发展过程,并作出了人的本质"在其现实性上,它是一切社会关系的总和"的科学论断。马克思主义的这个关于"人的本质"的科学论断,并没有否定人的自然属性的存在,只是强调了人的本质的主导方面不在于它的自然属性,而在于它的社会属性,从而从根本上划清了唯物史观与人本史观在人的本质问题上的原则界限。

马克思主义认为,人的本质"在其现实性上,它是一切社会关系的总和"。因此,人的个性发展与社会发展的要求之间的矛盾是教育活动的基本矛盾,它有以下四层意思:第一,教育的对象是作为"个体"的有生命的人,促使受教育者的个性得到解放和发展,成为尽可能完善的人,是教育活动的根本出发点和崇高目标;第二,在作为"个体"的有生命的人的个性得到解放和发展的基础上使其成为社会所要求的尽可能完善的人,从而使教育与社会需求和环境协调发展,是教育活动的核心和基本要求;第三,传承和创新文化既是教育"促进人的发展"的基础,也是教育"促进人的发展"的崇高使命;第四,人的本质"在其现实性上,它是一切社会关系的总和",因此,教育应当"以人为本"与教育必须"服务社会"是辩证统一的。由此可见,教育通过传承和创新文化"促进人的发展"应当同时达到两个目标:一是促使作为"个体"的人的个性得到解放和发展，成为尽可能完善的人；二是促使作为"个体"的人成为社会所要求的能够推动传承和创新文化的人，从而推动人类社会不断地延续和发展。

在教育活动中，坚持教育应当"以人为本"与坚持教育必须"服务社会"是辩证统一的，其中，应当以"以人为本"作为教育价值的核心。它有以下几层意思：第一，教育发展不仅是社会发展的需要，也是作为"个体"的人的个性发展需要，作为"个体"的人和社会都是需要教育的主体，在一定意义上说，作为"个体"的人的个性发展需要是社会发展需要的前提和基础；第二，教育工作的最终目的是推动人类社会不断地延续和发展，但是，教育推动人类社会不断地延续和发展是通过培养社会所要求的尽可能完善的人来实现的；第三，教育活动的基本要求是培养社会所要求的尽可能完善的人，在这个活动中必须坚持把养成健全的人格放在第一位，并在这个前提下全面提高人的综合素质；第四，教育的对象是作为"个体"的有生命的人，学生是学习和成才的主体，应当注重学生的个性发展，把学生培养成为富有主体精神和创造力的一代新人。

早在1848年，马克思和恩格斯就在《共产党宣言》中精辟地指出："代替那存在着阶级和阶级对立的资产阶级旧社会的，将是这样一个联合体，在那里，每个人的自由发展是一切人自由发展的条件。"后来，马克思主义进一步认为：未来的新社会"是以每个人全面而自由的发展为基本原则的社会形式"。

二、教育学上的素质是人的内在的个性心理品质

高等教育的根本任务是培养社会所要求的高级专门人才，高深知识的教与学活动是现代大学培养社会所要求的高级专门人才的基本途径，传授知识、发展能力和提高素质是高深知识的教与学活动的三项基本任务，它们是辩证统一的，关键在于深刻理解知识、能力、素质三者之间的相互关系。

应该说，在教学活动中，传授知识是发展能力和提高素质的基础。但是，知识并不等同于能力，知识和能力不是线性关系，学的知识多并不等于掌握的知识多，也并不等于能力越强，能力的形成还需要很多条件，主要的是这种学习是否开启了人的智慧和心灵，是否为学习者所理解，并通过实践训练特别是思维训练而转化成了能力。同样，知识和能力并不等同于素质，人的素质的一个根本特征是它的内在性，知识需要经过内化才能成为素质，要把所学的人类文化知识经过自己的选择、吸收、融会、创新，内化到骨子里，融化到血液中，才能逐渐形成素质。

教育学上的素质，是在遗传素质的基础上形成和发展起来的。上海辞书出版社1999年出版的《辞海》（缩印本）指出：遗传素质"在心理学上，指人的先天的解剖生理特点，主要是感觉器官和神经系统方面的特点，它是人的心理发展的生理条件，但不能决定人的心理的内容和发展水平。人的心理来源于社会实践，素质也是在社会实践中逐步发育和成熟起来的，有些素质上的缺陷可以通过实践和学习获得不同程度的补偿"。这是一种辩证统一的遗传素质观，也是形成教育学上的素质的客观基础。

基于上述观点，经过研究，我们赞同和接受这种观点：教育学上的素质，是指在人的先天的解剖生理特点的基础上，受后天教育、环境的影响，经过个体自身的学习、实践和主观努力，特别是通过外在文化的内化和促进身心的发展，形成的一种人的内在的、综合的和稳定的个性心理品质。

三、"全面提高人的综合素质"是核心和基础

经过研究，我们认为，人的全面综合素质主要包括两个方面：一是人的基本文化素质，二是专业素质。二者是相互联系、相互渗透、相辅相成的。其中，"人的基本文化素质"既是养成健全的人格和增强对未来适应性的根基，也是提高独立地分析、解决专门实际问题能力的基础，在社会所要求的高级专门人才的培养中据有特殊重要的地位。一般来说，"人的基本文化素质"的科学内涵主要包括以下四个方面：

品德 品德主要包括世界观、人生观、道德观和价值观，其核心是一种正确地认识和处理人与自然、人与社会、人与他人、人与自己之间基本关系的人文精神。在我国，要求在品德教育中坚持把坚定正确的政治方向放在首位，把思想政治素质作为最重要的素质，以养成健全的人格为核心，同时促进世界观、人生观、道德观和价值观的全面提高。由此可见，品德在"人的基本文化素质"中居于首要位置。

学识 知识是学识的基础，但知识并不就是学识。学识，指的是学问和见识，还要养成一种科学精神。学问，指的是对于自然、社会和思维的知识体系的深刻理解，也就是对于科学的比较系统的、理性的认识。见识，则是对事物本质的洞察力、独到的见解和对未来的预见。科学精神的核心是求真务实，要求人们实事求是、独立思考、追求真理、勇于创新。由此可见，学识是全面提高"人的基本综合素质"的根基，它是在学习广博、高深的人文、社会科学和

现代自然科学技术知识的基础上经过理性思考和融会贯通将外在文化内化而形成的。由此可见，学识是全面提高"人的基本文化素质"的根基。

智能 智能指的不是一般的才能，而是在学习广博、高深的知识和掌握认识世界、改造世界的能力的基础上经过个体刻苦的努力，形成的一种内在的自我发展和适应社会的潜能，主要包括自学能力、选择能力、思维能力、研究能力、信息处理能力和表达能力。这种智能，既是全面提高"人的基本综合素质"的核心，也是把创新意识转化为新事物的关键。由此可见，智能是全面提高"人的基本文化素质"的核心。

体魄 体魄的内涵有两个方面，一是健康的体质，二是健全的心理。健康的体质，指的不仅是人们从事各种工作的体能，更重要的是人内在的旺盛精力、长期从事艰苦工作的耐力和对疾病侵袭的抵御能力，这是一个人在事业上能否取得成功的物质基础。许多研究成果表明，对一个人来说，健全的心理，包括自我意识、追求理想、人际关系和控制自己，比健康的体质更为重要，它是一个人在事业上能否取得成功的关键所在。由此可见，体魄在"人的基本文化素质"中居于基础的地位。

必须强调指出，"人的基本文化素质"的这四个方面内涵是相互联系、相互依存、相互渗透、相辅相成的，品德是方向，学识是根基，智能是核心，体魄是基础，时代要求当代大学生既要有高尚的品德和健全的体魄，又要有丰富的学识和卓越的智能。应当说，这是一个很高的要求，是现代大学教育应当努力追求的崇高目标。

四、"人文化成"：教育活动的本义

"人文化成"这个概念，在我国最早可以追溯到《易经》。《易经·贲卦》中说"观乎人文，以化成天下"，其核心是"人文化成"，这既是我国"文化"二字的渊源所在，也是教育活动本义的核心内涵。我认为，教育的对象是作为"个体"的有生命的人，"人文化成"是教育"促进人的发展"的基本途径。这里的关键词是两个，一个是"人文"，另一个是"化成"，"人文"注重的是潜移默化地教化人、熏陶人和引领人，"化成"注重的是以学生为主体的"修身"活动。只有在教育活动中坚守"人文化成"这个教育活动的本义，才能更好地促进学生充分发挥其内在潜能，把知识转化为素质，实现"全面而自由的发展"，造就"君子"和"贤人"。

孔子儒学"以伦理道德为本位"的教育理想是我国早期坚守以"人文化成"为核心的古典人文主义教育传统的杰出代表。在我国先秦时期《大学》提出的"大学之道"中,"明明德"是根本,要求受教育者通过格物、致知、诚意、正心,特别是通过"修身",彰明自己天赋灵明的德性,发掘光大个人内在的优良品德,使自己成为道德高尚的君子和贤人,"亲民"是目的,要求受教育者成为君子和贤人以后"以天下为己任",齐家,治国,平天下,服务和推动社会前进。这里的关键在于以受教育者为主体的"修身"活动,孔子儒学主张"自天子以至于庶人,一是皆以修身为本",这就是一个"人文化成"的过程。

西方近代大学最早可以追溯到欧洲中世纪,主要进行人文教育,注重"人文化成"。19世纪初叶以后,西方古典人文主义教育传统受到挑战。面对这个严峻挑战,德国威廉·冯·洪堡积极倡导"由科学而达至修养"的新人文主义大学教育观,强调"科学活动具有涵养品质和促进修养的作用",继承和发展了古典人文主义注重"人文化成"的教育传统。1946年,面对片面强调专业教育和科学研究给欧洲带来的严重危害,西班牙奥尔特加·加塞特在其学术专著《大学的使命》中强调呼吁"文化的传授"是"凌驾于大学一切职能之上的基本职能"。

20世纪中叶以后,随着高等教育逐渐演变成为在完成高中教育基础上实施的一种专门教育,在高等教育工作中逐渐出现了一种技术化和非教养化的功利主义倾向,导致了大学人文精神的滑坡和学生的片面发展。美国《耶鲁学院1928年报告》第一次提出了著名的"通识教育"的最初构想,既继承了西方古典人文主义教育传统又使其与工业经济时代需要的"专业教育"相结合,目标是把工业经济时代的大学生造就成为理性与专业和谐发展的高级专门人才。必须强调指出,通识教育和素质教育既有联系又有区别,"通识教育"实质上是一种知识教育,是全面推进素质教育的知识基础。从"通识教育"转化为"素质教育"的关键是坚守"人文化成"这个教育活动的本义。

(载于《中国高教研究》2000年第7期)

高等教育的科学内涵和学科建设

现代大学是实施高等教育的主要机构，作为"个体"的现代大学的教育和办学行为是整个高等教育活动的微观基础，现代大学在整个高等教育系统中起着承上启下的重要作用。所以，要深刻地认识现代大学的本质和办学规律，办好现代大学，培养好社会所要求的高级专门人才，必须深刻认识高等教育的科学内涵以及现代大学在整个高等教育活动和系统中的地位、作用。高等教育的科学内涵，主要是回答什么是高等教育的问题，即高等教育的基本特征、主要内涵、活动范畴和基本规律问题。这是一个涉及高等教育发展、改革全局的重大哲学命题，是人们观察高等教育这个极其复杂的社会文化现象的根本出发点，也是建立现代大学文化学的理论基础。

一、高等教育是在完成高中教育基础上实施的一种专门教育

"高等教育是在完成高中教育基础上实施的一种专门教育"，这是关于高等教育与中小学教育之间的联系与区别的比较科学的界定。根据这个界定，首先必须确认，高等教育是整个教育体系中的一种独立的教育门类，它有以下两个基本特征：第一，教育对象处于青年中后期。由于高等教育是在完成高中教育基础上实施的，因此，教育的对象主要是18至22岁的青年，教育工作应当遵循青年中后期的心理、生理发展规律；第二，实施的是一种专门教育。与普通中小学主要实施一般的科学文化教育不同，高等教育实施的是专门教育，以培养社会所要求的高级专门人才为目标。

需要着重指出的是，高等教育实施的专门教育并不就是专业教育，高等教育培养的高级专门人才也不就是仅仅具有一般专门知识、技能和能力的专业人才。专门教育，是相对于普通中小学教育（不包括中等职业技术教育）而言的。在普通中小学教育中，对学生主要实施的是一般的科学文化教育，以提高国民素质为宗旨，没有明确的专业目的性，学生毕业后可以经过职业培训就业，也可以进入高等学校深造。而高等教育则与普通中小学教育不同，实施的是专门

教育，主要任务是培养社会所要求的高级专门人才，有明确的专业目的性。

但是，社会所要求的高级专门人才并不就是仅仅具有一般专门知识、技能和能力的专业人才，而是具有全面综合素质（包括基本文化素质和专业素质）的高级专门人才。所以，高等教育实施的专门教育应当包括两个基本部分，一是通识教育，二是专业教育。通识教育，是指学校所有专业都必须进行的以人文、社会科学和现代自然科学技术的基本理论、基本知识和基本技能课程为核心的一种教育，尽管通识教育课程的门数不多，学分一般也仅占25%左右，但它在整个教育过程中所占的地位是十分重要的。通识教育的基本理念是注重"开发人的理性"，坚持"文理渗透、理工结合"，它既是提高基本文化素质的基础，也是进行专业教育，着重培养独立分析、解决专门实际问题能力的基础。

由此可见，在高等教育工作中，我们应当坚持通识教育与专业教育的有机结合，以培养社会所要求的、具有全面综合素质（既有良好的基本综合素质，又有独立分析、解决专门实际问题能力）的高级专门人才为目标。

二、作为一种独立的教育门类高等教育有着丰富的内涵

作为一种独立的教育门类，高等教育有着丰富的内涵，包括高等科学教育、高等职业技术教育、成人高等教育和高中后短期高等教育四种基本类型，学历教育和非学历教育两个基本体系以及自学考试、远程教育等多种形式，其中核心和重点是高等科学教育和高等职业技术教育。我们必须认真搞清这两种类型高等教育之间的联系和区别。

高等科学教育是一个国家高等教育体系的骨干，也是一个国家高等教育水平和质量高低的主要标志，是所有国家高等教育发展的核心和重点。高等科学教育，按其学科性质又可分为高等基础科学教育和高等应用科学教育两种：一是高等基础科学教育，主要是指以人文、社会科学和现代自然科学的基础科学（包括文学、历史学、哲学和数学、物理学、化学、天文学、地学、生物学）为学科基础的高等科学教育，以培养基础科学的研究、教学和应用人才为目标，是一个国家科学、教育发展水平的重要标志，也是经济发展和技术进步，乃至哲学、社会科学进步的重要因素，具有重要的战略地位；二是高等应用科学教育，主要是指以应用科学（包括工学、农学、医学、药学、法学、商学等）为学科基础的高等科学教育，以培养应用科学的研究、开发和应用人才为目标，在整个国家高等教育的宏观结构中占有重要地位。"以学科为基础"和"注重适

应性"是高等科学教育的两个本质特征。以上两种高等科学教育，都是以学科为基础的，高等基础科学教育以基础学科为其主要学科基础，高等应用科学教育以应用学科为其主要学科基础，它们的目标都是培养高级科学专门人才，主要强调毕业生要有比较系统的学科基础和对未来工作的广泛适应性。

高等职业技术教育是与高等科学教育性质不同的另外一种类型的高等教育，它是20世纪中叶以后逐步兴起的。20世纪中叶以后，由于现代科学技术的迅速发展，引起了新的产业结构的调整，工业产品、生产技术、生产过程、生产设备越来越复杂，使原有职业技术岗位的智力含量越来越高，出现了一批高智力含量的职业技术岗位。在这样的新形势下，原有从业人员在过去比较低的文化基础上培养的职业技术已远远不能满足要求，需要培养一大批掌握高智力含量的职业技术的高级职业技术专门人才，于是高等职业技术教育应运而生。与高等科学教育不同的是，高等职业技术教育强调的重点不是学科的系统性，也不要求毕业生对未来工作具有广泛的适应性。高等职业技术教育有两个本质特征，一个是"高"，另一个是"职"。"高"决定了它必须以一定的现代科学技术、文化和管理知识及其学科为基础，着重进行高智力含量的职业技术教育，这是它区别于中等职业技术教育的本质特征；"职"则决定了它主要强调职业技术的实用性和针对性，知识及其学科基础注重综合性，围绕职业技术的需要以必需、够用为度，这是它区别于高等科学教育的本质特征。由此可见，高等职业技术教育的主要任务是培养具有熟练的应用技术和职业技能以及一定的适应职业技术变化能力的生产、建设、管理、服务第一线急需的高级职业技术专门人才。

值得注意的是，当前在我国的实际工作中人们对高等职业技术教育的称谓是不统一的，有的称之为"高等职业教育"，也有的称之为"高等技术教育"，因而出现了某些混乱，应当予以澄清。顾名思义，"高等职业教育"强调的不是学科基础而是要有明确的职业去向。众所周知，高等科学教育中的高等工程教育、高等医药教育和高等师范教育的培养目标分别是工程师、医生和教师，不是也有明确的职业去向吗？至于"高等技术教育"这个词内涵更为广泛，因为"技术"这个词在当代包含了技术科学、应用技术和实用技能这三个不同的层次，所以，高等科学教育和高等技术教育都有培养技术人才的任务。高等科学教育培养的技术人才强调的是要以技术学科为基础和重点，但也要掌握必要的应用技术和实用技能，否则他就不可能分析、解决实际技术问题。高等技术教育培养的技术人才当然应当以应用技术和实用技能为重点，但也要掌握必需、够用的现代科学技术、文化和管理知识及其学科基础，否则，他所具有的应用技术和实用技能就不可能是高智力含量的，也难以适应未来职业技术变化的需要。正是基于上述分析，我们认为，仅仅用"高等职业教育"或"高等技术教育"都不能准确地表明其与高等科学教育之间的质的区别，唯有"高等职业技术教育"这个词，把职业和技术联系起来，才能既表明它进行的是高等技术教育，又表明这个高等技术教育是围绕着一定的职业进行的，从而比较准确地表明了高等职业技术教育与高等科学教育之间的质的区别。

三、高等教育也是一个广泛的活动领域

高等教育不仅是一种独立的教育门类，也是一个广泛的活动领域。从高等教育活动的范畴来看，主要包括以下四个基本方面：第一，高等教育最基本的活动是培养社会所要求的高级专门人才，这是整个高等教育活动的核心和基础；第二，现代大学是实施高等教育的主要机构，要培养社会所要求的高级专门人才，就必须办好现代大学；第三，既然高等教育培养的高级专门人才是社会所要求的，因此，必须建设与社会需求和环境协调发展的高等教育体系；第四，为保证高等教育能够与社会需求和环境协调发展，必须加强政府对整个高等教育系统运作的宏观管理。

高等教育活动的以上四个基本方面又可以分为两个大的领域：一是办好现代大学，培养社会所要求的高级专门人才，它要渗透到高等教育的各个层次、各门学科（专业）、不同类型和各种形式中去，侧重一个现代大学个体的教育和办学行为，可以称之为"微观领域"；二是加强政府对整个高等教育系统运作的宏观管理，建设与社会需求和环境协调发展的高等教育体系，它要与不同国家、地区、行业的经济、政治、文化等背景联系起来，侧重整个高等教育体系的建设以及对整个高等教育系统运作的宏观管理，可以称之为"宏观领域"。

高等教育的这两个领域，即"微观领域"和"宏观领域"是相互联系、相互依存、相互渗透、密不可分的。办好现代大学和培养社会所要求的高级专门人才都离不开一定的社会需求和环境，总要受到一定社会的经济、政治、文化等因素的制约，而且是在政府的宏观管理下进行的；而建设与社会需求和环境协调发展的高等教育体系，最终是通过现代大学培养社会所要求的高级专门人才来实现的，政府也是通过现代大学对整个高等教育系统的运作进行宏观管理的。

四、进一步重视和加强对现代大学的研究

长期以来,在我国高等教育的实际工作和研究活动中,常常把现代大学看成是政府及其教育管理部门的附属机构,没有认清它在整个高等教育系统和活动中的主体地位和中介作用,而且把现代大学同高等教育这两个不同质的概念混淆了,没有搞清它们之间的深刻联系和质的区别。因此,从理论与实践的结合上进一步重视和加强对现代大学的本质和办学规律的研究,逐步建立和完善现代大学文化学是我们面临的一项历史性任务。

1. 现代大学在高等教育系统和活动中的地位作用

高等教育作为培养高级专门人才的社会文化系统,主要有四个方面的活动:一是培养社会所要求的,德智体全面发展、具有创新精神和实践能力的高级专门人才;二是建设与一定社会需求和环境协调发展的高等教育体系和制度;三是办好现代大学;四是加强政府及其教育管理部门对整个高等教育系统运作的宏观管理。其中,前两个方面的活动是高等教育的自身活动,也是政府及其教育管理部门对整个高等教育系统的运作进行宏观管理的主要对象。需要着重指出的是,在高等教育系统和工作中,现代大学具有特殊重要的地位和作用。这可以从两个方面予以说明:其一,现代大学是高等教育微观领域活动的主体;其二,现代大学在高等教育微观和宏观活动领域中起着中介作用。

2. 现代大学与人类文化之间有着更为本质的深刻联系

现代大学在高等教育系统中具有如此重要的地位,承担着如此重大的历史使命,究其原因,主要是由于现代大学与人类文化之间有着更为本质的深刻联系,这个深刻联系主要表现在以下两个基本方面:其一,在长期教育和办学实践中现代大学积淀和创造了深厚的文化底蕴,主要凝聚在深厚的文化底蕴之中的大学文化是大学物质文化、大学精神文化、大学制度文化的总和;其二,经过长期发展、改革,现代大学越来越充分地发挥着重要的文化功能,包括传承文化、创新文化、研究文化和融合文化,它们是一个相互联系、相辅相成和辩证统一的有机的整体。

3. 对现代大学的本质和主要特征的初步认识

教育的本质是培养人的一种社会文化活动,现代大学是实施高等教育的主要机构,但教育的本质并不就是现代大学的本质。教育的唯一社会职能是培养人,培养人也是现代大学的根本任务,但不是它唯一的社会职能。除了培养人

这个根本任务以外，现代大学还要发展科学和直接为社会服务。这就是说，现代大学主要是一个教育机构，同时也是一个科研机构和直接为社会服务的机构，现代大学的本质是在深厚的文化底蕴的基础上传承、研究、融合和创新高深学问的高等学府，它的合法存在有两种哲学基础，既是认识论的，也是政治论的。以认识论为基础的高等教育哲学认为：掌握高深学问是现代大学存在的重要前提，为了掌握高深学问，现代大学应当以一种"闲逸的好奇"心理不断地追求真理，真理的唯一标准是它的客观性，真理的客观性主要来源于它的价值自由（又称"学术自由"）。以政治论为基础的高等教育哲学认为：人们探讨深奥的知识不仅出于"闲逸的好奇"心理，而且还因为它能够为社会作贡献，对国家有深远的影响，绝对纯粹的学术研究在现实社会里只能是一种幻想。应当说，现代大学合法存在的这两个哲学基础是辩证统一的。前者，可以称之为现代大学合法存在的"内在价值"；后者可以称作现代大学合法存在的"外在价值"，二者可以在实践的基础上实现统一。基于对现代大学的本质及其合法存在的哲学基础的认识，我们认为，现代大学的主要特征有四：第一，坚持以高深知识的教与学活动为主；第二，坚持教学与学术研究相结合；第三，坚持学术自由；第四，坚持面向社会自主办学。由此可见，现代大学的办学理念是"以人为本，注重学术，服务社会，勇于创新"。

4. 现代大学的领导管理模式

现代大学是实施高等教育的主要机构，又是国家发展科学事业的重要方面军。因此，现代大学的综合实力既是一个国家教育、科学水平的主要标志，也是一个国家综合实力的重要体现。现代大学综合实力的内涵主要有三个方面：一是现代大学的办学理念，即"以人为本、注重学术、服务社会、勇于创新"，这是办好一所现代大学的精神力量，其主要代表是有远见卓识的校长；二是现代大学的建设水平，包括一批高水平的学科（专业）、一支高素质的教师队伍、一个智力含量高的图书馆、实验室、校园网和一种良好的、宽松的文化、学术氛围，这是办好一所现代大学的物质基础；三是现代大学的办学效果，包括教育质量、学术成果和直接为社会服务的贡献以及它的投入—产出效益，这是它所创造的外在价值。这三个方面的辩证统一，构成了现代大学的综合实力。对现代大学进行科学的领导管理的根本出路是制度创新，建立与学术特点和时代特征相适应的现代大学制度，根本目的是把现代大学从重重束缚下进一步解放出来，发展和提高现代大学的综合实力。建立现代大学制度的关键是转换机制，使现代大学成为面向社会自主办学的法人实体和竞争主体。

我坚信，只要我们解放思想，积极实践，深入思考，勇于创新，就一定能够在不远的将来为建立和完善现代大学文化学做出应有的贡献，当务之急是初步构建一个现代大学文化学的基本框架。

（载于《高等教育研究》2001 年第 5 期）

现代大学文化学的基本框架

现代大学和高等教育是既有深刻联系又有质的区别的两个事物，一方面，现代大学是实施高等教育的主要机构，培养社会所要求的高级专门人才是现代大学的根本任务；另一方面，现代大学除了培养社会所要求的高级专门人才这项根本任务以外，还承担着发展科学、直接为社会服务和引导社会前进的历史重任，在现代社会里的地位越来越重要。由此可见，在当代，教育的本质并不就是现代大学的本质。如果说，教育的对象是作为"个体"的有生命的人，教育的本质是通过文化使个体社会化的活动的话，那么，现代大学则与人类文化有着更为深刻的本质联系，它不仅在长期教育和办学实践中积淀和创造了深厚的文化底蕴，而且经过长期的发展、变革越来越充分地发挥着传承、研究、融合和创新文化的重要功能。所以，现代大学的本质是在积淀和创造的深厚的文化底蕴的基础上传承、研究、融合和创新文化的文化组织。只有深刻地认清现代大学与高等教育之间的深刻联系和质的区别，才能更深刻地认识高等教育和现代大学，现代大学才能充满生机和活力，高等教育面临的问题才能得到比较好的解决，现代社会才能更好地向前发展。因此，建立、发展和完善与传统的高等教育学既有深刻联系又有质的区别的现代大学文化学是我们面临的一项光荣而艰巨的历史性任务。当务之急是以教育的本质和高等教育的科学内涵为理论基础，以揭示现代大学与人类文化的深刻联系为基本线索，以论述现代大学的本质及其办学规律为核心和重点，以加强政府对现代大学的宏观管理为重要保证，初步构建一个现代大学文化学的基本框架。

一、以教育的本质和高等教育的科学内涵为理论基础

现代大学是实施高等教育的主要机构，它的根本任务是培养社会所要求的高级专门人才。因此，建立现代大学文化学应当以教育的本质和高等教育的科学内涵为其理论基础。

1. 人的本质"在其现实性上，它是一切社会关系的总和"

教育的对象是作为"个体"的有生命的人，因此，要研究教育的本质，必然要涉及人的本质问题，研究人的本质问题是研究教育的本质问题的理论基础。黄济教授在《教育哲学通论》（山西教育出版社，2000年4月）中深刻地指出："关于人的本质问题，是中外思想史上的一个很古老的问题，也是长期争论不休的问题。""马克思主义对人的本质的认识，从理性主义到历史唯物主义，也是经历了一个不断否定旧的、走向新的阶段的发展过程：大致经历了从黑格尔理性主义到费尔巴哈的人本主义，再由人本主义到历史唯物主义的发展阶段。""可以把马克思写于1845年的《关于费尔巴哈的提纲》作为界线，在这里马克思明确地提出了'人的本质在其现实性上，它是一切社会关系的总和'的科学论断"。

2. 教育的本质是通过文化使个体社会化的活动

教育的本质问题是教育学的基本理论问题，核心是如何正确认识和处理教育与作为"个体"的人、社会、文化发展之间的基本关系。以马克思主义唯物史观关于"人的本质在其现实性上，它是一切社会关系的总和"的基本观点为指导，在深刻揭示教育与作为"个体"的人、社会、文化发展之间内在联系的基础上，我们认为"教育的本质是通过文化使个体社会化的活动"。这个新概括的主要观点是：作为"个体"的人的解放、发展和完善是教育活动的根本出发点；"使个体社会化"是教育活动的核心和基本要求；"文化"的传承和创新既是教育活动的基础，也是教育应当承担的历史使命；教育应当"以人为本"与教育必须"服务社会"是辩证统一的。综合上述观点，可以很清楚地看出，"教育的本质是通过文化使个体社会化的活动"深刻地揭示出教育与作为"个体"的人、社会、文化发展之间的内在联系，是以马克思主义关于"人的本质"的理论为指导对教育本质作出的新概括，其核心和基本要求是"使个体社会化"，它应当同时达到两个目的，一是通过教育活动使作为"个体"的人实现社会化，成为社会所要求的人，二是通过教育活动使作为"个体"的人的个性得到全面发展，成为富有主体精神和创造力的人，二者是辩证统一的。由此可见，根据"社会与个体总是在矛盾的对立统一中向前发展着"的基本观点，教育活动的基本矛盾是人的个性发展与社会发展的要求之间的矛盾，这个矛盾贯穿于教育活动的全过程，这是我们认识和处理教育与作为"个体"的人、社会、文化发展之间基本关系的理论基础和科学依据。

3.高等教育是在完成高中教育基础上实施的专门教育

高等教育是在完成高中教育基础上实施的专门教育,这是关于高等教育与中小学教育之间的联系与区别的比较科学的界定。根据这个界定,我们认为,高等教育既是一种独立的教育门类,也是一个广泛的活动领域。

作为整个教育体系中的一种独立的教育门类,高等教育有以下两个基本特征:第一,教育对象处于青年中后期,由于高等教育是在完成高中教育基础上实施的,因此,教育的对象主要是18~22岁的青年,教育工作应当遵循青年中后期的心理、生理发展规律;第二,实施的是专门教育,与普通中小学主要实施一般的科学文化教育不同,高等教育实施的是专门教育,以培养社会所要求的高级专门人才为目标。但是,必须明确,高等教育实施的专门教育并不就是专业教育,高等教育培养的高级专门人才也不就是专业人才。专门教育是相对于普通中小学教育(不包括中等职业技术教育)主要实施一般的科学文化教育而言的。但是,社会所要求的高级专门人才并不就是专业人才,而是具有全面综合素质(包括基本文化素质和专业素质)的高级专门人才。

高等教育作为一种独立的教育门类有着丰富的内涵,包括高等科学教育、高等职业技术教育、成人高等教育和高中后短期高等教育四种基本类型,学历教育和非学历教育两个基本体系,学校教育与远程教育两种基本形式,其中重点是高等科学教育和高等职业技术教育,我们应当认真搞清这两种类型高等教育之间的联系和区别。高等科学教育,包括高等基础科学教育和高等应用科学教育,是一个国家整个高等教育体系的基础和骨干,其本质特征是"以学科为本位"和"注重适应性",主要培养高级基础科学研究、教学人才和高级技术科学研究、应用人才,是一个国家高等教育水平和质量的主要标志。高等职业技术教育是一个国家整个高等教育体系的重要组成部分,其本质特征是"以职业为本位"和"注重针对性",主要培养生产、建设、管理和服务第一线实际需要的高级职业技术专门人才。高等科学教育和高等职业技术教育都是国家需要的,仅是类型不同,并无高低之分。

需要着重指出的是,高等教育不仅是一种独立的教育门类,也是一个广泛的活动领域。从高等教育活动的范畴来看,主要包括以下四个基本方面:培养社会所要求的高级专门人才;建设与社会需求和环境协调发展的高等教育制度和体系;办好现代大学;加强政府对整个高等教育系统运作的宏观管理。以上高等教育活动的四个基本方面可以分为两个大的领域:一是办好现代大学,培养社会所要求的高级专门人才,侧重一个现代大学个体的教育和办学行为,可以称之为"微观领域",活动的主体是现代大学;二是加强政府对整个高等教育系统运作的宏观管理,建设与社会需求和环境协调发展的高等教育制度和体系,侧重整个高等教育制度和体系的建设及对其运作的宏观管理,可以称之为"宏观领域",活动的主体是政府。高等教育的"微观领域"与"宏观领域"是相互联系、相互依存、相互渗透、密不可分的,这两个领域联系的结合点就是教育与作为"个体"的人、社会、文化发展之间的辩证关系,这是它们共同的理论基础。

4. 高等教育的基本规律及其两条重要规律

尽管高等教育是一个广泛的活动领域,但是必须明确,在高等教育这个广泛的活动领域中,培养社会所要求的高级专门人才是高等教育最基本的活动,也是整个高等教育活动的核心和基础。这就是说,"使个体社会化"是高等教育活动的核心和基本要求,它有两项基本功能,一是促进社会发展功能,二是促进个体发展功能,人的个性发展需要与社会发展的要求之间的矛盾是高等教育活动的基本矛盾,这个基本矛盾贯穿于高等教育活动的全过程。与此相适应,高等教育活动的基本规律可以表述为"高等教育必须与人的个性和社会的要求协调发展的规律"。它有两条重要规律:一是高级专门人才的培养规律,可以表述为"高级专门人才必须与人的心理、生理和时代特征协调发展的规律";二是高等教育的发展规律,可以表述为"高等教育必须与社会需求和环境协调发展的规律"。高等教育的这两条重要规律是相互联系、相互依存、相互渗透、相辅相成的,它们的结合点是高等教育与作为"个体"的人、社会、文化发展之间的辩证关系,统一在高等教育的基本规律之中。

二、以揭示现代大学与人类文化的深刻联系为基本线索

以哲学认识论为武器,在深刻论述现代大学社会职能的基础上揭示现代大学与人类文化之间的深刻联系,是构建现代大学文化学基本框架的基本线索。大学的社会职能有一个不断发展、变革的过程,它主要是随着时代和大学的发展而逐步发展起来的。从大学社会职能的发展、变革过程可以看出,在当代,现代大学主要具有四种社会职能,即培养人才、发展科学、直接为社会服务和引导社会前进,培养人才是现代大学的根本任务,现代大学是国家发展科学事业的重要方面军,直接为社会服务是现代大学的重要职责,引导社会前进是现代大学的神圣使命。现代大学在现代社会里具有如此重要的地位,承担着如此

重大的历史使命，究其原因，主要是由于现代大学与人类文化之间有着深刻的联系。这个深刻联系主要表现在以下两个基本方面：

1. 在长期教育和办学实践中现代大学积淀和创造了深厚的文化底蕴

现代大学文化底蕴的内涵主要是：

大学物质文化 大学物质文化是蕴含在大学存在物质形态之中的学术、文化内涵，在大学文化中占有十分重要的地位。大学物质文化的内涵十分广泛，主要包括：一批高水平、结构合理的课程和学科（专业），这是现代大学存在的知识和组织基础；一支具有人格魅力、学术造诣深、善于治学育人的教师队伍和一支高素质的管理干部队伍，前者是办好现代大学的决定性力量，后者是办好现代大学的关键；一个现代化的图书馆、实验室（实践基地）和校园网，这是现代大学从事教学和科学研究活动的物质保证；一种良好、宽松的学校校园文化环境，这是现代大学全面实现其社会职能的重要条件。由此可见，重视和加强现代大学的物质文化建设是现代大学文化建设的一项极其重要的任务。

大学精神文化 大学精神文化集中地体现在大学精神之中，大学精神是大学对理想目标的一种价值追求，它是在长期教育和办学实践中逐步形成的。科学的大学精神是建立在对文化传统、教育本质、办学规律和时代特征深刻认识的基础之上的，能够正确地指明大学前进的方向，其核心是一种人文和科学精神，其灵魂是对大学理想目标的追求——传启文化和造福人类。这种科学的大学精神，既是大学在长期办学实践中积淀和创造的深厚的文化底蕴的灵魂，也是时代精神的深刻反映。西方的大学精神，从英国纽曼的《大学的理想》到德国洪堡"教学与学术研究相统一"的崭新理念，再从美国的"威斯康星思想"和克拉克·科尔的"高等教育要国际化"到联合国教科文组织呼吁办"前瞻性大学"，有一个不断发展的过程。我国是一个非常重视哲学理念的文明古国，集教育家和哲学家于一身的当首推孔子，孙中山先生在创办中山大学时倡导的"传统文化与革命精神相结合"的新大学理念是近代以来最杰出的代表，蔡元培、梅贻琦、张伯苓和竺可桢在我国积极传播欧美的大学精神，为在我国建立和发展近、现代大学奠定了坚实的基础，新中国建立初期探索中国式社会主义大学理念的突出代表是蒋南翔。应当充分肯定，尽管西方的大学精神并不完全适合于我国的国情，我国古代、近代和新中国建立以来许多学者、大师、校长倡导、探索的大学精神也不完全适合于我们今天的实际情况，但这些大学精神都是一种文化的沉淀，经受了历史的锤炼，它的基本内涵反映了文化的传统、教育的本质、大学的办学规律和当时的时代精神，是我们今天应当珍视和继承的一项十分宝贵的精神财富。21世纪将是一个充满着挑战和机遇的世纪，时代强烈地呼唤着大学创新，而大学创新的关键是在继承的基础上创新大学精神，这个现代大学精神的核心就是"以人为本，崇尚学术，融入社会，走向世界"。因此，继承和创新大学精神是现代大学文化学的灵魂。

大学制度文化 众所周知，课程和学科（专业）是现代大学存在的知识和组织基础，教学和学术研究活动是现代大学最基本的活动，这就从根本上决定了在现代大学内部应当坚持以学术权力为基础，确保现代大学作为学术和教学自治中心的地位，应当实行学校自治。所以，学校自治是现代大学制度的根本特征。为了实行学校自治，必须在现代大学内部实行"教授治学育人，校长全面治校"的基本制度，这是现代大学制度的核心。因为，现代大学的高深学术和学术权力主要掌握在教授手中，教授理所当然地应当把"治学育人"作为自己应尽的职责，并参与学校学术方面的重大决策。但是，现代大学的存在有两个哲学基础，一个是认识论的，另一个是政治论的。所以，现代大学在实行"教授治学育人"的基础上还必须有一位有较高社会声誉和独到办学理念的校长全面治校，"统辖大学全部事务"，实行科学管理。只有这样，才能使现代大学充满生机和活力，不断加强物质和精神文化建设，真正成为在政府的宏观管理下依法面向社会自主办学的法人实体。

2.经过长期发展、改革现代大学越来越充分地发挥着重要的文化功能

现代大学的文化功能主要是：

传承文化 传承文化是现代大学的基本功能，基本要求是要通过教育活动把人类社会长期积累的优秀文明成果一代一代地传承下去。这里必须指出以下两点：第一，现代大学对人类文化的传承，并不是简单地对人类文化的原本照搬，而是要根据现代大学自身的文化价值观对人类社会长期积累的文化进行严格的选择、认可、加工和整合，充分发挥其对人类文化的积淀作用；第二，教育最基本的活动是传递文化，但传递文化并不就是传承文化，现代大学不仅要把人类社会长期积累的优秀文明成果传递给下一代，更重要的是要在传递文化的基础上通过教师和学生的共同努力把外在文化内化为学生的全面综合素质。只有这样，人类文化才能通过教育得以传承下去，这应当作为现代大学教育追求的基本目标。

创新文化 传承文化是现代大学的基本功能，但是必须明确，现代大学的崇高使命在于创新文化。因为，如果现代大学仅仅只是传承文化而不能创新文化，社会就不可能继续前进。因此，现代大学不仅要传承文化，更要在传承文化的基础上创新文化，努力站在时代的前头和学科的前沿，不断吸取新思想、新理论、新科学，发展科学，追求真理。只有这样，现代大学才有可能在文化创新的基础上着力培养造就具有创新精神和实践能力的高级专门人才，推动和引导社会向前发展，这是关系到国家前途命运的一件大事。

研究文化 传承文化是现代大学的基本功能，创新文化是现代大学的崇高使命，但是，现代大学传承文化和创新文化都离不开对人类文化的研究，研究文化才是现代大学全部活动的基础。既然传承文化不是简单地对人类文化的原本照搬，而是要根据自身的文化价值观对人类社会长期积累的文化进行严格的选择、认可、加工和整合，既然现代大学的崇高使命是在传承文化的基础上创新文化，既然现代大学不仅要通过教育将人类社会长期积累的优秀文明成果传承下去，而且要通过教育把学生培养造就成为具有创新精神和实践能力的高级专门人才，这就从根本上决定了现代大学必须以研究文化作为自己全部活动的基础。为此，必须保障现代大学享有充分的教学、学术自由，营造一种良好、宽松的学术、文化氛围，使现代大学的教师和学生能够潜心地学习和研究高深学术，不断地追求和认识客观真理，并在这个基础上传承和创新文化，这是现代大学生机和活力之所在。

融合文化 当今的世界是个开放的世界，其实质是文化的开放。当代文化有两个显著特点，一是浩如烟海，二是多元化，东方与西方、传统与现代、本土与外来文化正在相互冲撞与融合，这不仅使得意识形态领域的渗透与争夺更加深刻，而且使得现代文化在多元文化的相互冲撞与融合中呈现出勃勃生机。在这样的新形势下，随着当今世界的日益开放，现代大学正在日益成为国际多元文化沟通和融合的桥梁，正在逐步走向世界，这也是现代大学传承、研究和创新文化的必由之路。

一方面，在长期教育和办学实践中现代大学积淀和创造了深厚的文化底蕴；另一方面，经过长期的发展、变革现代大学越来越充分地发挥着传承、研究、融合和创新文化的重要功能。现代大学的这两个方面是相互联系、相互渗透、辩证统一的有机的整体。这充分表明，现代大学的本质是一个文化组织。文化是有层次的，现代大学积淀和创造的深厚的文化底蕴和传承、研究、融合、创新的文化不是一般的文化，而是高深学术。因此，现代大学的本质是在积淀和创造的深厚的文化底蕴的基础上传承、研究、融合和创新高深学术的高等学府。由此可见，现代大学的合法存在主要有两个哲学基础，一个是认识论的，另一个是政治论的。以认识论为基础的哲学趋向于把以"闲逸的好奇"心理追求真理作为现代大学工作的目的,真理能够站得住脚的标准是其客观性,学术的客观性来自所谓的"价值自由"。以政治论为基础的哲学认为"人们探讨深奥的知识不仅出于'闲逸的好奇',而且还因为它对国家有深远的影响","纯粹的学术研究只是一种幻想"。现代大学合法存在的这两个哲学基础,决定了现代大学办学的基本矛盾是崇尚学术与适应社会之间的矛盾,现代大学办学的基本规律可以表述为"现代大学必须与学术特点和时代特征协调发展的规律",我们应当努力在实践的基础上求得崇尚学术与适应社会的辩证统一。

三、以论述现代大学的办学规律及其发展趋势为核心和重点

以现代大学合法存在的两种哲学基础为理论基础,在充分揭示崇尚学术与适应社会之间的基本矛盾的基础上,深刻论述现代大学的办学规律及其发展趋势是构建现代大学文化学基本框架的核心和重点。

1. 坚持以高深知识的教与学活动为主

高等学校的根本任务是培养人,"教与学的活动"是高等学校培养人的基本途径。这种"教与学的活动"在高等学校里是无处不在、无时不在的现象,是高等学校一切活动的中心,高等学校的其他一切活动都必须服从服务于这个中心。坚持以"教与学的活动"为主,不仅在传统大学里应当是这样,在以培养高层次人才为主要任务的研究型大学里也应当是这样。这是高等学校办学最基本的、永恒的规律,是不以人的主观意志为转移的客观规律。只要高等学校存在,就应当以培养人为根本任务,坚持以"教与学的活动"为主,这条基本规律我们必须自觉地遵循。如果违背了这条基本规律,教育质量必然会受到影响,就不可能很好地完成高等学校所承担的这个根本任务。随着工业革命的蓬勃兴起和自然科学的迅速发展,促使学科的分化和社会的分工,高等教育逐步演变成为在完成高中教育基础上进行的一种专门教育,着重培养社会所要求的高级专门人才,这是历史发展的必然。但是,后来在现代大学教育工作中日益明显地出现了一种技术化和非教养化的功利主义倾向,突出表现是大学人文精神的滑坡和人的片面发展。为了解决这个问题,现代大学的"教与学活动"应当注意坚持"通识为本,专识为末"的原则,在"人文教育与科学教育相互融合"的基础上加强专门知识、技能和能力的培养。

2. 坚持教学与学术研究相统一

从 19 世纪初叶德国柏林大学倡导"洪堡传统",强调"教学与学术研究相统一"以来,学术研究功能被引入大学,严格意义上的科学活动进入了大学这个知识殿堂。洪堡明确要求大学教师必须一面从事教学工作一面参加学术研究,只有这样,大学教师才能始终处于本门学科前沿,洞察专业领域的最新发展,准确地把握"教与学活动"中的"高深知识"的内涵,也才能更有效地培养富有主体精神和创造力的一代新人。现在有些学者认为,洪堡把学术研究功能引入大学和提出"教学与学术研究相统一"这条著名原则是把大学工作的重心放在学术研究上,这是一种误解。作为一位著名的新人文主义教育思想家,洪堡在提出"教学与学术研究相统一"这条著名原则的同时,还提出了"由科学而达至修养"的著名原则,洪堡同时提出这两条著名原则的重心实际上是在后者,他认为"科学是达至修养的唯一途径"。这就是说,洪堡把学术研究功能引入大学和提出"教学与学术研究相统一"这条著名原则的主要着眼点,是通过引导教师和学生参加学术研究,引进一种机制,既避免出现一部分教师专搞教学另一部分教师专搞学术研究的现象,更是通过引导学生参加学术研究来提高人文素养和教育质量。现在看来,虽然"教学与学术研究相统一"已经成为现代大学的办学理念,但在现实生活中真正做到并非轻而易举。即使在倡导"洪堡传统"的德国,后来在实践中也遇到了许多困难。如果从功能的角度进行分析,教学与学术研究是两种性质不同的活动,既有相互促进的一面,又有相互矛盾的一面。处理得好,二者是相互促进的;反之,则必然会出现矛盾。因此,如何处理好教学与学术研究之间的矛盾,获得"治学"和"育人"双丰收,既是一门学问,更是一种艺术。

3. 坚持学术自由

关于什么是"学术自由",冒荣教授在《真理标准讨论与学术自由》(载于《上海高教研究》1998 年第 10 期)一文中明确地指出:"学术自由,一般指进行科学研究和探索真理的自由,作为高等学校办学基本原则的学术自由,则是德国教育家洪堡 1810 年创办柏林大学时首先提出的。"现在人们之所以普遍认同学术自由思想是基于一种信念,即认为只有学术探讨不受国家、教会和各种特殊利益集团的限制,知识才能得到最好的发展;而只有在知识得到最好的发展时,社会的长远利益才能得到最好的保障。正因为如此,爱因斯坦才这样说:"正像在一切文化领域里一样,自由无拘束地交换意见和交换科学研究的成果,是科学健康发展所必须的。""尊重那些诚挚地追求真理和科学知识的自由,应该作为整个社会的最高利益。"约翰·S.布鲁贝克在其学术专著《高等教育哲学》(王承绪主编,郑继伟、张维平等译,浙江教育出版社,1987年版)中深刻地指出:"自由是追求真理的先决条件,还是真理行使自由的先决条件。""为了保证知识的准确和正确,学者的活动必须只服从真理的标准,而不受任何外界压力,如教会、国家或经济利益的影响","学术自由需要指导,而这种指导只能在自然规律中找到","言论自由是所有公民的权利,无论是否是专家,而学术自由只限于学者行会。""学术自由的最后论据是道德方面的","这种自由的基本理由完全是为了公众利益。社会依靠高等学府作为获得新知识的主要机构,并作为了解世界和利用它的资源改进人类生活条件的手段"。可以这样说,失去了学术自由,现代大学就失去了活力、失去了精华,培养人才、发展科学和直接为社会服务都失去了根基。

4. 坚持面向社会自主办学

自大学走出"象牙塔"融入社会以后,现代大学合法存在的哲学基础既是认识论的又是政治论的,现代大学的社会职能是培养人才、发展科学和直接为社会服务,坚持学术自由是发展科学的先决条件和提高质量的根本保证。这就从根本上决定了现代大学必须坚持面向社会自主办学。"面向社会自主办学"主要有两个方面的内涵:一是自主办学,即办学必须自主地进行;二是面向社会,即办学的目标是服务于社会。由此可见,"面向社会"与"自主办学"是一对矛盾。一方面,"自主办学"是"面向社会"的前提和基础。只有高等学校有了办学自主权,才能主动适应社会经济、政治、文化发展的需要,有效地提高办学效益;只有高等学校有了办学自主权,才能从实际出发,创造良好的自由发展学术的环境,形成浓厚的学术氛围,以促进学术研究的繁荣;只有高等学校有了办学自主权,才能从培养专门人才的活动特点出发,充分发挥教师和学生的主体精神,提高人才培养的质量。另一方面,高等教育工作的基本矛盾是学校教育与社会需要之间的矛盾。说到底,高等教育工作的最终目的是推动人类社会不断地延续和发展,这也是现代大学"自主办学"的根本方向。由此可见,"面向社会自主办学"既要主动适应一定社会的经济、政治、文化发展的需要和广大人民群众日益增长的接受高等教育的需求,还要欢迎社会参与学校办学和自觉接受来自社会的监督,努力做到"双向参与,优势互补,合作双赢,共同提高"。

当今的世界是个开放的世界,其实质是文化的开放。由于现代大学是实施高等教育的主要机构，它与人类文化之间有着深刻的联系，因此，随着世界多极化、经济全球化、文化多元化和信息网络化趋势的日益发展，特别是面对新一轮高等教育国际化浪潮的兴起和世纪之交人类文化发展的新态势，现代大学正在进一步走向世界，既要普遍增强所有高等学校的全球意识和国际竞争能力，又要着力建设若干所具有世界一流水平和高水平的现代大学，核心是要培养出一大批具有全球意识、较高文化品位和较强国际竞争能力的创新型人才，关键是促进现代大学实现新的文化觉醒。现代大学进一步走向世界作为一个发展趋势，其主要特点是既有竞争又有合作，既要普遍增强所有高等学校的全球意识和国际竞争能力，建设若干所具有世界一流水平和高水平的现代大学，又要在学校建设、人才培养、学术研究和科学管理上建立起广泛的国际合作关系，迅速反映国际上的一切优秀文明成果。需要着重指出的是，高等教育国际化和现代大学进一步走向世界是一种历史的必然，但高等教育国际化和现代大学进一步走向世界并不是指各国的高等教育要完全与国际接轨。目标应当是在实现国际化的过程中促使本国高等教育和现代大学得到更加发展和完善，既能更好地为本国的经济和社会发展服务，也能为人类社会的共同理想做出更大的贡献。

四、以加强政府对现代大学的宏观管理为重要保证

现代大学承担着培养人才、发展科学、直接为社会服务和引导社会前进的历史重任，它的综合实力、学术水平和教育质量是一个国家的综合实力和教育、科学水平的重要标志，关系到一个国家的前途命运。因此，在依法确保现代大学真正成为面向社会自主办学的法人实体的基础上，必须加强政府对现代大学的宏观管理，这是现代大学的办学沿着正确的方向健康地向前发展的重要保证。主要要求是：

第一，确立政府对现代大学宏观管理的理念和模式

学校办学与政府管理是一对矛盾。如果处理得好，学校办学时能够自觉地接受政府的管理，政府管理时能够尊重学校的办学自主权，二者是协调的；反之，如果学校办学时不能自觉地接受政府的管理，或者是政府管理时不能尊重学校的办学自主权，就会出现矛盾。解决这个矛盾的根本出路是实行"既要坚持微观搞活又要加强宏观调控"的原则，其实质是实行政校分开。政校分开，不是要求学校与政府完全脱离，更不是要求学校脱离政治，而是要求转变政府的管理职能，由对现代大学的直接行政管理转变为对现代大学的宏观管理。因

此，实行政校分开，是政府对现代大学进行宏观管理时必须确立的一个重要理念。目前，在世界上存在着三种不同的宏观管理模式，即学校自治模式、中央集权模式和学校自治与地方分权结合模式，这主要与不同国家的经济、政治制度和文化传统有关，改革的趋势是在尊重高等学校办学自主权的基础上，在中央的宏观调控下中央和地方两级管理，逐步扩大地方政府的行政权力。

第二，明确政府对现代大学进行宏观调控的机制和职能

必须明确，政府对现代大学进行宏观调控时运用的是行政权力，但行政权力并不就是计划机制，还应当包括市场机制和督导机制。相应地，政府通过现代大学对整个高等教育系统的运作进行宏观调控的主要职能是统筹规划、制定标准、指导监督和协调服务。"依法治国"是政府治理国家的最高原则。因此，政府在对现代大学进行宏观管理时，应当不断增强法律意识，大力加强法制建设，尤其要尽快完善《中华人民共和国高等教育法》和尽快制订《中华人民共和国大学法》，用以规范高等教育系统和高等学校中诸行为主体（主要指政府、社会、学校、校长、教师和学生）的行为规范、地位、作用、权利、义务及其相互关系，努力做到有法可依，有法必依，执法必严，违法必究。

第三，建立、健全现代大学教学质量保障和社会教育质量监督体系

现代大学教学质量保障和社会教育质量监督体系，是在改革传统的教育质量管理模式的基础上将工业企业全面质量管理的一般规律与现代大学教育、教学工作的自身特点结合起来的产物，它是在国际教育质量管理的实践活动中逐步发展起来的一种崭新的高等教育质量管理制度，其主要特点是：以全面质量管理理念为指导；以现代大学内部的教学质量保障为基础；以社会教育、教学质量评价为主体；以政府的教育质量监督为保证。

第四，大力提高现代大学宏观管理者的基本素质

政府的教育官员，即现代大学的宏观管理者，担负着重大的历史使命，搞好对现代大学宏观管理的关键是大力提高现代大学宏观管理者，特别是政府主要教育官员的基本素质。主要要求是：要有坚定的信念、强烈的事业心、丰富的学识和勇于创新的意识；要有高等教育和现代大学的实践经验、理论修养和科学理念；要有从战略上把握、驾驭全局的宏观视野和脚踏实地的求真务实精神；要善于实现宏观决策的科学化、民主化和现代化。

现代大学文化学是一门与传统的高等教育学既有深刻联系又有质的区别的崭新学科，它们之间的深刻联系主要表现在教育活动是以文化传承和创新为基础和灵魂的，而传承、研究、融合和创新文化正是现代大学的重要功能，所以，现代大学是实施高等教育的主要机构，培养社会所要求的高级专门人才是现代大学的根本任务。它们之间质的区别主要表现在教育的对象是作为"个体"的有生命的人，教育的本质是通过文化使个体社会化的活动，教育活动的基本矛盾是人的个性发展需要与社会发展的要求之间的矛盾，教育活动的基本规律可以表述为"教育必须与人的个性和社会的要求协调发展的规律"，而现代大学则与人类文化之间有着深刻的联系，其本质是在积淀和创造的深厚的文化底蕴的基础上传承、研究、融合和创新高深学术的高等学府，现代大学办学活动的基本矛盾是崇尚学术与适应社会之间的矛盾，现代大学办学的基本规律可以表述为"现代大学必须与学术特点和时代特征协调发展的规律"。作为一门崭新的学科，构建现代大学文化学的基本框架仅仅是一个良好的开端，进一步建立、发展和完善现代大学文化学将是一项战略性任务，需要我们继续作长期坚持不懈的努力。

（载于《中国高教研究》2002年第1期）

继承和创新大学精神

人总是要有一点精神的，大学也是这样。大学是人类文明的精神家园，是思想最活跃、最富有创造力的学术殿堂，是新知识、新思想和新文化的摇篮，应当具有一种超凡脱俗的文化品位、独立品格和价值追求。我国是一个非常重视哲学理念的文明古国，孔子儒学及其"以伦理道德为本位"的教育理想曾经长期居于主导地位，是我国大学精神伟大宝库中的珍品。近代以来，以孙中山、蔡元培和蒋南翔为杰出代表的我国众多革命先驱和学者、大师、校长，对适合我国国情的近、现代大学精神和中国式社会主义大学理念进行了长期、艰苦的探索。尽管我国古代和近代以来探索、提出的这些大学精神和理念并不完全适合于我国今天的实际情况，但是，这些大学精神和理念的基本内涵反映了我国的文化传统、教育本质、办学规律和当时的时代精神，是我们今天应当珍视和继承的一项十分宝贵的精神财富。21世纪将是一个崭新的世纪，时代强烈地呼唤着大学创新，而大学创新需要在继承的基础上创新大学精神，这个现代大学精神就是"以人为本，崇尚学术，融入社会，走向世界"。

一、我国先秦时期的"大学之道"

曾钊新教授在其学术专著《教育哲学断想录》（中南工业大学出版社，2000年2月）中深刻地指出："在我国，将哲学家和教育家兼于一身的，当首推孔子。作为哲学家的孔子，他在我国最早探讨了人性的问题"，"他主张'有教无类'，从而使教育冲破宫廷的藩篱，而与社会发生了广泛联系，扩大了人才的来源，推动了已经开始的文化下移运动。这在中国教育发展史上具有划时代的意义。""他从其伦理学和道德教育的理论出发，提出了'诗、书、礼、乐'的教育科目。""此外，孔子还从'学而知之'的认识论出发，提出了学思结合、言行一致的教学方法。"

《大学》开宗明义的第一句话就是"大学之道，在明明德，在新民，在止于至善"。宋代理学大师朱熹先生说："大学者，大人之学也"。这里的"大人"，显然指的是成熟的人、担负重大责任的人。这里的"道",指的是一种精神,"大学之道"就是一种大学精神。"明明德"中的第一个"明"字是个动词,是明白、懂得的意思,后面的第二个"明"字是个形容词,是正确的意思,"德"是指道德或者是人格行为最基本的标准,"明明德"就是要懂得和养成正确的人格行为标准。"亲民",指的是懂得正确的人格行为标准之后应该亲近和服务人民,为社会服务。"止于至善",就是无论是"明明德"还是"亲民"都要努力达到当时条件下尽可能完善的境界。把上面这些说明综合起来,对《大学》的第一句话的解释是:大学精神,即大人之学的精神,首先要懂得和养成正确的人格行为最基本的标准,然后亲近和服务人民,服务社会,并努力达到尽善尽美的境界。这句话的基本意思,就是要求一个"成熟的人"或者"担负重大责任的人",必须首先有一个健全的人格,即首先要懂得如何做人。这是作为一个"大人"的根本,也是我国传统大学精神的灵魂,至今仍然闪烁着智慧的光芒。

由此可见,自汉代以后,在长达 2000 年的文明发展过程中,我国传统的大学精神是以恪守儒家经典和学而优则仕为核心的。直到 19 世纪末我国出现第一所近、现代大学以前,在漫长的封建社会里,我国传统的大学存在着两种基本形态:一是科举制度及其相应的教育机构——翰林院、国子监、太学;二是由民间的学术大师主持的书院。前者始建于隋朝,完善于宋朝,以"学而优则仕"为目标,虽然欧洲中世纪大学早已出现了医学、法律和艺术等科目的分化,但我国直到 20 世纪初叶以后才逐步设置一些现代课程。后者刚开始时只是一种藏书楼或学者们讨论学术问题的场所,后来才逐步发展成为一种特殊的教学机构,在一定程度上享有脆弱的学术自由,其中最具典型意义的是宋朝初期名重一时的白鹿洞书院、岳麓书院、睢阳书院和嵩阳书院。作为长期在书院讲学的儒家大师朱熹,一方面他的学说与新兴的独立自主的书院紧密相连,另一方面也正是他的学说为在科举制度中正统的儒家经典提供了基础。由此可见,在我国漫长的封建社会里,不管是科举制度中的翰林院、国子监、太学,还是由民间学术大师主持的书院,都与欧美大学享有的学术自由和学校自治根本无缘。

怎样正确地评价我国传统的大学精神呢?杨适教授的学术专著《中西人论的冲突——文化比较的一种新探求》(杨适著,中国人民大学出版社,1997 年 1 月)明确指出:"人文精神具有时代特征","而不是超时代的抽象原则"。"中国传统重整体性而西方则重个人与个性","都在历史上起了巨大的积极作用","但是,它们在创造功绩的同时确实也带来严重的黑暗和罪孽"。因此,从历史唯物主义的观点来看,尽管中国传统的大学精神与西方大学享有的学术自由和学校自治根本无缘，但它既促进了我国灿烂的古代历史和文化的发展，又维护了当时以社会为本位、以仁爱为核心的宗法等级制度，起了巨大的积极作用。当然，正如我国古代历史、文化和宗法等级制度应当一分为二一样，我国传统的大学精神也有糟粕，必须随着社会的前进进行必要的变革。

二、孙中山"传统文化与革命精神相结合"的新大学精神

辛亥革命成功以后，孙中山先生在创办中山大学的前身——广东大学时所倡导的新大学精神是近代以来最杰出的代表，其突出特点就是"坚持传统文化与革命精神相结合"，既有继承又有创新。

1. 传统文化："博学、审问、慎思、明辨、笃行"

孙中山先生在创办中山大学的前身——广东大学时亲笔题写了校训"博学、审问、慎思、明辨、笃行"，这是来自《中庸》的一句名言"博学之，审问之，慎思之，明辨之，笃行之"。2001年10月中山大学出版社出版的刘尚德主编的《凝聚中大精神》一书指出："这句富有丰富内涵的校训体现了对人生的追求和人生价值的理解。'博学、审问'是求学、问学的过程，是学术积累的过程；'慎思、明辨'体现了做人的标准，是完善人格的过程。'笃行'是'博学、审问、慎思、明辨'的行动和目的，是在这四项尊德问学的学术积累和人格积累的前提下，对社会、对人类所做的奉献和奋斗。""'博学、审问、慎思、明辨、笃行'这'十字校训'可分三方面领会：（1）'博学'是求知的总要求，不但本专业的知识要博学，而且本专业以外的知识也要博学，全面发展是对人才的总要求；（2）'审问、慎思、明辨'是科学方法，对任何问题，只有经过'问、思、辨'才能获得真理及真科学，并吸取其精华精髓；（3）'笃行'是目的，所谓'学以致用'，掌握了真理和科学理论，目的在于用，在于联系实际付诸实践。""作为中大精神的总括，'博学、审问、慎思、明辨、笃行'不仅要求我们成为具有知识特长的大学生，而且还在求是精神、思想方法、处事态度等多方面对我们提出要求。博学，是最基本的要求。我们不仅要'学'，还要'博学'。也就是说，除了学好自身专业以外，还要扩大知识面，猎取多方面的知识，使自己成为一个有专业特长的通才。审问，是一种求是精神和对真理的追求。做学问不仅要学，还要问。只有不断地疑，不断地问，才能发掘出真理，获得新知。'慎思、明辨，其实都是对思想方法的一种要求'，'独立思考的能力，成熟的思想方法准确的判断能力，是完善个人的最高境界'。慎思、明辨表现为对'博学、审

问'的归纳，即一个'推十合一'的过程，将所学到的学问进行吸收归化，将自己的人生观、世界观进行综合、提高，通过谨慎仔细地思考，作出准确的判断，最终完善自己的思想体系，提升自己处理事务的水平，使自己成为一个真正的人才。笃行，是指精神只有付诸实行，才能转化为客观现实。而且，我们要的'行'是一种抱着'士不可以不弘毅，任重而道远'的精神，坚持不懈地努力的行，才是所谓'笃行'。"

2. 革命精神："立志做大事"，"天下为公"

孙中山先生是为培养革命人才而创办广东大学的，他倡导的革命精神的核心思想是"立志做大事"和"天下为公"，影响了一代又一代中山大学的学子。孙中山先生生前在中山大学只有三次讲话，集中地阐述了革命、学习、做人之间的关系，是他所倡导的革命精神的重要组成部分。孙中山先生精辟地指出："中国几千年以来，有志的人本不少。但是他们那种立志的旧思想，专注重发达个人，为个人谋幸福，和近代的思想大不相同。近代人类立志的思想，是注重发达人群，为大家谋幸福。""我们中国青年应该有的志愿"，"是要把中华民国重新建设起来。让将来民国的文明，和各国并驾齐驱"。"古今人物名望的高大，不是在他所做的官大，是在他所做的事业成功"，"所以我劝诸君立志，是要做大事，不可要做大官"（摘自《孙中山演说集》第三编，《牺牲自己，革命才能成功》）。他还强调"读书不忘革命，革命不忘读书"和"牺牲自己，革命才能成功"，指"如果没有革命志气，不研究革命道理，总不能发扬革命事业"。"立志做革命军，先要有什么根本呢？要有高深的学问做根本。有了高深学问，才有大胆量。有了大胆量，才可以做革命军。所以做革命军的根本，还是在高深学问。"（摘自《帅座对军校开学演词》，《广东民国日报》1924年6月20日）"大家要希望革命成功，便先要牺牲个人自由，个人的平等。把个人的自由、平等都贡献到革命党内来。""全党革命成功之后，自己便可以享自由、平等的权利。"（摘自《在黄埔军官学校的演说》，《孙中山全集》第十卷，中华书局，1986年7月）

必须指出，孙中山先生在创办广东大学时倡导的新大学精神的这两个方面是相互联系、密不可分的，既充分地体现了他对人类、国家、民族、革命的高度责任感、使命感和奉献精神，也集中地反映了要革命必须要有高深学问的思想和最终必须把理论付诸实践的治学态度，这正是孙中山先生创办广东大学时倡导的新大学精神的精髓。

三、西方大学理念在近代中国的传播

近代以来，主要是 1917 年到 1937 年期间，以蔡元培、梅贻琦、张伯苓和竺可桢为杰出代表的新一代大师在我国大力传播西方的大学精神，并结合我国的实际情况提出了自己的许多创见，为在我国建立和发展近、现代大学奠定了思想基础。

1. 蔡元培倡导的大学精神

蔡元培先生 1912 年出任南京临时政府首任教育总长，1912 年 10 月 24 日南京临时政府颁布了蔡元培先生起草的《大学令》，明确规定：大学以教授高深学术，养成硕学闳材，应国家需要为宗旨；大学以文理二科为主，须合于左列各款之一，方得名为大学，文、理二科并设者，文科兼法、商二科者，理科兼医、农、工三科或二科、一科者；大学设校长一人，总辖大学全部事务，各科设学长一人主持一科事务，大学设评议会由各科学长和各科教授互选若干人为委员，大学校长可以随时齐集评议会，自为议长；大学各科设教授会，以教授为委员，学长可随时召集教授会，自为议长。1917 年至 1927 年蔡元培先生出任北京大学校长，以其独特的大学理念将旧北大改造成为一所现代大学。蔡元培倡导的大学精神主要是：

办学宗旨 1917 年 1 月 9 日蔡元培先生在《就任北京大学校长之演说》（摘自《大学精神》，杨东平主编，辽海出版社，2000 年 1 月）中表示："予今长斯校，请更有三事为诸君告。一曰抱定宗旨"，"大学者，研究高深学问者也"，"二曰砥砺德行"，"故必有卓越之士，以身作则，力矫颓俗"，"三曰敬爱师友"，"对于师友之敬爱，此余所希望于诸君三也"。1918 年 11 月 10 日蔡元培先生在《北京大学月刊》发刊词中指出："一曰尽吾校同人所能尽之责任。所谓大学者，非仅为多数学生按时授课，造成一毕业生之资格而已也，实以是为共同研究学术之机关"；"二曰破学生专己守缺之陋见。吾国学子大多数或以学校为科举"，"有取得毕业证书之资格，则他无所求"，"或以学校为书院"，"守一先生之言，而排斥其他"；"三曰释校外学者之怀疑。大学者，囊括大典，网罗众家之学府也"。

文理并重 蔡元培先生 1918 年在《读周春岳君〈大学改制之商榷〉》（同上）一文中对"学"与"术"之间的联系与区别进行了深入的分析，指出："学与术虽关系至为密切，而习之者旨趋不同。文、理，学也。虽亦有间接之应用，而治此者以研究真理为的，终身以之。""法、商、医、工，术也。直接应用，治此者虽亦可有永久研究之兴趣，而及一程度，不可不服务于社会；转以服务时之所经验，促其术之进步。与治学者之极深研几，不相俟也。鄙人初意以学为基本，术为支干，不可不求其相应"。"于是，有学术分校之议。鄙人以为治学者可谓之'大学'，治术者可谓之'高等专门学校'。两者有性质之别，而不必有年限与程度之差。在大学，则必择其以终身研究学问者为之师，而希望学生于研究学问以外，别无何等之目的。其在高等专门，则为归集资料，实地练习起见，方且于学校中设法庭、商场等雏形，……以此等性质之差别，而一谓之'大'，一谓之'高'，取其易于识别，无他意也。""此则以文、理两科为普通大学，而其他各科则称某科大学之主张也。"后来，蔡元培先生在《我在北京大学的经历》(《东方杂志》，1934年1月1日)的演讲中更进一步阐述了他"文理并重"的思想，指出："我那时候有一个理想，以为文、理两科，是农、工、医、药、法、商等应用科学的基础，而这些应用科学的研究时期，仍然要归到文理两科来。""那时候我又有一个理想，以为文理是不能分科的。例如文科的哲学，必植基于自然科学；而理科学者最后的假定，亦往往牵涉哲学。从前心理学附入哲学，而现在用实验法，应列入理科；教育学与美学，也渐用实验法，有同一趋势。"

学术自由　蔡元培先生在《我在北京大学的经历》(摘自《大学精神》，杨东平主编，辽海出版社，2000年1月)一文中表示："我素来不赞成董仲舒罢黜百家独尊孔氏的主张。""我素信学术上的派别，是相对的，不是绝对的；所以，每一种学科的教员，即使主张不同，若都是言之成理，持之有故的，就让他们并存，令学生有自由选择的余地。"

教育独立　1922年3月，蔡元培先生在《教育独立议》(摘自《大学精神》，杨东平主编，辽海出版社，2000年1月)中指出："教育事业应当完全交与教育家，保持独立的资格，毫不受政党或各派教会的影响。""教育是要个性与群性平均发达的。政党是要制造一种特别的群体，抹杀个性的。""教育是求远效的；政党的政策是求近功的。……所以，教育事业不可不超然于各派政党之外。""教育是进步的"；"教会是保守的"；"若是把教育权交与教会，便恐不能绝对自由。所以，教育事业不可不超然于各派教会之外。""大学的事务，都由大学教授所组织的教育委员会主持。大学校长，也由委员会举出。"教育部"不得干涉各大学区事务"，"各学校中，均不得有宣传教义的课程，不得举行祈祷式"。

2. 梅贻琦倡导的大学精神

梅贻琦先生1931年至1948年担任清华大学校长，他在清华大学任职期间的努力令人肃然起敬，其倡导的大学精神主要是：

教授治校　1931年梅贻琦先生在《就职演说》(摘自《大学精神》，杨东平主编，辽海出版社，2000年1月）中精辟地指出："所谓大学者，非谓有大楼之谓也，有大师之谓也。""清华在学术的研究上，应该有特殊的成就，我希望清华在学术方面应向高深专精的方面去做。办学校，特别是办大学，应有两种目的：一是研究学术，二是造就人材。""我们要向高深研究的方向去做，必须有两个必备的条件，其一是设备，其二是教授。设备这一层，比较容易办到，……可是教授就难了。一个大学之所以为大学，全在于有没有好教授。"载于1927年4月29日出版的《清华周刊》上的《清华学校组织大纲》，是梅贻琦先生起草的，这个《大纲》详细地规定了校长、评议会、教授会、教务长、学系及学系主任、行政部的职责，充分地反映出他的"教授治校"的办学理念，其基本观点与蔡元培先生是一致的。1983年北京出版社《文史资料选编》第18期选登了陈岱孙先生的文章《三四十年代清华大学校务领导体制和前校长梅贻琦》，盛赞梅贻琦先生在清华大学坚持"教授治校"方面的特殊贡献。他指出："在30年代中期，就有人称清华的这个体制是教授治校的典型。""清华大学前校长梅贻琦先生对于这个体制的形成和巩固起过一定的作用。""在1930年至1931年间，这个体制迅速形成。""评议会是这个体制的核心。""如果说清华这个领导体制是当时所谓教授治校的典型，则教授治校的作用就是通过评议会职能而表现的。""在校内，它有以民主的名义对抗校长独断专权的一面；在校外，它有以学术自主的名义对抗国民党派系势力对教育学术机构的侵入和控制的一面。这一体制的确立和巩固，是和梅贻琦先生长校时的作风和支持分不开的。"

通识为本 1941年梅贻琦先生在《大学一解》（摘自《大学精神》，杨东平主编，辽海出版社，2000年1月）中精辟地论述了通才教育问题，指出："今人言教育者，动称通与专之二原则。故一则曰大学生应有通识，又应有专识；再则曰大学卒业之人应为一通才，亦应为一专家。故在大学期间之准备，应为通专并重。此论固甚是，然有不尽妥者，亦有未易行者。""窃以为大学期内，通专虽应兼顾，而重心所寄，应在通而不在专；……通识，一般生活之准备也；专识，特种事业之准备也。通识之用，不止润身而已，亦所以自通于人也。信如此论，则通识为本，而专识为末；社会所需要者，通才为大，而专家次之。以无通才为基础之专家临民，其结果不为新民，而为扰民。此通专并重未为恰当之说也。"1943年，梅贻琦先生与潘光旦先生合作发表了《工业化的前途与人才问题》（同上）一文，进一步指出："怎样才可以使工科教育于适度的技术化之外，要取得充分的社会化与人文化，我认为是工业化问题中最核心的一个问题；核心问题得不到解决，则其他边缘的问题虽得到一时的解决，于工业建设前途，依然不会有多大的补益,这问题需要国内从事教育与工业的人从长商议。""要造就通才,大学工学院必须添设有关通识的课程,而减少专攻技术的课程。""真正工业的组织人才,对于心理学、社会学、伦理学,以至于一切的人文科学、文化背景,都应该有充分的了解。"

3. 张伯苓倡导的大学精神

张伯苓先生1904年创办南开学校,1919年至1948年长期担任南开大学校长,颇有建树,是我国的著名教育家,他倡导的大学精神集中地体现在1944年10月17日发表的论文《四十年南开学校之回顾》(摘自《大学精神》,杨东平主编,辽海出版社,2000年1月)。主要是:

育才救国 张伯苓先生指出:"南开学校系因国难而产生,故其办学目的旨在痛矫时弊,育才救国","为培养救国建国人才,以雪国耻,以图自强"。张伯苓先生不仅倡导"育才救国",而且终身为之奋斗。他说:"苓于教育事业,极感兴趣,深具信心,故自誓终身为教育而努力。""务使我南开学校,能与英国之牛津、剑桥,美国之哈佛、雅礼并驾齐驱,东西称盛。是岂我南开一校一人之荣幸,实亦我华夏国家无疆之光辉也。""苓行年七十矣,但体力尚健,精神尚佳,不敢言老。今后为南开,当更尽其余年,致力于教育及建国工作,南开一日不复兴,建国一日不完成,苓誓一日不退休,此可为全体校友明白昭告者也。"

允公允能 张伯苓先生在建校之初,就倡导把"允公允能"作为南开学校之校训。他在《四十年南开学校之回顾》中指出:"本校成立之初,即揭橥公能二义,作为校训。惟公故能化私,化散,爱护团体,有为公牺牲之精神;惟能故能去愚,去弱,团结合作,有为公服务之能力。""允公允能,足以治民族之大病,造建国之人才。"

四育并重 为实现教育救国之目的,张伯苓先生在南开学校坚持实行"四育并重"的训练方针:"一曰重视体育。强国必先强种,强种必先强身。国民体魄衰弱,精神萎靡。工作效率低落,服务年龄短促。原因固属多端,要以国人不重体育为其主要原因。""二曰提倡科学。我国科学不发达,物质文明远不如人。故苓当办学之初,即竭力提倡科学。其目的在开通民智,破除迷信,藉以引起国人对于科学研究之兴趣,促进物质文明之发达。""三曰团体组织。国人团结力量弱,精神涣散,原因在不能合作,与无组织能力。因此学校对于学生课外组织,团体活动,无不协力赞助,切实倡导,使学生多有练习做事参加活动之机会。""四曰道德训练。教育为改造个人之工具。但教育范围,绝不可限于书本教育、智识教育,而应特别注重于人格教育,道德教育。"

4. 竺可桢倡导的大学精神

竺可桢先生1936年至1949年担任浙江大学校长,他倡导的大学精神主要是:

求是和牺牲精神　1939年2月4日,竺可桢先生发表了《求是精神与牺牲精神》(摘自《大学精神》,杨东平主编,辽海出版社,2000年1月)的演说,对求是和牺牲精神进行了论述。他说:"浙江大学本在杭州,他的前身最早是求是书院。""到如今求是已定为我们的校训。""求是的路径,《中庸》说得最好,就是'博学之,审问之,慎思之,明辨之,笃行之'。""人生由野蛮时代以渐进于文明,所倚以能进步者全赖……排万难冒百死以求真知。""中山先生不但鼓吹革命,而且实行革命,这革命精神,正是源于求是的精神。""国家给你们的使命,就是希望你们每一个人学成以后将来能在社会服务,做各界的领袖分子,使我国家能建设起来成为世界第一等强国。""你们要做将来的领袖,不仅求得了一点专门的知识就足够,必须具有清醒而富有理智的头脑,明辨是非而不徇利害的气概,深思远虑,不肯盲从的习惯,而同时还要有健全的体格,肯吃苦耐劳,牺牲自己,努力为公的精神。这几点是做领袖所不可缺乏的条件。"

教授是大学的灵魂　1936年4月25日,竺可桢先生在他的就职演说《大学教育之主要方针》(摘自《大学精神》,杨东平主编,辽海出版社,2000年1月)中指出:"这次中央任命本人来担任本校校长。""一个学校实施教育的要素,最重要的不外乎教授的人选,图书仪器等设备和校舍建筑。这三者之中,教授人才的充实,最为重要。教授是大学的灵魂,一个大学学风的优劣,全视教授人选为转移。假设大学里有许多教授,以研究学问为毕生事业,以教育后进为无上职责,自然会养成良好的学风,不断地培植出来博学敦行的学者。""所以有了博学的教授,不但是学校的佳誉,并且也是国家的光荣;而作育人才以为国用,流泽更是被于无穷。"

学业与道德并重　1938年6月26日竺可桢先生在《大学毕业生应有的认识与努力》(摘自《大学精神》,杨东平主编,辽海出版社,2000年1月)中指出:"我们晓得范文正公为秀才时,就以天下为己任。现在诸位离校以后,每个人也应该以使中华民族成为一个不能灭亡与不可灭亡之民族为职志。""毕业学生,可不能一离校就天天腐化下去。他必得在学校的时候,已经有一种内在力,使其出校门后能利用其思想以增加智识经验,锻炼身体品性,使学问道德又日新日日新。有若干教育家以为现代的学校,是教而不育,即是专重智识的传授而缺乏道德的修养。因此也就有许多人赞成恢复从前的书院制度。但即以智育一端,现行制度亦有重大缺点,即专重智识的传授而不注意训练智慧,过重于授课方法来灌输各国学者已发明的事实,而对思想的训练方面全未顾及。""诸位毕业离校以后,若要发扬光大你们的学问道德,必得能深思,能善疑,利用实验方法来解决问题,要晓得天下事不进则退,不能发扬光大就是腐化。"

养成缜密深沉的思考习惯 竺可桢先生在《大学教育的主要方针》(同上)中还谆谆教导学生:"大学所施的教育,本来不是供给传授现成的知识,而重在开辟基本的途径,提示获得知识的方法,并且培养学生研究批判和反省的精神,以期学者有自动求智和不断研究的能力。大学生不应仍如中学生时代之头脑比较简单,或者常赖被动的指示,而必须注意其精神的修养,俾能对于一切事物有精细的观察、慎重的考虑、自动的取舍之能力。""总之,我希望诸位同学要深切怀念在今日中国受高等教育者的稀少,因此益自觉其所负使命的重大,努力于学业、道德、体格各方面的修养,而尤须具缜密深沉的思考习惯。"

四、中国式社会主义大学理念的探索

新中国成立以后,在探索中国式社会主义大学理念方面的突出代表是原清华大学校长蒋南翔。他在长期担任清华大学校长期间发表了一系列重要演说和文章,对社会主义大学理念进行了阐述,集中地反映在不久前清华大学出版社出版的《蒋南翔文集》(上、下卷)(清华大学出版社,1998年4月)之中。

1. 要办中国式的社会主义大学

"明确目标,办好中国式的社会主义大学。""邓小平同志曾经指出:中国的四个现代化,是叫中国式的社会主义现代化。""我们的教育是为四个现代化服务,中国的四个现代化是中国式的社会主义现代化,那么,我们现在办的清华大学,也应该是中国式的社会主义的清华大学。"(《办好中国式的社会主义大学》,载于《蒋南翔文集》,清华大学出版社,1998年4月)

2. 党的领导是完成教育改革的关键

"清华大学是我国著名的并且具有国际影响的大学","清华大学当前迫切的任务就是要深入教育改革","逐步把自己改造成为社会主义的新型工业大学","加强党的领导,日益巩固和扩大马克思列宁主义在学校中的阵地,这是我们学校胜利完成教育改革的关键。""怎样才能加强高等学校中党的领导呢?第一,高等学校党的组织必须全面关心学校的全面工作，正确地贯彻中央有关高等教育的各项方针政策。第二，必须加强高等学校中党的建设。第三，必须加强党员干部的学习。""高等学校党的组织，一方面应该主动地配合和保证行政领导的各项重大措施的实行，另一方面还应该经常地研究和了解行政系统对于中央各项方针政策的执行情况，随时提出积极的批评建议，保证中央各项方针的具体贯彻，保证整个学校工作的健全发展。"（《党的领导是胜利完成教育改革的关键》，载于《蒋南翔文集》，清华大学出版社，1998年4月）

3. 高等教育要认真解决两个根本问题

"我国长期的教育实践告诉我们一条最重要的经验，办高等教育，必须优先考虑和解决两个根本性的问题，一个是方向问题，一个是质量问题。""方向问题，这是解决为谁服务的问题，也是教育战线必须解决的首要问题。""质量问题，这是解决怎样更好地为人民、为社会主义建设服务的问题。""现在摆在高等学校面前的任务，就是要尽量为国家培养数量更多、质量更好的建设干部。""切实地考虑到需要和可能的统一，把工作放在充分可靠的基础上，才能正确地解决高等教育中数量和质量、普及和提高的关系；才能使我国高等学校，不但为国家培养相当大量的干部，以应当前急需；而且真正能够做到重点提高，更有力地配合我国的向科学进军，使我国最重要的科学技术部门，能够不失时机地迎头赶上世界先进水平。"（《高等教育要认真解决两个根本问题》，载于《蒋南翔文集》，清华大学出版社，1998年4月）

4. 学校政治思想教育工作应当以马克思主义为主课堂

"学校的政治思想教育工作应该有些什么内容呢？从历史发展来看，大致可以分为两方面：一方面是解决学生的基本立场问题；一方面是教育学生掌握业务的问题。解决基本立场问题，也就是解决为谁服务、拥护谁的问题。""青年学生在明确了拥护谁的问题之后，还应该解决用什么去拥护的问题。""通过正规的政治课程向学生进行比较系统的马列主义教育"，"是学校对学生进行思想教育的主要阵地，学校必须很好地利用这个阵地来培养学生唯物主义世界观和革命的人生观"（《关于学校的政治思想工作问题》，载于《蒋南翔文集》，清华大学出版社，1998年4月）。

5. 必须贯彻执行全面发展的教育方针

"社会主义需要全面发展的人才，也完全有可能培养出全面发展的人才。""全面发展的方针，也就是培养个性全面发展的方针。""第一，是解决为谁服务的问题。这是一个政治方向问题,是我们的教育方针中必须首先解决的问题;""第二,是解决用什么去服务的问题。这是一个学习业务掌握知识的问题;""在学习问题上,必须特别强调和努力贯彻理论联系实际的原则。我们认为教学工作的核心问题,就是循序渐进地培养学生解决实际问题的独立工作能力;""第三,是解决怎样有效地为人民服务的问题。""青年人还要有健全的体魄,要有革命乐观主义精神,要有勇于克服困难的毅力。""第四,就是要解决一个关系问题——个人与集体的关系、同志之间的关系,也就是要解决集体主义的问题。""全面发展和个性专长的发展,是并不矛盾的","一个人有了全面发展的基础,不是妨碍而助于他的专长的发展"(《略论高等学校的全面发展的教育方针》,《蒋南翔文集》)。"关于又红又专(也即政治与业务的关系)的问题","什么是红呢?就是工人阶级的知识分子,与工人阶级同甘苦共命运。""技术与政治,从来是分不开的","不关心政治是不行的,也是做不到的。""社会主义,这是历史必然的发展方向。""做工人阶级的知识分子,这不但是客观的必然要求,也是每个人唯一正确的道路。""红与专是不矛盾的,相反,红正是专的无限的动力和最主要的条件。"(《怎样做一个劳动者,怎样做一个工人阶级知识分子》,《蒋南翔文集》)"全面发展是教育的根本目标","因材施教是服务于一定教育目的的一种教育方法。""我们固然应该注意因材施教,但是更重要的而且是先决的还是要满足国家社会主义建设的需要,要在这个前提下照顾个人的志愿和特长。""'自由'就是对客观规律的认识,就是能够自觉地适应客观规律","自由与遵守客观规律是一致的","当然,我们这样说,并不是抹杀、排斥个性;相反,只有在这样的前提下才可能得到个性的健全发展。"(《略论高等学校的全面发展的教育方针》,载于《蒋南翔文集》,清华大学出版社,1998年4月)

6. 坚持教学、生产劳动和科学研究三结合

"坚决地把生产劳动引进学校,使生产劳动成为学校教学计划的一个重要组成部分","不但有力地促进了学校的教学和科学研究工作,而且使学校改变了面貌,走上了全新的发展道路。""事实很明显,学生参加生产劳动是更好地体现了理论和实际结合、脑力劳动和体力劳动结合、知识分子和工农群众结合的原则,给教育工作带来了多方面的积极效果。""生产引进学校以后,学校承担重大生产任务日渐增多,许多综合性较大","必须把有关专业的教师、学生、工人组织起来,实现'大兵团、多兵种协同作战'","不但可以更广泛地调动群众的智慧和丰富经验;集中优势力量突击技术关键,更有力地攻克科学堡垒;而且也可以打破知识分子传统的个体劳动习惯和个人主义心理,改变那种脱离实际

和脱离群众的研究道路和研究方法；也有助于教师、学生和职工的结合，这是高等学校中群众路线的进一步发展"。"不断广泛深入地开展群众运动的过程，也是不断加强党的领导，巩固马克思列宁主义阵地的过程。""高等学校应抓住三个东西：一是党委领导；二是群众路线；三是把教育与生产劳动结合起来。""自1952年院系调整以后，清华大学的科学研究工作是在一个新的基础上开展起来的。""新中国的科学研究工作无论在规模上、速度上和效果上都已显出了它的优越性。这种优越性是来源于党的马克思主义的思想领导，来源于科学和生产、理论和实践的密切联系。""我们一方面要继续不断提高教学质量，为全国的科学技术部门培养优秀的干部和科学研究的后备力量；另一方面，要充分发挥教师的潜力，积极开展科学研究。"（《清华大学的教育革命》，载于《蒋南翔文集》，清华大学出版社，1998年4月）

7. 尊重知识，尊重人才

"着重解决以下三个问题"："一，怎样更充分地发挥现有知识分子的作用。""首先在思想认识上把他们看作劳动人民的一部分，给予他们应有的尊重和信任"，"还要正确地使用和安排他们"，"应当给他们以同志式的关怀和帮助"。"二，怎样更有效地在青年中间培养和提拔新的专家。""三，怎样加强党对高级知识分子和科学、文化、技术的领导。"（《关于高级知识分子工作的报告》，载于《蒋南翔文集》，清华大学出版社，1998年4月）

8. 建立生动活泼的政治局面

"每个人生存的环境，有两个空间，或者说有两种空气。作为一个自然的人，生存在地球上，要生长在自然的空气里。""另外还有一种'空气'，作为一个社会人，要生长在一定的政治空气里。""所以现在我们在学校里边，也要建立这样一个既有民主、又有集中，既有纪律、又有自由，既有统一意志、又有个人心情舒畅的那样一个生动活泼的政治局面。"（《建立生动活泼的政治局面》，载于《蒋南翔文集》，清华大学出版社，1998年4月）

北京大学王义遒教授在《论大学精神形成演变的逻辑之道——大学精神之我见》（载于《中国高教研究》2012年第9期）一文中指出："文化的本质是人化。""文化的要素有三：一是虔敬的价值信仰；二是对自然、社会的知识以及对知识应用的知识；三是建立在价值信仰和知识基础上的德行。""从这个意义上说，大学精神就是在塑造学生价值信仰、追求真理和获取知识、尊重、恪守道德规范等方面提取与凝练出这些使命所要遵循的核心价值、观念或灵魂。""在早期大学发展中,在古典人文主义影响下,信仰隐性地发挥着基础作用,大学教育强调独立人格的塑造和'通才'的培育。进入工业社会,扩增知识、发现真理作为发展文化的主责,其作用被凸显出来,因而科学精神成为大学的基本精神,这种精神的核心是精神独立和思想自由。但是,信仰和德行作为前提和基础,在不同国家和大学,或隐或显地表达在大学精神中。""中国近代大学是借鉴西方而产生的,他们吸收和融合了西方的大学精神;同时,也继承了中国知识分子传统中的优秀内容。因此,以实事求是、独立自由为基本内容的科学精神与以正义信仰、人格养成为核心内容的人文精神的完美融合也应该是中国大学的基本精神。"

人类已经进入21世纪,当今的世界是个开放的世界,其实质是文化的开放。一方面,人类社会正面临着经济、科技、综合国力和意识形态领域的新的挑战,已经进入了全球化时代,正在从工业经济社会向知识经济社会迈进,另一方面,我国已经进入了改革开放和社会主义现代化建设的新的历史时期,正在从计划经济体制逐渐向社会主义市场经济体制转型,加快走向世界的步伐。在这样的新形势下,我们既要继承经过长期发展、变革已经沉淀下来的我国大学精神文化传统的基本内涵,又要在这个基础上"面向现代化面向世界面向未来"创新大学精神。初步看来,这个现代大学精神是"以人为本,崇尚学术,融入社会,走向世界",其中,"以人为本"是现代大学的教育哲学观,"崇尚学术"是现代大学价值追求的基础,"融入社会"是现代大学自主办学的根本方向,"走向世界"是全球化时代现代大学的发展趋势。纵观我国古代大学和近、现代大学精神发展、变化的历史,可以看出,在这个发展、变化的过程中有一点是永恒的,那就是贯穿于这个全过程的人文精神和科学精神,其灵魂是对未来大学理想的追求。有了这种人文精神和科学精神以及对未来大学理想的追求,大学就充满生机和活力,就永远朝气蓬勃,成为促进和推动人类社会不断前进的强大力量。

(载于《现代大学文化学》,王冀生著,北京大学出版社,2002年4月版)

超越"象牙塔":现代大学的社会责任

大学的发展、变革是一个不断的文化觉醒和理念创新过程,其实践基础是随着人类社会不断地向前发展,大学对自己应当承担的社会责任不断地进行再认识。20世纪90年代中期以来,人类社会正在逐步进入以世界多极化、经济全球化、文化多元化和信息网络化为主要特征的崭新时代,正在从工业经济社会逐步向知识经济社会迈进,现代大学在人类社会发展中的历史地位正在发生深刻的变化,时代强烈呼唤现代大学与时俱进,对自己在新形势下应当承担的社会责任进行深刻的再认识,实现新的文化觉醒,全面地承担起历史赋予的教育责任、学术责任、既服务又引领社会前进责任和国际责任。

一、教育责任

众所周知,大学从它诞生之日起就把传授知识教学育人作为自己的基本职责。在当代,现代大学正在全面地承担着教育责任、学术责任、既服务又引领社会前进责任和国际责任。但是,必须明确,教育责任不仅仍然是现代大学必须承担的永恒的第一社会责任,而且是现代大学应当承担的全部社会责任的核心和重点,一般大学是这样,研究型大学也应当是这样。基于对"教育的本质是通过文化使个体社会化的活动"和"高等教育是在完成高中教育的基础上实施的一种专门教育"的认识,在当代,现代大学应当以"以人为本"的教育哲学观为指导,自觉地承担以下几个方面的教育责任:

第一,促进作为"个体"的人的个性得到解放、发展和完善

按照马克思主义的基本观点,社会与个体总是在矛盾的对立统一中向前发展着,所以,教育应当具有双重社会功能,既促进社会发展又促进个体发展,促进作为"整体"的社会发展是教育活动的最终目的,促进作为"个体"的人的个性发展是教育促进作为"整体"的社会发展的基础,二者是辩证统一的。由于教育的对象是作为"个体"的有生命的人,"人的发展"是教育活动的永恒的主题,因此,应当把促进作为"个体"的人的个性得到解放、发展和完善,使其成为有健全人格的、富有主体精神和创造力的人，作为一切教育活动的根本出发点。忽视"人的发展"这个教育活动的永恒的主题，忽视把作为"个体"的人的个性得到解放、发展和完善作为教育活动的根本出发点，是当前教育工作存在问题的症结所在。

第二，使作为"个体"的人实现社会化，成为社会所要求的人

由于"社会与个体总是在矛盾的对立统一中向前发展着"，所以，教育活动的基本矛盾是作为"个体"的人的个性发展需要与作为"整体"的社会发展的要求之间的矛盾，教育活动的核心和基本要求是"使个体社会化"，目标是在个性得到充分发展的基础上使作为"个体"的人实现社会化，成为社会所要求的尽可能完善的人。由此可见，教育活动既要以促进作为"个体"的人的个性得到充分发展为基础，又要以使作为"个体"的人实现社会化，成为社会所要求的尽可能完善的人为目标，这是教育工作的主要目标。

第三，促进人的全面发展和社会的全面进步

马克思主义认为人的本质"在其现实性上，它是一切社会关系的总和"，在这里，作为"个体"的人与作为"整体"的社会是辩证统一的，统一在促进人的全面发展和社会的全面进步上。众所周知，"促进人的全面发展"是教育活动永恒的主题，"促进社会的全面进步"是教育活动的根本方向，二者是辩证统一的。这里的关键是要对这两个"全面"的科学内涵有深刻的理解。很显然，"全面"是针对当前教育工作中实际存在的"片面"而言的，一是片面促进专门知识、技能和能力的发展而忽视促进人的德智体美的全面发展，二是片面促进经济发展而忽视促进社会的物质文明、政治文明和精神文明的全面进步。因此，既要"促进人的全面发展"又要"促进社会的全面进步"并努力把二者有机地结合起来，是进一步深化教育改革的重要方向。

第四，推动人类社会不断地延续和发展

人类社会的延续和发展有两条基本途径，一是通过人的生命的自然繁衍，二是通过文化的传承和创新，后者主要是通过教育和大学来实现的。在大学里，文化的传承和创新也有两条途径，一是通过培养社会所要求的德智体美全面发展的具有创新精神和实践能力的人传承和创新文化，二是通过其创造性的学术研究活动传承和创新文化。通过教育活动传承和创新文化来推动人类社会不断地延续和发展，是一切教育活动的最终目的。

当前，人类社会正在从工业经济社会逐步向知识经济社会迈进，人才在人类社会发展中的地位和使命正在发生着质的变化，在未来的知识经济社会里脑力劳动者将逐步成为社会劳动力结构中的主体,时代要求现代大学培养出时代所要求的具有全球意识、较高文化品位和较强国际竞争能力的创造性人才。在这样的时代背景下,现代大学教育创新的战略目标应当是主动适应21世纪经济、科技、综合国力、意识形态领域的严峻挑战和现代大学教育的发展趋势,以"以人为本"的教育哲学观为指导,坚持"文化育人"的教育理念,坚持通识教育与专业教育的有机结合,深化教育改革全面推进素质教育,促进人的全面发展,逐步建立起以"人文、科学、创新的统一"为核心的创新教育体系,为将要到来的知识经济社会提供一种无法用金钱衡量的最佳教育,努力把当代大学生培养成为时代所要求的、德智体美全面发展的、具有全面综合素质的、富有主体精神和创造力的一代新人,促进社会的全面进步,推动人类社会不断地延续和发展。

二、学术责任

在当代,教育责任仍然是现代大学必须承担的永恒的第一社会责任。但是,必须明确,学术责任不仅是现代大学应当承担的一项重要社会责任,而且是现代大学承担其全部社会责任的学术基础。实际上,学术研究活动在大学里早就存在,早期的西方大学在摆脱了教会的侍女和附庸地位之后,成为学者自治的学术团体,远离社会从事传授知识的教学活动和探究真理的纯科学活动。但是,这一时期西方大学从事的科学活动有两个重要特点:第一,从事的是远离社会的纯理论研究和逻辑思辨活动,是不承担任何社会责任的;第二,科学研究和教学活动是大学里同时进行的两项活动,它们之间没有结合,是相互脱离的。19世纪初叶工业革命兴起以后,德国新人文主义教育思想家威廉·冯·洪堡在创办柏林大学时创造性地提出了"教学与学术研究相统一"的崭新理念,不仅把学术研究作为一种社会责任直接引入大学,而且通过坚持"教学与学术研究相结合",既提高了教师的学术水平和教学能力,又培养了学生的创造性思维,使学生的个性得到充分发展,成为理想的新人,从而开创了世界高等教育发展、变革的新时代。基于上述认识,可以很清楚地看出,在当代,大学不仅应当"以人为本",把教育责任作为自己应当承担的永恒的第一社会责任,还必须"崇尚学术",自觉地把学术责任作为其应当承担的一项重要社会责任和承担全部社会责任的学术基础。具体地说,大学主要承担以下几项学术责任:

第一,探究真理和发展知识

约翰·S.布鲁贝克在其学术专著《高等教育哲学》(王承绪主编,浙江教育出版社，1987年7月）中指出："探讨深奥的实际知识是学术事业不证自明的目的"，"任何社会都应有大学这样的机构，其目的是对社会最令人困扰的问题进行尽可能深刻的思考，甚至思考那些无法想象的问题"。"高深学问忠实于真理"，"真理能够站得住脚的标准是它的客观性，学术的客观性或独立性来自德国大学所称的价值自由"。因此，现代大学应当自觉地把开展原创性研究和探求客观真理作为自己应当承担的神圣职责，努力把自己建设成为人类文明的精神家园和思想最活跃、最富有创造力的学术殿堂，成为新思想、新知识、新文化的策源地和发展国家科学事业的重要方面军，成为为人类解决面临的重大课题提供科学依据的前沿。

第二，培养学生的创造性思维

"教学与学术研究相统一"是现代大学的基本理念之一，在现代大学里积极开展学术研究活动的一个重要任务是把学术研究活动引入教学过程，努力使每一位教师边搞教学、边搞研究，有条件的学生边学习、边研究，并把二者有机地结合起来，既提高教师的学术水平和教学能力，又培养学生的创造性思维，使学生的个性得到充分发展，成为富有主体精神和创造力的一代新人，以传承和创新文化为己任，推动人类社会不断地延续和发展。

第三，把科学技术成果转化为现实生产力

现代大学有众多的层次和类型，有的以基础研究和应用基础研究为主，以探究真理和发展知识为主要任务，有的以应用研究、科技开发和社会咨询为主，以把研究成果尽快转化为现实生产力为主要任务，也有的兼而有之。但是，不管以什么任务为主，或是兼而有之，都应当把科学技术成果尽快转化为现实生产力作为现代大学开展学术研究的重要任务之一，成为进行知识创新、推动科学技术成果向现实生产力转化的重要力量。尤其是随着人类社会从工业经济社会逐步向知识经济社会迈进，现代大学将不仅是学术研究和技术开发的基地，还将成为塑造新型知识产业的"孵化器"。

第四，为社会发展提供正确的价值导向

现代大学具有天然的人文资源和校园文化环境的优势，具有不可替代的作用，应当自觉地坚持社会科学和自然科学并重的方针，在高度重视开展自然科学领域的学术研究的同时积极开展人文、社会科学领域的学术研究，充分发挥人文、社会科学在经济和社会发展中的重要作用，为经济和社会发展提供正确的价值导向，成为"思想库"和"社会的良心"，既服务社会又引领社会前进。

作为一种学术价值观，"学术自由和大学自治"在西方可以追溯到欧洲中世纪。在当代，现代大学承担社会赋予的学术责任的一个基本条件，就是必须确保大学真正成为教学和学术自治的中心，把"学术自由"作为维持其活力的源泉，把理性和学术价值作为其应当追求的基本价值，这是现代大学生机和活力之所在。

三、既服务又引领社会前进责任

"象牙塔"原是法国文艺批评家圣佩韦批评消极浪漫主义诗人维尼的话，后被用于泛指"为艺术而艺术"的文艺家超脱社会现实的、个人主观幻想的艺术天地。大学从处于"象牙塔"之内到逐步走出"象牙塔"进而超越"象牙塔"，全面承担起既服务又引领社会前进责任是一种历史的必然。

1. 从处于"象牙塔"之内到逐步走出"象牙塔"

早期的西方大学，在摆脱了教会的侍女和附庸的地位之后，曾经具有与社会保持一定距离以维护其科学研究和教学自由的历史传统，远离社会从事传授知识的教学和探究真理的科学研究活动，这一状况曾被人们称为处于"象牙塔"之内。后来，随着社会不断地向前发展，大学逐步地走出了"象牙塔"，与社会的联系越来越密切，对经济和社会发展的贡献也越来越大，其突出代表就是19世纪中期以后逐渐崛起的美国大学。美国大学建立之初主要是学习、继承英国大学重视教学和德国大学重视学术研究的传统，后来，推崇实用主义哲学的美国大学并没有就此止步，而是以改革创新的精神超越前人，创造性地提出了"威斯康星思想"，重视知识在实践中的应用，强调在大学里应当坚持传授科学知识与博雅教育并重，使科学知识服务于农业和其他生产劳动，并且通过学术与市场的有机结合，把大学融入社会中去，使大学教育直接为经济和社会发展需要，特别是直接为区域经济和社会发展需要服务，这是一个巨大的进步。

2. **大学存在的两种哲学基础**

大学从处于"象牙塔"之内到逐步走出"象牙塔"融入社会中去，是一个巨大的进步。但是，后来大学的办学实践证明，随着大学逐步融入社会之中，越来越明显地出现了两个非常突出的问题：一是现实社会对大学的需求非常广泛，既有注重理性和探究真理方面的高层次的学术性需求，诸如学生全面素质的提高、学术自由权利的维护、原创性科学研究的开展以及满足从充满活力的大学所能够提供的知识服务中获益的那些人的需求等等，但大量的是现实社会众多领域提出的不同层次的实际需求,其中主要的是非学术性的中、低层次的需求,包括高等专科教育、高等职业技术教育、高中后短期高等教育以及科技开发、技术应用、社会咨询服务等等;二是大学对社会的依赖,特别是对外来经费的依赖越来越多,办好大学越来越成为一项十分昂贵的事业,随着大学从政府、社会和家长方面得到的支持不断增多,大学办学受到来自政府、社会和家长的制约也就越来越大,迫使大学不得不把直接的经济和政治效益以及为学生谋求实用和令人满意的职业作为其追求的价值,这是一个非常尖锐的矛盾。一方面,大学在维护、传播、研究、发现真理和探索未知世界方面的能力是无与伦比、不可替代的,这是保障社会的长远利益所必需的;另一方面,大学又必须积极主动地为当前经济和社会发展需要,特别是区域经济和社会发展需要服务,满足广大人民群众日益增长的对高等教育的多方面的实际需求。这就迫使大学面临一种非常艰难的选择:怎样才能使大学以一种尊重各方利益的方式对现实社会众多领域不同层次的广泛需求和诸多不同的价值观念(学术的和非学术的)作出全面、积极的反应,既能够履行其服务于社会的诸多责任又能够坚持自己应有的基本理性和学术价值。实践使人们逐步认识到,大学走出"象牙塔"逐步融入社会中以后,大学的存在有两种哲学基础,一种是认识论的,另一种是政治论的,前者要求大学必须崇尚学术,把学术责任作为其应当承担的重要社会责任,把"学术自由"作为维持其活力的源泉,把理性和学术价值作为其应当追求的基本价值;后者要求大学应当适应社会,把面向社会,即把应用知识直接为经济和社会发展需要服务作为其应当承担的重要社会责任。

3. 既要走多样化的发展道路又要坚持应有的高品位

如上所述,大学的存在有两种哲学基础,既是认识论的又是政治论的,所以,崇尚学术与适应社会是大学办学的基本矛盾,大学办学的基本规律是必须与学术和社会协调发展。正因为如此,近一个多世纪以来,在社会世俗化和现代化的过程中,大学的发展、变革并不都是一帆风顺的,围绕着如何认识和处理崇尚学术与适应社会之间的矛盾一直存在着理性与功利、人文与科学、社会需要与个性发展和多元开放与闭关自守之间此起彼伏的激烈的矛盾冲突,特别是当前在世界范围内正在出现的以忽视理性和急功近利为主要特征的大学精神衰微现象正在引起人们的广泛关注,其实质是把大学当成仅仅为当前经济和社会需要服务的"服务站",使其"工具化"和"附庸化"。为了解决这个矛盾,根本出路是既要走多样化的发展道路又要坚持大学应有的高品位。走多样化的发展道路,就是用"大学办学模式的多样化"来应对现实社会发展的多样化需求。

坚持大学应有的高品位，就是无论大学办学如何多样化，所有大学都必须自觉地坚持大学应有的基本的理性和学术价值。应当说，美国建立的"多元化大学"在解决这个矛盾方面是一个独具特色的创造，他们在服务于现实社会众多领域不同层次的广泛需求和坚持大学应有的基本的理性与学术价值这两个方面所作出的贡献都是十分杰出的。

4. 既要走出更要超越"象牙塔"

教育和大学从本质上说都是面向未来的事业，从总体上说教育和大学在人类社会发展中主要承担着两个方面的历史使命：对于作为"个体"的有生命的人来说，教育和大学负有开发人的理性和潜力，革新人的天赋，扩大人的生命内涵，为人的一生奠基的任务；对于作为"整体"的人类社会发展来说，教育和大学承担着传承文化和批判性地发展知识以更新扩大文化遗产的使命。由此可见，教育和大学承担的这两个方面的任务和使命都是超越于一定社会的经济、政治制度和生产力发展水平的，所以，在一定的条件下，教育，特别是大学，应当而且可以运用自己所拥有的文化、知识和精神的力量，对现实社会中的不良倾向进行独立的批判，不仅在关于社会经济和政治发展的重大判断和决策上，而且在人们区分善恶、建立信念和认识真理上，都能够代表"社会的良心"，并自觉地以其新思想、新知识和新文化引领社会前进，成为发展人类先进文化的重要力量。这正是大学服务社会的职能在当代的升华和发展，是一种更高层次的服务，它要求现代大学不仅应当走出"象牙塔"，还要超越"象牙塔"。所谓超越"象牙塔"，主要是要求大学在走出"象牙塔"之后不仅在服务社会时应当继续保持大学应有的基本的理性和学术价值，还要具有一种超凡脱俗的文化品位、独立品格和价值追求，自觉地以其新思想、新知识和新文化引领社会前进。正因为如此，联合国教科文组织1995年高瞻远瞩地提出了建立"前瞻性大学"的新理念，国际21世纪教育委员会进而提出了"教育：必要的乌托邦"这一重大哲学命题，要求大学和教育不能只是单纯地培养人才和发展知识为社会所用，而应当成为地区、国家乃至全球问题的自觉参与者和积极组织者。"必要的乌托邦"意味着教育和大学都必须具有一种着眼于未来的精神，保留其对于超越实利的、非功利价值的追求，所以人类至少还可以寄希望于教育和大学，以它来对人的纯功利冲动进行某种平衡。

眭依凡教授在《改造社会：未来大学新职能》（载于《上海高教研究》1995年第3期）一文中指出："近几个世纪以来，尤其是本世纪以来，大学以传播和创造知识的角色处在社会的中心位置，但这并不意味着大学将以传统的方式继续运作。""随着文化时代的到来,大学不仅有弘护传统、维持现有的属性,更具有改造现有、创造未来的属性。""历经时间的进化,今日的大学已经演变成了集教学、科研、社会服务于一体的重要机构,但这并不意味着大学已经完美无缺。大学是一个发展的概念,如想对未来大学有真正的理解,还有赖我们在对未来社会正确认识的基础上对大学的角色及其职能作出新的定位。自本世纪80年代以来,人类进入了一个以信息、知识为主要生产手段的崭新时代——文化时代","知识在指导整个社会发展中从未像今天这样处在如此重要且不可替代的地位","要求大学这个知识的最大'财主'在培养人才、科学研究、社会服务的基础上,责无旁贷地担负起引导、示范、提升社会的责任。""'改造社会'是个内涵和外延很大的概念,这里仅从引导社会变革、建立社会规范、参与社会决策三个方面来阐述未来大学应当如何承担起改造社会这样一个新职能。""大学除了为社会培养富有正义感、道德感、责任感的学生以改善社会成员的基本构成提高公民素质外,还应当成为社会行为的批评者、监督者,以及价值标准的制定者和率先垂范者,为道德秩序的建立和社会行为的规范起到其他组织和个人不能替代的作用。""任何一项社会决策都要对一群人发生影响并关系到一项事业的成败","大学要想影响社会、改造社会,就得力争参与各种社会决策","在社会决策活动日益复杂化、知识化、专业化甚至国际化的时代,为了确保各种重大社会决策的正确性、科学性、有效性,大学必须以知识权威的身份更多更积极更主动地参与社会决策,以便自己在社会发展中产生最大影响"。

美国当代著名的教育家、曾经长期担任哈佛大学校长(1971—1991年)的德里克·博克(Derek Bok)教授1982年发表了他的学术专著《走出象牙塔:现代大学的社会责任》(徐小洲、陈军译,浙江教育出版社,2001年12月),该书是在第二次世界大战结束30多年后特定的历史背景下问世的,是西方论述大学服务社会功能的经典之作。徐小洲和陈军在《译者前言》中对该书作了比较详细的介绍,指出:"西方大学具有与社会保持一定距离以维护其学术研究和教学自由的历史传统,这一状况使人们称誉大学'处于象牙塔之内'。但是,第二次世界大战后,美国高等教育与社会发展一直处于互动状态。一方面,高等教育越来越依赖政府、企业、基金会和个人等外来的经济资助;另一方面,高等教育的发展极大地推动了美国政治、经济、科技的进步。显然,大学与社会的联系已经越来越密切。有的人对这一状况感到精神振奋,也有不少人表示忧虑。人们应该如何看待大学走出象牙塔?在现代社会,大学在难以回避社会影响的条件下应该如何保持其基本学术价值?大学应该如何对社会问题作出积极的反应?除了学术功能以外,大学应该如何处理其非学术行为?这些问题既是高等教育理论界探讨的焦点,也是大学实际运作经常面临的难题。《走出象牙塔:现代大学的社会责任》正是围绕这些问题展开的。""在这本书中,博克旁征博引,显示出作者对高等教育研究的深厚功底,并有力地论证了他的一些独到见解。因此,该书出版后,在西方高等教育学界产生了极大的反响,成为表述大学继教学、研究功能后履行社会服务功能的经典之作。"美国大学的先驱者弗兰斯纳(A.Flexner)在其专著《大学》中指出:"大学必须是一个'有机体'","反对大学无限的扩大以破坏它的有机性"。他更反对"大学成为社会的'服务站'",认为"大学应该是'时代的表征'",他并不以为"大学应该随社会的风尚、喜恶而乱转",也不以为"大学应该是'象牙塔'",他强调'大学应该严肃地批判地把持一些长永的价值意识'"(摘自《大学的理念》,金耀基著,生活·读书·新知三联书店,2001年12月)。

四、国际责任

高等教育自古以来就具有国际性,在西方最早可以追溯到古希腊,当时跨国的"游教"和"游学"之风相当盛行,其根本原因在于知识具有普遍性,只不过这种国际交往是在非常狭小的范围内进行的。基于这种理念,中世纪大学在入学时没有国籍的限制,吸收来自不同地区、民族的学生和学者,这种学生和学者的跨国流动对当时的社会产生了重要的影响。经过曲折的变化,特别是"冷战"基本结束以后,"和平与发展"成了时代的主题,人类社会逐步进入了全球化时代。在这个全球化时代,任何一个国家要想在世界民族之林占有一席之地,其大学就必须参与全球性的人才市场和智力资本市场的竞争,受教育者对高等教育的要求也已经突破了国家疆域的限制,认识到要在未来的就业市场获得成功就必须具有国际的知识和经验。正是在这样的新形势下,1980年美国卡内基高等教育政策研究理事会主席、前加州大学总校校长克拉克·科尔鲜明地提出了要超越"赠地学院"观念,确立"高等教育要国际化"的新理念,这是在人类社会即将进入全球化时代大学理念创新取得的最新成果。20世纪90年代中期以来,随着世界多极化、经济全球化、文化多元化和信息网络化趋势的迅速发展,在世界范围内逐步兴起了新一轮高等教育国际化的浪潮,其来势之猛,拉力和推力之大,其发展前景广阔,对高等教育,对各国经济与社会发展的影响皆极为深刻。这新一轮高等教育国际化浪潮的兴起不是偶然的,有着深刻的时代背景，既是世界经济全球化进程的必然要求和世纪之交人类文化发展新态势的深刻影响，又受到信息技术和网络社会的积极推动。这新一轮高等教育国际化浪潮的主要要求是：

第一，增强全球意识，加强国际教育、学术交流和合作

进一步进行大学理念创新，增强全球意识，发展学科优势，努力建设一支具有较高文化素养的高水平的教师队伍，大力加强国际教育、学术交流和合作，进一步开放教育市场，逐步实现教育资源的国际共享，这是进一步实现高等教育国际化的直接要求和重要基础。

第二，培养具有全球意识、较高文化品位和较强国际竞争能力的新型人才

主动适应时代发展、变革的需求，以"以人为本"的教育哲学观为指导，不断深化教育、教学改革，逐步建立以"人文、科学、创新的统一"为核心的创新教育体系，努力培养全球化时代所需要的具有全球意识、较高文化品位和较强国际竞争能力的创造性人才，这是进一步实现高等教育国际化的主要标志。

第三，站在世界学科发展前沿为知识的传播、应用和创新作出新贡献

站在当代世界科学技术发展的前沿，紧密结合先进生产力的发展要求，坚持产学研一体化的道路，依托多学科交叉的优势，积极开展原创性研究和进行理论创新、科技创新、制度创新，推动科技成果加速向现实生产力转化，为知识的传播、应用和创新作出新贡献，这是进一步实现高等教育国际化的主要要求。

第四，把现代大学建设成为国际多元文化相互交融的中心和桥梁

当今的世界是个开放的世界，其实质是文化的开放，进一步实现高等教育国际化的关键是现代大学进一步走向世界和逐步实现国际化，履行其国际责任，成为国际多元文化相互交融的中心和桥梁，既要成为继承和传播民族优秀文化的重要场所，又要成为交流借鉴世界进步文化的重要窗口。

对于一个国家来说，现代大学进一步走向世界和实现高等教育国际化必须同时注意两个方面，既要普遍增强所有大学的全球意识和国际竞争能力，这是一个国家现代大学进一步走向世界和实现高等教育国际化的重要基础，又要着力建设若干所具有世界一流水平的大学和一批世界知名的高水平大学，这是一个国家现代大学进一步走向世界和实现高等教育国际化的工作重点。在当代，现代大学走向世界和实现高等教育国际化的程度，既是一所大学综合实力和现代化水平的重要标志，也是一个国家综合国力和现代化水平的重要标志。

必须指出，现代大学进一步走向世界和实现高等教育国际化并不是指要完全与国际接轨。从一般意义上讲，国际化指的是跨国界、跨民族、跨文化的涉及经济、政治、文化等各个领域的一种活动，它要求完全与国际接轨，遵从国际通用的操作规则，既有激烈的竞争又相互合作，竞争是主导方面，通过这种竞争和合作促进世界经济、政治、文化的共同发展。但是，现代大学和高等教育则有其自身的特点，因为现代大学和高等教育都是以文化的传承和创新为基础的，而文化历来都是多元化的，现代大学和高等教育作为一种以传承和创新文化为基础的特殊产业，既不能完全实行市场化，也不可能有统一的模式。所以，既要进一步走向世界和逐步实现国际化，又要从现代大学和高等教育的自身特点出发，坚持多元超越，这就是我们应当选择的唯一正确的道路。

还应当清醒地认识到，世界多极化、经济全球化、文化多元化和信息网络化是一把"双刃剑"，进一步开放教育市场必然将强化多元文化的相互冲撞和融合，也必然会引发全球性争夺生源的热潮，特别是在经济全球化的大潮中必然会出现高层次人才的激烈竞争和相互争夺，维护教育主权的任务也将十分艰巨。因此，各国在积极推进现代大学进一步走向世界和实现高等教育国际化的历史进程中，一定要以我为主，博采众长，发展自己，趋利避害，在努力增强本国现代大学和高等教育的全球意识和国际竞争能力的同时，始终保持清醒的头脑，采取正确的方针、政策和措施，自觉地维护教育主权，应对人才，特别是高层次人才向发达国家流动的趋势，努力使本国现代大学在进一步走向世界和实现高等教育国际化的过程中更加发展和完善，更好地为本国的经济和社会发展需要服务。

综上所述，经过长期的发展、变革，在当代，现代大学正在全面地承担着教育责任、学术责任、既服务又引领社会前进责任和国际责任，在人类社会发展中的地位越来越重要。教育责任要求现代大学"以人为本"，这是现代大学应当确立的教育哲学观；学术责任要求现代大学"崇尚学术"，这是现代大学生机和活力之所在；既服务又引领社会前进责任要求现代大学"融入社会"，这既是现代大学面向社会自主办学的根本方向，又是现代大学应当承担的崇高使命；国际责任要求现代大学"走向世界"，这是现代大学在以世界多极化、经济全球化、文化多元化和信息网络化为主要特征的崭新时代的发展趋势。由此可见，"以人为本，崇尚学术，融入社会，走向世界"是现代大学全面承担起时代赋予的教育责任、学术责任、既服务又引导社会前进责任和国际责任的哲学基础。

（本文系作者在海南博鳌召开的"全国大学教育思想学术研讨会"上所作的学术演讲，载于《高等教育研究》2003年第1期）

对大学理念的再认识

大学理念是人们对大学的本质及其办学规律的哲学思考体系，一直是众多教育思想家关注的永恒的话题，他们在不同的历史时期发表了大量的学术论文和专著，试图回答"大学是做什么的、什么是大学、怎样办大学、办什么样的大学"这样一些基本理论和实践问题。20世纪90年代以来，人类社会正在逐步迈入以世界多极化、经济全球化、文化多元化和信息网络化为主要特征的崭新时代，我国也正在全面建设小康社会，开创中国特色社会主义事业新局面。时代强烈呼唤我国大学创新，而理念创新是大学创新的先导，我们非常有必要从历史的轨迹、时代的高度和文化的视角对大学理念进行深刻的再认识。

一、超越"象牙塔"：现代大学的社会责任

西方大学曾经长期处于"象牙塔"之内，远离社会从事传授知识的教学活动和纯科学研究。随着人类社会不断地向前发展，西方大学逐渐走出"象牙塔"融入社会之中。在当代，大学正在全面地承担着教育责任、学术责任、既服务又引领社会前进责任和国际责任。其中，教育责任是现代大学应当承担的永恒的第一社会责任。

第一，教育责任

据文献记载，西方最早的近、现代意义上的大学可以追溯到欧洲中世纪意大利的波隆尼亚大学，距今已有900多年的历史。当时的大学主要进行的是传授知识的教学活动，所以，当时的大学理念就是大学的教育理念。西方早期最有代表性的教育理念是古希腊亚里士多德积极倡导的以"注重发展人的理性"为宗旨的"自由教育"思想，他主张"自由教育"是自由人应受的教育，目的在于发展人的理性、心智以探究真理，而不是为谋生和就业做准备。英国著名古典人文主义教育思想家纽曼继承和发展了亚里士多德的"自由教育"思想，认为大学是"传授普遍知识的场所，进行的是一种状态或理性（心灵）的训练，是培养人智慧的机构"。纽曼强调大学的作用仅仅在于传授知识而不是发展知

识，指出如果大学的目的在科学与哲学的发明，那么，看不出为什么大学应该有学生。亚里士多德及其继承者纽曼积极倡导的以"注重发展人的理性"为宗旨的"自由教育"思想，是西方早期大学留给我们的宝贵精神遗产，不仅在当时，直到今天仍然有着广泛而深刻的影响。

第二，学术责任

19世纪工业革命兴起以后，德国新人文主义教育思想家威廉·冯·洪堡在创办柏林大学时把学术研究功能引入大学，鲜明地提出了"教学与学术研究相统一"和"由科学而达至修养"的崭新理念，主张大学不仅应当传授知识，而且应当发展知识，他还主张在大学教育工作中通过坚持"教学与学术研究相统一"，培养学生的创造性思维，使人的个性得到充分发展，成为理想的新人，并且认为科学是"达至修养"的唯一途径。德国哲学家卡尔·雅斯贝尔斯阐述了以威廉·冯·洪堡提出的"教学与学术研究相统一"为核心的大学理念，指出大学的使命主要在忠诚于真理之探寻，真正的大学必须具有三个组成部分，一是学术性之教学，二是科学与学术性的研究，三是创造性的文化生活，三者不可分割。因此，大学应当是一个"知识性的社会"，需要学术自由，大学教育的目的在于塑造完整全面的人。由此可见，威廉·冯·洪堡的最大贡献是把学术研究功能引入大学，并在大学里进一步奠定了"学术自由"的价值基础，从而使大学发展成为教学和学术自治的中心。这不仅使当时整个德国大学的学风为之一变，显著地提高了德国大学的学术水平和教育质量，而且开辟了世界高等教育发展、变革的崭新时代。因此，是否坚持"自由的教学与学术研究相统一"也就成为是否从传统大学转变为现代大学的重要标志。

第三，既服务又引领社会前进责任

1852年，坚持实用主义哲学的美国通过了主张"促进工业阶级的文理和实用教育"的《莫雷尔法案》，掀起了著名的"土地赠予运动"，促进了赠地学院的发展。1868年创办的康奈尔大学是赠地学院的突出代表，它的办学宗旨是"坚持科学知识传授与博雅教育并重，使科学知识服务于农业或其他生产劳动"。进入20世纪以后，美国威斯康星州立大学在"赠地学院"的基础上进一步提出了"直接为区域经济和社会发展需要服务"的新理念，使大学不仅传授知识和发展知识，而且应用知识来直接为区域经济和社会发展需要服务，有力地促进了大学教育与经济、科技的结合，为使大学在未来逐步进入到现代社会的中心开辟了道路。这个著名的"威斯康星思想"，后来被认为是20世纪美国最具有创造性的思想之一。前加州大学总校校长克拉克·科尔在其专著《大学的作用》（哈佛大学出版社，1963年）中对美国大学的由来和发展进行了深刻的论述，指出美国大学既学习了英国大学重视传授知识的传统，也继承了德国大学重视学术研究的传统，但是，当代美国大学已经超越了英国和德国的大学模式，发展出自己的独特品格，这个独特品格就是力求创新，赶上时代，积极主动地融入社会中去，既服务又引领社会前进，同时保持大学应有的基本理性和学术价值。

第四，国际责任

高等教育自古以来就有国际性，在西方最早可以追溯到古希腊，当时跨国的"游教"和"游学"之风相当盛行，这种学生和学者的跨国流动对当时的社会进步产生了积极的影响，其根本原因在于知识具有普遍性。经过曲折的变化，特别是"冷战"结束以后，"和平与发展"成了时代的主题，人类社会正在逐步进入以世界多极化、经济全球化、文化多元化和信息网络化为主要特征的崭新时代。在这个崭新时代，任何一个国家要想在世界民族之林占有一席之地，其大学就必须参与全球性的人才市场和智力资本市场的竞争，受教育者对高等教育的要求也已经突破了国家疆域的限制，他们认识到要在未来的就业市场获得成功就必须具有全球意识、较高的文化品位和较强的国际竞争能力。正是在这样的新时代背景下，1980年美国卡内基高等教育政策研究理事会主席、前加州大学总校校长克拉克·科尔鲜明地提出了要超越"赠地学院"的观念，确立"高等教育要国际化"的新大学理念，要求现代大学进一步走向世界，自觉地承担起国际责任，成为国际多元文化沟通和融合的桥梁。

二、大学的本质是一种功能独特的文化组织

大学仅仅是一种教育现象，还是一种文化现象？这是长期以来一直困扰着人们的一个基本理论问题。尽管从诞生之日起，而且在一个相当长的历史时期里，大学一直把传授知识教学育人作为自己应尽的基本职责。但是，随着社会不断地向前发展，在当代，教育责任已经不是现代大学实际承担的唯一社会责任，现代大学正在全面承担着教育责任、学术责任、既服务又引领社会前进责任和国际责任。由此可见，在当代，教育并不能等同于大学，教育本质并不就是大学本质。如果说教育的对象是作为"个体"的有生命的人，那么，大学则与人类文化有着更为深刻的本质联系。

众所周知，人类主要有三种社会实践活动和相应的三类社会组织，它们之间的基本关系是既相互关联又鼎足而立，各自承担着不同的任务，具有不同的

独特功能。一是物质生产活动，广义地说是经济活动，包括宏观和微观两个方面，这是人类最基本的社会实践活动，从事这项活动的主体是经济组织，主要代表是企业；二是治理国家和国际交往的政治活动，在阶级社会里常常表现为阶级斗争，它主宰着一个国家、一个民族的前途命运，从事这项活动的主体是政治组织，主要代表是政党和政府；三是传承和创新文化的文化活动，从事这项活动的主体是文化组织，最主要的代表是大学。由此可见，从宏观上说，大学的本质是一种与社会的经济和政治组织既相互关联又鼎足而立的以传承和创新文化为己任的功能独特的文化组织。主要有以下四个方面独特功能：第一，传承文化是大学的基本功能，它有两项主要要求，一是要求大学根据自身的价值观对人类社会长期积累的文化进行严格的选择、认可、加工和整合，充分发挥其对人类文化的积淀作用，二是要求大学通过教育、教学活动，以其培养的人才作为载体把人类社会长期积累的优秀文化传承下去；第二，创新文化是大学的本质要求，因为如果大学仅仅只能传承文化而不能在传承文化的基础上创新文化，就不可能培养学生的创造性思维，使学生的个性得到充分发展，成为富有主体精神和创造力的人，大学也不可能成为新思想、新知识、新文化的策源地和国家发展科学事业的重要方面军，人类社会就不可能继续前进，所以，是否具有创新文化的独特功能是大学是否成其为近、现代意义上的大学的根本标志；第三，研究文化是大学传承和创新文化的基础，研究文化必然要求保障大学享有充分的学术自由，使大学成为思想最活跃、最富有创造力的学术殿堂，因此，"自由的教学与学术研究相结合"就成了现代大学区别于传统大学的重要标志；第四，融合文化是大学传承、研究和创新文化的必由之路，文化的本质是多元开放，只有在多元文化的冲撞与融合中，文化才能呈现出勃勃生机，因此，随着当今世界的日益开放，大学正在逐步走向世界，成为国际多元文化沟通与融合的桥梁。

需要强调指出的是，大学之所以能够发挥上述独特的文化功能，其力量主要来自它在长期教育和办学实践中积淀和创造的深厚的文化底蕴，主要包括大学物质文化、大学精神文化和大学制度文化三个方面：大学物质文化是蕴含在大学存在物质形态之中的学术、文化内涵，包括一批高水平的、结构合理的课程和学科（专业），一支具有人格魅力、学术造诣深、善于治学育人的教师队伍和一个现代化的图书馆、实验室（实训基地）和校园网；大学精神文化集中体现在大学精神之中，其核心是大学的办学理念和价值追求，科学的大学精神是建立在对文化传统、教育本质、办学规律和时代特征深刻认识的基础之上的，其实质是一种人文和科学精神，其灵魂是对人类社会崇高理想的追求，从哲学上讲是对人类社会发展的一种终极关怀；由于课程和学科（专业）是大学存在的知识和组织基础，教学和学术研究活动是大学最基本的活动，因此，在大学内部应当"坚持以学术权力为基础"，为大学创造一个"价值自由"的学术环境，确保大学真正成为教学和学术自治的中心，所以，"学术自由和大学自治"就成了大学制度文化的根本特征，相应地建立以"教授治学育人，校长全面治校"为核心和基础的现代大学制度。大学环境文化是个综合概念，有广义和狭义之分，广义的大学环境文化应当是大学物质文化、大学精神文化和大学制度文化的总和，狭义的大学环境文化专指为了完成治学育人的任务需要营造的一种良好、宽松的大学校园文化环境。对大学环境文化的基本要求是必须坚持高品位，应当努力构筑一个富有活力的和高尚的大学文化生态环境，这是大学顺利地完成治学育人任务的重要条件。

本质是相对于现象而言的，是一事物区别于它事物的根本标志。上述分析表明，作为"个体"的大学的教育和办学活动是一种文化现象，现代大学的本质是一种与社会的经济和政治组织既相互关联又鼎足而立的以传承和创新文化为己任的功能独特的文化组织。这是对大学本质的最新概括，也是当代我们观察和分析一切大学现象的根本出发点。

三、坚持崇尚学术与适应社会的辩证统一

自大学走出"象牙塔"融入社会中去以后，大学的存在就有两个哲学基础，一个是认识论的，另一个是政治论的，前者要求大学必须"崇尚学术"，后者要求大学应当"适应社会"。由此可见，大学办学活动的基本矛盾是崇尚学术与适应社会之间的矛盾，大学的办学规律可以表述为"必须与学术特点和时代特征协调发展"，大学应当在办学实践中努力实现崇尚学术与适应社会的辩证统一，既不能片面强调适应社会而忽视崇尚学术，也不能片面强调崇尚学术而忽视适应社会。

众所周知，早期的西方大学曾经具有与社会保持一定距离以维护其学术研究和教学自由的历史传统，这种状况被人们称之为处于"象牙塔"之内。后来，随着社会不断地向前发展，大学逐步走出了"象牙塔"，与社会的联系越来越密切，为经济和社会发展需要服务的贡献也越来越大，这是一个巨大的进步。但是，随着大学与社会的联系越来越密切，大学对社会的依赖，特别是对外来经

费的依赖也越来越大，办好大学越来越成为一种十分昂贵的事业，这就迫使大学面临一种非常艰难的选择——怎样才能使大学以一种尊重各方利益的方式应对现实社会众多领域的实际需求和诸多不同的价值观念（学术价值和非学术价值）作出全面、积极的反映，如何才能在主动积极地适应经济和社会发展的诸多需求的情况下保持大学应有的基本理性和学术价值。

正因为如此，在社会世俗化和现代化的过程中，大学的发展、变革并不都是一帆风顺的。近一个多世纪以来在大学办学过程中围绕着如何正确认识和处理崇尚学术与适应社会之间的矛盾一直存在着理性与功利、人文与科学、学术自由与文化专制和多元开放与闭关自守之间激烈的矛盾冲突和斗争，特别是当前在世界范围内出现的大学精神衰微现象正在引起人们的广泛关注，其突出表现就是把大学仅仅看作是为当前经济和社会发展需要服务的"服务站"，存在着一种技术化和非教养化的功利主义倾向，使大学"工具化"和"附庸化"。

在解决这个矛盾的过程中，美国建立的"多元化大学"是个独具特色的创造，它们在服务于现实社会众多领域不同层次的实际需求和保持大学应有的基本理性、学术价值这两个方面所作出的贡献都是十分杰出的。美国建立的"多元化大学"有两种基本形态：一是一所大学承担着多方面的社会责任，包括学术责任和非学术责任，这样的大学必然是一个庞大的、复杂的系统，人们把这样的大学称之为"巨型大学"；二是以大学办学模式的多样化来应对现实社会发展的多样化需求，包括教学型大学、教学研究型大学、研究教学型大学、研究型大学及社区大学、虚拟大学、网络大学，等等。

四、大学应当具有的文化品位、独立精神和价值追求

当今世界是一个开放的世界，其实质是文化的开放。在这个开放的世界里，由于文化与经济和政治的相互交融越来越深入，促使文化的力量越来越深地熔铸在民族生命力、创造力和凝聚力之中，在综合国力竞争中的地位和作用越来越突出。所以，在当代，作为一种与社会的经济和政治组织既相互关联又鼎足而立的以传承和创新文化为己任的功能独特的文化组织，大学不仅在人类社会发展中的历史地位越来越重要，而且应当具有超凡脱俗的文化品位、独立精神和价值追求。

为什么人们要求大学应当具有超凡脱俗的文化品位、独立精神和价值追求呢？这主要是因为大学从本质上说是面向未来的事业，承担着两个方面的重大

任务和使命：对于作为"个体"的人来说，大学负有开发人的理性和潜力，革新人的天赋，扩大人的生命内涵，为人的一生奠基的任务；对于作为"整体"的人类社会发展来说，大学承担着传承文化和批判性地发展知识以更新扩大文化遗产的使命。大学承担的这两个方面的重大任务和使命往往是超越于一定历史时期的经济、政治制度和生产力发展水平的。因此，在一定的条件下，大学作为一种与社会的经济和政治组织既相互关联又鼎足而立的功能独特的文化组织，应当而且可以运用自己所拥有的文化、知识和精神的力量，对现实生活中的不良倾向持有独立的批判精神，不仅在关于社会经济和政治发展的重大判断和决策上，而且在人们认识真理、明辨是非、区分善恶和建立信念上，都能够代表"社会的良心"，这是大学应当具有的一种职业道德和敬业精神。

20世纪90年代以来，人类社会正在逐步进入以世界多极化、经济全球化、文化多元化和信息网络化为主要特征的崭新时代，大学也正在从工业经济社会的边缘逐步向现代社会的中心迈进。时代强烈呼唤大学不仅服务而且应当引领社会前进，即不仅要为当前经济和社会发展的实际需要服务，还要以自己的新思想、新知识和新文化自觉地在引领社会前进中发挥积极作用。这是大学服务社会的职能在当代的升华和发展，是一种更高层次的服务。正因为如此，联合国教科文组织1995年高瞻远瞩地提出了建立"前瞻性大学"的新理念，进而提出了"教育：必要的乌托邦"这一重大哲学命题。"前瞻性大学"要求大学不能只是单纯地培养人才和发展知识为社会所用，而且应当成为地区、国家乃至全球问题的自觉参与者和积极组织者。"教育：必要的乌托邦"意味着教育必须有一种着眼于未来的精神，保留其对于超越实利的、非功利价值的追求。

综上所述，可以很清楚地看出，在当代，作为一种与社会的经济和政治组织既相互关联又鼎足而立的以传承和创新文化为己任的功能独特的文化组织，大学既应当走出"象牙塔"又需要超越"象牙塔"，既要应对现实社会众多领域不同层次的实际需求又应具有超凡脱俗的文化品位、独立精神和价值追求，"以人为本，崇尚学术，服务社会，着眼未来"，绝不急功近利，绝不随波逐流，绝不"工具化"和"附庸化"。只有这样，大学才能全面地承担起历史赋予的教育责任、学术责任、既服务又引领社会前进责任和国际责任，成为传承和发展人类先进文化的重要基地。

当今时代强烈呼唤大学创新，追求一流，追求卓越，而真正的一流和卓越从来都蕴含着深厚而独特的哲学思想，这个"深厚而独特的哲学思想"就是以社会责任观、文化本质观、大学办学观和价值信念观为核心的理念创新。社会责任观,就是大学必须清醒地认识到自己在人类社会发展中的历史地位和应当承担的社会责任,它不是一成不变的,而是随着时代不断地发展、变化着。在当代,这个社会责任就是教育责任、学术责任、既服务又引领社会前进的责任和国际责任。所以,大学必须与时俱进,创新是大学不断进步的灵魂。大学既是一种教育现象,其本质也是一种文化现象。它既在长期教育和办学实践中积淀和创造了深厚的文化底蕴,又经过长期的发展、变革越来越充分地发挥着独特的文化功能,其本质是一种与社会的经济和政治组织既相互关联又鼎足而立的以传承和创新文化为己任的功能独特的文化组织。大学办学观,就是在大学走出"象牙塔"以后,大学的存在就有两种哲学基础,既是认识论的又是政治论的,前者要求大学必须"崇尚学术",后者要求大学应当"适应社会",大学应当在教育和办学实践中努力实现崇尚学术与适应社会的辩证统一,在积极应对现实社会众多领域不同层次的广泛需求的同时坚持自己应有的基本理性和学术价值。价值信念观,就是作为思想最活跃、最富有创造力的学术殿堂和新思想、新知识、新文化的策源地,大学应当具有一种超凡脱俗的文化品位、独立精神和价值追求,努力成为传承和创新人类先进文化的重要基地。

(载于《北京大学教育评论》2003年第4期,发表时题目是《文化是大学之魂》)

论"大学之道"

众所周知，大学是人类文化发展到一定阶段的产物。据文献记载，人类最早的大学可以追溯到我国的先秦时期和西方的古希腊。我国先秦时期经典著作《大学》提出的"大学之道"和西方古希腊亚里士多德倡导的"自由教育"思想共同开创了人类探索大学的本质及其办学规律的历史先河，是人类文化伟大宝库中的珍品。我国是一个历史悠久的文明古国，在我国，"道"指的是规律、理念。规律是不以人的主观意志为转移的客观存在；理念是人们关于事物的本质及其发展规律的哲学思考体系。由此可见，"大学之道"有两层意思：一是大学的本质及其办学规律；二是人们关于大学的本质及其办学规律的一种哲学思考体系。后者与西方的"大学理念"是相通的，二者相比，我国的"大学之道"较之西方的"大学理念"更富有哲理，更加本土化。

一、我国先秦时期"大学之道"的深刻哲理

一个伟大的民族必然有自己伟大的民族文化，中华民族之所以能够创造出光辉灿烂的古代文明并且长盛不衰，就在于它有伟大的中华优秀传统文化以及与其相适应的教育理想、制度和体系。中华优秀传统文化是中国传统教育之根，中国传统教育又反过来推进了中华优秀传统文化的延续和发展。

我国先秦时期《大学》开宗明义的第一句话就是"大学之道，在明明德，在亲民，在止于至善"，"古之欲明德于天下者，先治其国；欲治其国者，先齐其家；欲齐其家者，先修其身；欲修其身者，先正其心；欲正其心者，先诚其意；欲诚其意者，先致其知；致知在格物"。后人把"明明德、亲民、止于至善"称为"三纲领"，把"格物、致知、诚意、正心、修身、齐家、治国、平天下"称为"八条目"。

对于我国先秦时期"大学之道"的科学内涵，宋代理学大师朱熹在《四书集注·大学章句》中有独特的注释。根据朱熹的注释，"大学"是大人之学，这里的"大人"指的是15岁以上的人，"大学之道，在明明德，在亲民，在止于至

善"这句话有三层意思：首先是"明明德"，前一个"明"字是动词，明白、达到之意，第二个"明"字是形容词，正确、完善之意，"明明德"就是要求作为一个"大人"首先要通过格物、致知、诚意、正心，尤其是通过"修身"使自己成为道德完善的人；其次是"亲民"，朱熹把"亲民"解释为"新民"，主张"新者，革其旧之谓也。言既自明其明德，又当推己及人，使之亦有以去其旧染之污也"，意思是说作为一个"大人"仅仅自己成为道德完善的人还不够，还要推己及人，帮助、教育他人，使之去其旧污，做一个新民，进而齐家、治国和平天下，服务并推动社会前进；最后是"止于至善"，要求作为一个"大人"，无论是"明明德"还是"亲民"，都应当努力达到尽善尽美的境界。

综上所述，"大学之道"的深刻哲理是指作为一个"大人"首先要通过格物、致知、诚意、正心，尤其是通过"修身"，使自己成为道德完善的君子和治国理政之才，然后亲近和服务人民，通过"齐家、治国和平天下"，服务并推动社会前进，并且努力达到尽善尽美的境界。

应当充分肯定，以"天人之学""变易之学""会通之学"和"中庸之学"为核心的中国古代哲学是中华优秀传统文化的灵魂，以"贵仁、重礼"为核心的孔子儒学是中华优秀传统文化的核心，孔子儒学"以伦理道德为本位"的教育理想是我国对教育的本质及其规律的早期探索成果，"伦理道德"是做人的根本，"注重养成"是教育的根本，"贤人治国"是办学的根本。因此，从汉武帝到清朝晚期，孔子儒学及其"以伦理道德为本位"的教育理想对养成我国君子、士的人格理想发挥了极其重要的作用，它长期凝聚着整个中华民族，培育着它的人民和精英，造就了大批志士仁人，谱写了中华民族光辉历史的伟大篇章，是中国大学理念伟大宝库中的瑰宝。

二、近、现代大学理念在西方的发展

西方的大学理念最早源于古希腊亚里士多德倡导的以"注重发展人的理性"为宗旨的"自由教育"思想，西方的近、现代大学源于欧洲中世纪，最早的近代大学是建立于1088年的意大利的波隆尼亚大学。在2000多年的历史长河中，从古典到近、现代，西方大学经历了一个不断的文化觉醒和理念创新过程。主要有以下四个标志：

第一，古希腊亚里士多德倡导和英国纽曼坚守的古典人文主义教育理想

古希腊著名哲学思想家亚里士多德认为，"自由教育"是自由人应受的以古典人文主义思想为核心的教育，目的在于发展人的理性、心智以探究真理，而不是为了谋生和从事某种职业做准备。19世纪初叶工业革命兴起以后，古典人文主义教育思想受到了来自正在迅速发展中的自然科学的强烈挑战。面对这个挑战，毕业于牛津大学的古典人文主义教育思想家纽曼在担任都柏林天主教大学校长期间发表了一系列著名演讲，在新的情况下继承和发展了亚里士多德提出的"自由教育"思想，他的众多演讲后来整理出版时定名为《大学的理想》。在这本著名的《大学的理想》中，纽曼认为大学"是一个传授普遍知识的地方"，进行的"是一种状态或理性（心灵）的训练"，是"培养人的智慧的机构"。他还明确表示反对在大学里从事对实际问题的研究，认为科学研究和教学是两种迥然不同的功能，"教学允许与外界打交道，但实验和思辨的自然家园是隐居"，主张"要在科学团体与大学之间进行智力方面的分工"（摘自徐辉、顾建新、何曙荣译的约翰·亨利·纽曼著《大学的理想》节本，浙江教育出版社，2001年12月）。纽曼"崇尚人文，注重理性"的大学理想就其基本内容来说实际上是一种大学教育理想，他的演讲集《大学的理想》是西方第一本系统地论述大学理念的学术专著，是古典大学留给我们的重要历史遗产。

第二，德国洪堡"坚持教学与学术研究相统一"的新大学理念

纽曼坚持的"崇尚人文，注重理性"的大学理想很快就受到了来自德国新人文主义教育思想家威廉·冯·洪堡的挑战。威廉·冯·洪堡顺应工业革命兴起之后自然科学迅速发展的历史潮流，在创办柏林大学时把学术研究功能引入大学，鲜明地提出了"坚持教学与学术研究相统一"的崭新理念。这个崭新理念在两个方面有重大创新：一是创造性地发展了大学的学术研究功能，主张通过"坚持教学与学术研究相统一"，使大学成为既是教学中心又是学术研究中心，不仅可以提高教师的学术水平和教学能力，而且能够培养学生的创造性思维，使学生的个性得到发展，成为理想的新人；二是继承和发展了欧洲中世纪以来西方大学"学术自由"的价值理念，主张大学的学术自由应当包括教的自由和学的自由，把自由地从事教学和学术研究作为大学的中心任务，从而确立了大学作为教学和学术自治中心的地位。威廉·冯·洪堡在就任柏林大学校长的庆典上发表的题为《论学术自由唯一可能遇到的干扰》的著名演说中指出："这所大学是以国家和民族的长远利益，以人类进步和人的完善发展，以自由探索真理为办学主旨的。"（摘自《美国大学思想论纲》，施晓光著，北京师范大学出版社，2001年2月）他还在其他场合指出"教师在专业上享有自由探讨、发现、出版、教授在各自专业领域内所发现的真理，并且这种自由不受任何的限制，也不听从任何权威的指挥，任何主旨的政党和社会的舆论不得加以干涉"，"这就是学术自由"（同上）。威廉·冯·洪堡在柏林大学倡导的"教学与学术研究相统一"的崭新理念，不仅显著地提高了德国大学的学术水平和教育质量，而且宣布了中世纪大学的终结，成为西方从传统大学走向近、现代大学和在工业革命兴起的新形势下实现新的文化觉醒的重要标志。

第三，美国"融入社会，多元开放"的理念创新

1862年，美国通过了主张"促进工业阶级的文理和实用教育"的《莫雷尔法案》，掀起了土地赠予运动，促进了土地赠予学院的迅速发展和西方大学新的文化觉醒。1868年创建的康奈尔大学是土地赠予学院的突出代表，它的办学宗旨是"科学知识传授与博雅教育并重，以便向社会的工业和生产阶级提供最好的设施，使他们获得实用知识和精神文化，使科学知识服务于农业和其他生产劳动，使任何人都可以找到自己想学的学科"。后来，威斯康星州立大学进一步发展了康奈尔大学的办学思想，提出"大学教育直接为区域经济和社会发展需要服务"的新理念，促进了大学教育与学术研究、社会实践的紧密结合。这个"大学教育直接为区域经济和社会发展需要服务"的新理念被后人称为著名的"威斯康星思想"，是美国20世纪最有创造性的思想之一。当美国大学逐步走出"象牙塔"融入社会中去以后，大学在办学中面临的一个严重挑战就是如何既应对现实社会众多领域不同层次的广泛需求又坚持大学应有的基本理性和学术价值。在解决这个矛盾方面，美国的多元化大学是个独具特色的创造，他们的基本经验是既要走多样化的发展道路又要坚持大学应有的高品位。美国伯克利大学校长克拉克·科尔在其发表的著名演讲《大学之用》中指出："美国多元化大学为什么能够存在？历史可以给我们一个答案"，"它在维护、传播和研究永恒真理方面的作用简直是无与伦比的；在探索新知识方面的能力是无与伦比的"；"它在服务于文明社会众多领域方面所做的贡献也是无与伦比的"（摘自德里克·博克著《走出象牙塔：现代大学的社会责任》，徐小洲、陈军译，浙江教育出版社，2001年12月）。高等教育自古以来就具有国际性，在西方最早可以追溯到古希腊。第二次世界大战以后，尤其是"冷战"状态基本结束以后，世界多极化、经济全球化、文化多元化和信息网络化的趋势越来越明显。在这样新的时代背景下，任何一个国家要想在世界民族之林占有一席之地，其大学就必须参与全球性的人才市场和智力资本市场的竞争，受教育者对高等教育的需求也突破了国家疆域的限制，越来越多的学生认为要在未来的就业市场获得成功就必须具有全球意识、较高文化品位和较强国际竞争能力，这就要求大学以新的观念和姿态进一步走向世界，加速实现国际化的进程。反映这种时代需求，1980年美国卡内基高等教育政策研究理事会出版了《扩展高等教育的国际纬度》一书，该理事会主席、前加州大学总校校长克拉克·科尔在该书《序言》中呼吁要超越"赠地学院"观念，树立一种崭新的高等教育观念，即"高等教育要国际化"的理念（摘自《高等教育国际化趋势与北京大学的策略》，郝平，发表于庆祝美中教育服务机构在华服务 20 周年高等教育国际化研讨会）。由此可见，美国"融入社会，多元开放"的理念创新是西方近、现代大学，继英国纽曼"崇尚人文，注重理性"的大学理想和德国洪堡"教学与学术研究相统一"的崭新理念之后实现的又一次文化觉醒，开辟了世界大学发展、变革的新时代。

第四，联合国教科文组织"着眼未来，引领社会"的崭新理念

大学融入社会并不仅仅是服务于社会而是既服务于社会又引领社会前进，这是大学服务社会的职能在当代的升华和发展，是一种更高层次的服务，它要求大学不仅应当走出"象牙塔"在服务于社会时保持自己应有的基本理性和学术价值，还要超越"象牙塔"自觉地以其创造的新思想、新知识和新文化为社会发展提供正确的价值导向，引领社会前进。正因为如此，联合国教科文组织 1995 年提出了建立"前瞻性大学"的新理念（摘自联合国教科文组织向第五届世界高等教育大会提交的《关于高等教育的变革与发展的政策性文件》），要求大学和教育不能只是单纯培养人才和发展知识为社会所用，而应当成为地区、国家乃至全球问题的自觉参与者和积极组织者。接着，国际 21 世纪教育委员会进一步提出了"教育：必要的乌托邦"（摘自《教育：必要的乌托邦》，肖雪慧，载于李静主编的《中国问题》，中国工人出版社，2002 年 1 月）这一重大哲学命题。"必要的乌托邦"意味着教育和大学都必须具有一种着眼于未来的精神，保留其对于超越实利的非功利价值的追求。这样，人类至少还可以寄希望于教育和大学，以它来对人的纯功利冲动进行某种平衡。联合国教科文组织和国际 21 世纪教育委员会创造性地提出的"着眼未来，引领社会"的崭新理念，是西方近、现代大学在当代历史条件下面临新的严峻挑战实现文化觉醒取得的最新成果。

从回顾西方近、现代大学在文化觉醒的基础上不断进行理念创新的过程中，我们可以很清楚地看出：西方近、现代大学的文化觉醒和理念创新主要是沿着两条基本轨迹前进的：

第一，从处于到走出再到超越"象牙塔"是历史发展的必然

早期的西方大学曾经长期处于"象牙塔"之内，以理性和学术价值作为其追求的基本价值。西方近、现代大学走出"象牙塔"并融入社会中去之后，面临的是如何既应对现实社会众多领域不同层次的广泛需求又坚持大学应有的基本理性和学术价值的两难选择,根本出路是既要走多样化的发展道路又要坚持大学应有的高品位。20 世纪 90 年代中期以后,时代强烈要求大学不仅走出还要超越"象牙塔",具有一种超凡脱俗的文化品位、独立品格和价值追求,"以人为本,求真务实,着眼未来,自强不息",超越功利与非功利的对立,全面承担起历史赋予的教育责任、学术责任、既服务又引领社会前进责任和国际责任,成为发展人类先进文化的重要基地,这是社会历史发展的必然。

第二,多元开放和追求卓越是文化发展的本质要求

当今的世界是个开放的世界,其实质是文化的开放,多元开放和追求卓越是人类文化发展的本质要求。西方近、现代大学从传授知识的教学活动到教学与学术研究相结合,再从运用知识服务于社会到国际多元文化的沟通与融合一直到以其创造的新思想、新知识、新文化引领社会前进,正是反映了人类文化发展的这个本质要求。张维迎教授说得好:"北大的文化是什么?首先是'思想自由、兼容并包',各种理念和思想都可以受到挑战和检验。但是,北大的文化除了这一点之外,还应该有一点是'追求卓越',否则要'思想自由、兼容并包'干什么?我们不是为自由而自由,给你学术自由是要你创造知识。优秀的大学离不开优秀的文化,大学不仅要有思想自由,更应该追求卓越,不断地反思,大学发展、改革的本身就是一个不断反思的过程。"(摘自《大学的逻辑》,张维迎,北京大学出版社,2004 年 3 月)

由此可见,在当代,大学的存在有两种哲学基础,以认识论为基础的哲学要求大学必须"崇尚学术",以政治论为基础的哲学要求大学应当"适应社会",所以,在当代,大学办学的基本矛盾是崇尚学术与适应社会之间的矛盾,大学办学的基本规律是"必须与学术特点和社会需求协调发展",其本质是一种与社会的经济和政治组织既相互关联又鼎足而立的以传承和创新文化为己任的功能独特的文化组织,这是我们观察和分析一切现代大学现象的根本出发点和归宿。

三、中西两种大学理念比较研究

1941 年梅贻琦在《大学一解》(载于《清华学报》1941 年 4 月第十三卷第一期,《清华三十周年纪念号》上册)一文中对"大学之道"的深刻哲理和现代价值作了精辟的阐述,指出:"《大学》一书开章明义之数语即曰:'大学之道,在明明德,在新民,在止于至善'。若论其目,则格物、致知、诚意、正心、修身，属'明明德'；而齐家、治国、平天下，属'新民'"。"儒家思想之包罗虽广，其于人生哲学与教育思想之重视'明明德'与'新民'二大步骤，则始终如一也。今日之大学教育，骤视之，若与'明明德'、'新民'之义不甚相干，然若加深察，则可知今日大学教育之种种措施，始终未能超出此二义之范围，所患者，在体认尚有未尽而实践尚有不力耳。""于'明明德'一方面，了解犹颇有未尽，践履犹颇有不力者"，"一为教师之树立楷模；二为学子之自谋修养"，"今日大学生之生活中最感缺乏之一事即为个人之修养"。"于'新民'一方面亦然，其不尽不力者要有二端"，"一为大学生新民之准备；二为大学校对社会秩序与民族文化所能建树之风气。于此二端，今日之大学教育体认亦有未尽，而实践亦有不力也"。"不尽者尽之，不力者力之，是今日大学教育之要图也，是《大学一解》之所为作也。"

1997年涂又光的学术专著《中国高等教育史论》（湖北教育出版社，1997年12月）进一步把《大学》提出的"大学之道，在明明德，在新民，在止于至善"称之为中国高等教育的总规律，指出："明明德—新民—止于至善的总规律，实现于格物—致知—诚意—正心—修身—齐家—治国—平天下八个步骤，旧称'八条目'。八条目以'修身'为中心环节，因为'身'是高等教育活动的主体，明、新、止以及格、致、诚、正、修、齐、治、平都是'身'的活动。"他还认为"中国高等教育的基本矛盾是'道'与'艺'的矛盾，现在叫作'人文'与'科学'的矛盾"。"'明明德'不限于现在常说的德育，而是修养人格整体。人格整体的构成是'知''仁''勇'，恰好对应西方讲的'智育''德育''体育'。""'新民'是高等教育与社会发展最佳关系的规律。""'止于至善'，至善永无止境"，"至善是一过程，是绝对相对统一的过程。一时一地即有当下相对的善，必止于此善，而后能定、能静、能安、能虑、能得。这是《大学》三纲领下文的意思"。

徐美德女士的学术专著《中国大学1895—1995——一个文化冲突的世纪》（教育科学出版社，2000年2月）尖锐地指出："在悠久的文明发展历程中，中国呈现出一种与欧洲国家截然不同的学术价值体系。中国传统的高等教育，无论从形式还是从内涵上说，都与欧洲国家有着重大的差别。

杨适教授的学术专著《中西人论的冲突——文化比较的一种新探求》（中国人民大学出版社，1997年1月）正确地指出："中国传统重整体性而西方则重个人与个性"，"都在历史上起了巨大的积极作用。""但是，它们在创造巨大功绩的同时也带来严重的黑暗和罪孽"。因此，从历史唯物主义的观点来看，尽管中国传统的大学精神与西方大学享有的学术自由和学校自治根本无缘，但它却既促进了我国灿烂的古代历史和文化的发展，又维护了当时"以社会为本位"和"以仁爱为核心的"宗法等级制度，起了巨大的积极作用。当然，正如我国古代历史、文化和宗法等级制度应当一分为二一样，我国传统的大学精神也有糟粕，必须随着社会的前进进行必要的变革。

四、明德崇学，亲民新民，多元卓越，止于至善

历史的脚步已经跨入21世纪，现在的情况较之2000多年以前已经发生了极其深刻的变化。所以，我们不仅要在今日的大学教育中进一步体认和实践我国先秦时期《大学》倡导的"大学之道"的基本精神，还要学习、借鉴西方近、现代大学在文化觉醒的基础上进行理念创新取得的积极成果，在新的时代背景下继承和创新我国的"大学之道"。初步看来，这个新的"大学之道"可以表述为"大学之道，在明德崇学，在亲民新民，在多元卓越，在止于至善"，这里既有继承更有创新。

明德崇学 "明德"是继承，"崇学"是创新。在当代，我们既要坚持《大学》中注重道德修养的人文精神又要借鉴西方近、现代大学崇尚学术的本质要求，深刻认识大学的本质是一种功能独特的文化组织，一种在积淀和创造的深厚的文化底蕴的基础上传承、研究、融合和创新高深学术的高等学府，将人文与科学、文化与育人、求真与务实和传承与创新有机地结合起来，全面加强大学文化建设，全面提高大学的核心竞争力，把大学建设成为培养高素质的创造性人才的摇篮、认识未知、探究真理、为人类解决面临的重大课题提供科学依据的前沿、进行应用研究、将科学技术成果转化为现实生产力的重要基地和民族优秀文化与世界先进文明相互交融的桥梁。

亲民新民 "亲民"是继承，"新民"是创新。虽然朱熹曾经将"亲民"注释为"新民"，但那只是一种注释，现在我们用"亲民新民"一词把二者有机地结合起来，确认作为一种功能独特的文化组织，一种在积淀和创造的深厚的文化底蕴的基础上传承、研究、融合和创新高深学术的高等学府，大学与社会的经济和政治机构既相互关联又鼎足而立，要求大学既要走出"象牙塔"融入社会中去积极主动地应对现实社会众多领域不同层次的广泛需求，承担起历史赋予的教育责任、学术责任、服务社会责任和国际责任，更要超越"象牙塔"，在坚持大学应有的基本理性和学术价值的基础上自觉地以其创造的新思想、新知识和新文化引领社会前进，成为发展人类先进文化的重要基地。

多元卓越 "多元卓越"既是文化发展的本质要求也是大学发展的根本道路，指的是面对大学办学中崇尚学术与适应社会之间的矛盾，根本出路是既要走多样化的发展道路又要坚持大学应有的高品位。走多样化的发展道路，指的是以大学办学模式的多样化应对现实社会的多样化需求并以文化机制作为大学运行的主导机制，每所大学都应当通过竞争实现科学定位，在多元文化相互交融的基础上努力创建独特的大学文化并办出特色。坚持大学应有的高品位，指的是无论大学办学模式如何多样化，所有大学都必须自觉地坚持大学应有的一种的超凡脱俗的文化品位、独立品格和价值追求，主要是"以人为本"的人文精神、"求真务实"的科学精神、"着眼未来"的超越精神和"自强不息"的奋斗精神。

止于至善 "止于至善"既有继承又有创新，指的是今日的大学在明德崇学、亲民新民和多元卓越时都应当继承我国先秦时期《大学》倡导的"止于至善"的崇高精神境界，并赋予新的内涵。"止于至善"是一个相对、绝对不断统一的过程，又是一个与时俱进、永无止境的过程。大学的发展、变革从来不是一帆风顺的，一直充满着理性与功利、人文与科学、社会需要与个性发展和多元开放与闭关自守之间激烈的矛盾冲突，因此，大学应当始终如一地为实现人类的崇高理想而坚持不懈地奋斗，并每时每刻力争达到尽可能尽善尽美的境界。

《大学之道》是继 2002 年 4 月出版的《现代大学文化学》之后的一部新作，既学习借鉴了国外许多著名学者的研究成果，又集中地反映了近年来我国进行大学理念创新研究取得的最新成果，并在这个基础上初步构建了一个关于现代大学的本质及其办学规律的哲学思考体系。

（本文系作者在复旦大学高等教育研究所作的学术报告，载于《复旦教育论坛》2005 年第 1 期）

中国大学文化百年研究

我国近、现代大学是个舶来品，它植根于我国博大精深的优秀传统文化底蕴之中，产生于帝国主义列强瓜分中国的危难时刻，经历了跌宕起伏的政权更迭和错综复杂的文化冲突过程，发展于中华民族重新走向复兴的伟大时代。20世纪90年代中期以来，从人文教育与科学教育相互融合研究到大学校园文化和精神文明建设研究，再从大学理念和制度创新研究到大学文化基本理论问题研究，在我国悄然兴起了一个大学文化问题研究学术思潮，核心是大学精神研究热潮，它不仅开辟了一个新的研究领域和开创了一个新的学科，而且正在促使人们对大学的本质及其办学规律进行深刻的再认识，促使我国大学实现了一次新的文化觉醒。在这个新的形势下，以史实研究为基础，以大学文化为主线，以教育思想和办学理念为核心和重点，以大学人为主体，深入开展中国大学文化百年研究，回顾总结近一个多世纪以来我国大学"从哪里来，到哪里去"的历史进程、经验教训和文化脉络，对于以史为鉴、面向未来，开创我国高等教育发展、改革和大学创新新局面具有重大的文化价值和时代意义。

一、时代背景

当今时代正处于深刻变革之中，主要表现在以下几个方面：

第一，人类正在逐渐进入以经济全球化为基本特征的崭新时代

20世纪90年代中期以来，科学技术突飞猛进，知识经济扑面而来，经济全球化进程加速，文化与经济、政治的相互交融日益深入，人类社会正在逐渐进入以世界多极化、经济全球化、文化多元化和信息网络化为主要特征的崭新时代。在这个新的时代背景下，教育和大学在人类社会发展中的地位作用和应当承担的历史使命正在发生着深刻变化，日益引起社会的广泛关注。

第二，我国社会正在从计划经济体制逐渐向社会主义市场经济体制转型

我国高等教育的发展、改革是对于中国特色高等教育的探索和建设过程，迫切需要科学理论的指导，高等教育与社会主义市场经济的基本关系问题，就是一个涉及建设中国特色高等教育全局的、有战略意义的、新的重大理论问题。通过研究，人们认为，从总体上看，社会主义市场经济体制的建立和发展对于我国高等教育发展、改革的积极影响是主导的，将会给我国高等教育的发展、改革以巨大的推动。与此同时，我们必须清醒地看到，由于市场经济的固有弱点以及目前市场经济发育尚不健全和人们还不善于处理教育规律同经济规律之间的矛盾，对于我国高等教育的影响还有消极的一面，这一点在社会主义市场经济体制建立初期反映得尤为突出。面对社会主义市场经济对我国高等教育发展、改革影响的双重属性，我们应当采取"选择性适应"的方针，从而在主动适应社会主义市场经济对我国高等教育发展、改革的积极影响的同时，把其负面影响降低到尽可能低的程度。

第三，我国高等教育发展、改革的重点正在进行战略转移

新中国建立初期，我国高等教育发展、改革的基本要求是以宏观领域为重点和以政府为主体，建设与我国社会需求和环境协调发展的社会主义高等教育制度和高度集中的高等教育体制，以满足广大人民群众日益增长的对接受高等教育的需求。随着我国社会从计划经济体制逐渐向社会主义市场经济体制转型以及高等教育体制改革的深入发展，我国高等教育发展、改革正在从以宏观领域为重点和以政府为主体逐渐向以微观领域为重点和以大学为主体进行战略转移。

第四，"三个代表"重要思想进一步指明了我国大学创新的方向

党的第十六次全国代表大会，提出了"三个代表"重要思想，特别是从时代的高度和宏观的视野强调了中国特色社会主义先进文化建设在社会主义现代化建设中的重要战略地位，进一步指明了我国高等教育发展、改革和大学创新的方向，为把我国大学建设成为发展人类、特别是发展中国特色社会主义先进文化的重要基地提供了理论武器。

与此同时，当前我国大学在办学中存在着众多误区，应当引起我们高度关注。主要是四个误区：

第一个误区 把大学与教育等同起来，误认为大学是办教育的，所以大学就是教育，教育就是大学。实际上，在当代，大学正在全面地承担着教育责任、学术责任、既服务又引领社会前进责任和国际责任。虽然教育责任仍然是大学应当承担的永恒的第一社会责任，但是必须明确，在当代，教育并不能完全等同于大学，教育本质并不就是大学本质。

第二个误区 重视坚持社会主义办学方向，忽视遵循现代大学的办学规律。我国是社会主义国家，重视坚持社会主义办学方向无疑是完全正确的。但是，必须明确，坚持社会主义的办学方向主要是解决大学办学的指导思想、服务方向和由谁领导的问题，大学办学还是应当遵循大学的本质及其办学规律。只有自觉地按照大学的本质及其办学规律办学，才能更好地坚持社会主义办学方向，二者是相辅相成的。

第三个误区 近年来，随着社会主义市场经济体制在我国的建立和发展，一些人过分夸大高等教育和大学的产业性，引发了高等教育产业化和把大学完全推向市场的种种议论。尤其是在我国高等教育从精英教育走向大众化教育的今天，一些人过分强调客观上实际存在着一个教育消费市场，应当实行收费上学，与此同时却忽视了办学规律，一味扩大招生规模，带来一系列"后遗症"，学校的设备、师资、资金都跟不上学生人数增长的需求，结果导致教育质量下降和大学办学目标的功利化倾向。

第四个误区 由于根深蒂固的行政化教育体制的深刻影响，官僚化气息和官本位思想至今对我国大学的侵袭仍然十分严重。一方面，大学的自主权并没有真正落实；另一方面，大学与行政级别挂钩太紧，学校机关过于庞大，人浮于事，效率不高，已经成为当前我国高等教育和大学发展的一个沉重负担。

一方面，当今时代正处于深刻变革之中；另一方面，当前我国大学在办学中存在着众多误区，时代强烈呼唤我国大学实现新的文化觉醒和进行理念创新。在这样新的时代背景下，开展"中国大学文化百年研究"的主要要求是以马克思主义，特别是以毛泽东思想、邓小平理论和"三个代表"重要思想为指导，牢牢把握中国特色先进文化前进方向，在认真回顾和科学总结近一个多世纪以来我国高等教育和近、现代大学发展、变革的文化脉络和历史经验的基础上，将教育、大学的本质及其发展规律与当代中国的实际情况有机地结合起来，以史为鉴，面向未来，探索新形势下中国特色高等教育发展、改革和中国大学文化发展道路，是当前我们面临的一项既有战略意义又十分紧迫的重大课题。

二、理论基础

20世纪90年代中期以来，在我国悄然兴起了一个大学文化问题研究学术思潮，特别是大学精神研究热潮，涌现出一批关注大学文化问题研究的大学领导、学者、专家和政府教育官员，举行了多次大学文化问题高层论坛和学术研讨会，发表和出版了一批有水平的学术论文和专著，正在给予新形势下我国大学创新以新的推动，引起社会的广泛关注。大学理念是人们对大学的本质及其办学规律的一种哲学思考体系，其核心和重点主要是回答"大学是做什么的、什么是大学、怎样办大学和办什么样的大学"这样几个基本理论和实践问题，是大学实行科学办学、政府对大学进行科学管理、克服当前正在出现的大学精神衰微现象和开创中国特色大学创新新局面的理论基础。

1. 大学是做什么的？

全面、正确地认识大学在人类社会发展中的历史地位和应当承担的社会责任，是深刻认识大学的本质及其办学规律的实践基础，也是我们应当确立的一种大学责任观。众所周知，大学从它诞生之日起，而且在一个相当长的历史时期里，传授知识教学育人是大学实际承担的唯一职责。在当代，大学正在全面地承担着教育责任、学术责任、既服务又引领社会前进责任和国际责任，其中，教育责任仍然是大学应当承担的永恒的第一社会责任。还要澄清一个基本概念，现在人们常说"教学、学术研究、社会服务是大学的三项职能"，这没有错，但是，这指的是大学具有的社会职能，它与大学应当承担的社会责任既有深刻联系又有质的区别。

2. 什么是大学？

在一个相当长的历史时期里，传授知识教学育人是大学实际承担的唯一职责，教育和大学浑然一体，教育本质就是大学本质。我国先秦时期的"大学之道"实际上就是"大学教育之道"。英国纽曼的学术专著《大学的理想》实际上就是"大学教育的理想"。随着人类社会不断地向前发展，在当代，虽然教育责任仍然是大学应当承担的永恒的第一社会责任，但是，现代大学正在全面地承担着教育责任、学术责任、既服务又引领社会前进责任和国际责任。所以，在当代，教育本质并不就是大学本质。如果说，教育的本质是通过文化使个体社会化的活动，那么，大学的本质就是一种与社会的经济和政治组织既相互关联又鼎足而立的以传承和创新文化为己任的功能独特的文化组织。这是当代我们观察和分析一切大学现象的根本出发点，也是我们应当确立的一种大学本质观。

3. 怎样办大学？

在当代，大学的本质是一种与社会的经济和政治机构既相互关联又鼎足而立以传承和创新文化为己任的功能独特的文化组织，它的存在有两种哲学基础，以认识论为基础的哲学要求大学必须"崇尚学术"，以政治论为基础的哲学要求大学应当"适应社会"。由此可见，崇尚学术与适应社会之间的矛盾是大学办学活动的基本矛盾，大学办学的基本规律是"大学必须与学术和社会协调发展"。

自大学走出"象牙塔"融入社会中去以后，在办学实践中面临的两难选择就是如何既积极主动地应对现实社会众多领域不同层次的广泛需求又坚持大学应有的基本理性和学术价值。因此，在社会世俗化和现代化的过程中，大学的发展、变革并不是一帆风顺的，一直存在着理性与功利、人文与科学、社会需要与个性发展和多元开放与闭关自守之间激烈的矛盾冲突。实践使人们逐步地认识到，处理这个两难选择的根本出路是既要走多样化的发展道路又要坚持大学应有的高品位。走多样化的发展道路，就是以大学办学模式的多样化去应对现实社会的多样化需求，每所大学都应当通过竞争实现科学定位，努力办出各自的特色。坚持大学应有的高品位，就是无论大学办学模式如何多样化，所有大学都必须在各自的岗位上坚持大学应有的基本理性和学术价值。在当代，随着大学在人类社会发展中的历史地位的日益重要，要求大学不仅要走出、更要超越"象牙塔"，自觉地以其创造的新思想、新知识和新文化为社会发展提供正确的价值导向，既服务又引领社会前进。这就是大学办学的基本规律，也是我们应当确立的一种大学办学观。

4. 办什么样的大学？

办什么样的大学是大学对理想目标的一种价值追求，是人们应当确立的一种大学价值观。当今的世界是个开放的世界，其实质是文化的开放。由于文化与经济和政治的相互交融日益深入，促使文化的力量越来越深地熔铸在民族生命力、创造力和凝聚力之中，在综合国力竞争中的地位作用越来越突出，所以，在当代，作为一种与社会的经济和政治机构既相互关联又鼎足而立的以传承和创新文化为己任的功能独特的文化组织，大学应当具有一种为实现"传启文化、健全人格、全面发展、造福人类"的崇高理想而奋斗的超凡脱俗的文化品位、独立品格和价值追求。为此，在大学办学中必须自觉地坚持"以人为本"的人文精神、"求真务实"的科学精神、"着眼未来"的超越精神和"自强不息"的奋斗精神。

还有一个重要观点，办学理念与大学理念既有深刻联系又有质的区别。大学理念是人们对大学的本质及其办学规律的一种哲学思考体系，是人们对大学总的看法，而办学理念则是一所作为"个体"的大学特有的具有鲜明个性的办学思想和价值追求，它集中地体现在一所大学个性化的大学精神和具有鲜明特色的校训之中，是一所大学办学特色的灵魂，如"崇尚学术，融入社会"之于哈佛大学、"多元，卓越"之于伯克利加州大学、"自强不息，厚德载物，爱国奉献，追求卓越"之于清华大学、"海纳百川，有容乃大，学术自由，引领社会"

之于北京大学，这就是大学理念的整体性与办学理念个性化的辩证统一。因此，在中国大学百年文化研究中，我们既要注重大学的本质及其办学规律的整体研究，也要关注不同大学办学理念的个体研究，并努力实现二者的有机结合。

三、文化冲突

大学理念是人们对大学的本质及其办学规律的一种哲学思考体系，由于世界上不同国家的文化传统和哲学思想是不一样的，所以，世界上不同国家的大学理念，也就是世界上不同国家建立的对大学的本质及其办学规律的哲学思考体系必然是有差异的。当今的世界是个开放的世界，其实质是文化的开放，既有多元文化的矛盾冲突又有多元文化的相互融合，世界上不同国家，就是在这种多元文化的矛盾冲突和相互融合中不断深化对大学的本质及其办学规律的认识，并在各自的文化传统和哲学思想的基础上办出具有不同国家鲜明特色的大学。

1. 我国先秦时期的"大学之道"

我国先秦时期的《大学》开宗明义第一句话就说："大学之道，在明明德，在亲民，在止于至善"。宋朝理学大师朱熹在《四书集注·大学章句》中有独到的注释。朱熹认为，"大学之道，在明明德，在亲民，在止于至善"的基本意思是要求一个15岁以上的"大人"首先要通过格物、致知、诚意、正心，尤其是通过"修身"使自己成为一个品德高尚的人，然后还要推己及人，帮助、教育他人，使之去其旧污，做一个新民，进而齐家、治国和平天下，服务并推动社会前进，并且努力达到尽善尽美的境界。自汉代以后长达2000多年的封建社会里，我国一直以恪守儒家经典和学而优则仕为核心的中华优秀传统文化。这个中华优秀传统文化既在历史上对养成君子、士的人格理想和维护我国这样的泱泱大国起了积极的作用，也是我们今天应当继续大力弘扬的宝贵精神遗产。但是，到了我国封建社会后期，由于我国传统文化固守封建宗法制度和忽视现代科学技术，因而严重地阻碍了我国教育、大学和社会走向现代化的进程。直到清朝晚期（19世纪末），才在效法西方的基础上建立起第一所近、现代大学——北洋大学，开启了我国大学从古典向近代转换的新纪元。

2. 西方近、现代大学理念的发展

西方近、现代大学源于欧洲中世纪，第一所近、现代大学——意大利的波隆尼亚大学建立于1088年。在这近千年的历史中，西方近、现代大学对大学的

本质及其办学规律的认识,从英国纽曼坚守古希腊亚里士多德倡导的以"注重发展人的理性"为宗旨的"自由教育"思想到德国洪堡提出"教学与学术研究相统一"和"由科学而达至修养"的新人文主义大学教育观,再从美国"通识教育,崇尚学术,融入社会,多元开放"的理念创新到联合国教科文组织倡导"着眼未来,引领社会"的崭新理念,经历了一个在不断实现文化觉醒的基础上进行理念创新的过程。从回顾西方近、现代大学在文化觉醒的基础上不断进行理念创新的过程中,我们可以很清楚地看出:西方近、现代大学的文化觉醒和理念创新主要是沿着两条基本轨迹前进的:一是从处于到走出再到超越"象牙塔"是历史发展的必然;二是多元开放和追求卓越是文化发展的本质要求。在当代,西方认为,大学的存在有两种哲学基础,以认识论为基础的哲学要求大学必须"崇尚学术",以政治论为基础的哲学要求大学应当"适应社会",所以,大学办学的基本矛盾是崇尚学术与适应社会之间的矛盾,大学办学的基本规律是"必须与学术特点和社会需求协调发展"。面对既要积极应对现实社会众多领域不同层次的广泛需求同坚持大学应有的基本理性和学术价值的两难选择,根本出路是以多样化的办学模式应对现实社会的多样化需求。

3. 一个中西两种大学文化冲突的世纪

自清朝晚期效法西方建立第一所近、现代大学以后,近一个多世纪以来在我国近、现代大学发展、变革的过程中,一直充满着传统文化与现代文化,特别是中西两种大学文化之间激烈的矛盾冲突,既取得了重大的进展,也经历了一个曲折的过程。

(1) 孙中山倡导的新大学理念

辛亥革命成功以后,伟大的革命先行者孙中山先生在创办中山大学时不仅亲笔题写"博学、审问、慎思、明辨、笃行"10个大字作为校训,还反复告诫学生"要做大事,不要做大官",既继承了中华优秀传统文化,又冲破了"学而优则仕"的禁区。孙中山先生在创办中山大学时倡导的"传统文化与革命精神相结合"的新大学理念,是我国近、现代大学理念创新的光辉榜样。

(2) 欧美大学理念在近代中国的传播

1912年以后,以蔡元培、梅贻琦、张伯苓和竺可桢为杰出代表的新一代大师在我国积极传播以"通识教育,学术自由,教授治校,大学自治"为核心的欧美大学理念,在全国产生了广泛而深刻的影响,为在我国建立和发展近、现代大学奠定了较好的基础。值得指出的是,我国近、现代大学的建立和发展,并不只是北大、清华、南开、浙大之三四家,蔡元培、梅贻琦、张伯苓和竺可桢之三四人，而是有一个较大的群体，如唐文治之于交通大学、胡庶华之于湖南大学、熊庆来之于云南大学、钟荣光之于岭南大学、罗家伦、吴有训之于中央大学等等，其主体是民国初期学成回国、学贯中西的知识分子和学术大师，他们的一个共同追求是继承儒家文化中培养君子、士的人格理想，使之与现代知识分子的养成相衔接，这是我国近、现代大学发展史上的一座丰碑。

（3）对中国式社会主义大学理念的艰苦探索

中华人民共和国建立初期，我国政府制定了一整套正确的指导方针，坚持中国共产党基层组织对大学的领导，坚持马克思主义在大学里的根本指导地位，坚持社会主义的办学方向，坚持教育与生产劳动相结合，既全面学习苏联又学习世界上一切好的东西，进行教育、教学改革和体制、制度创新，走自己的发展道路，对中国式社会主义大学理念进行了有益的探索。但是，在1957年以后的一段比较长的时间里，在"以阶级斗争为纲"的错误思想指导下，过多地否定了中华优秀传统文化精华和对欧美的近、现代大学理念的有益元素，后来还从教育战线入手发动了史无前例的"文化大革命"，给我国教育战线、特别是我国大学造成了严重的破坏。1978年以来，我国逐步确立了邓小平理论的根本指导地位、确定了建设有中国特色的社会主义的战略目标和制定了"一个中心，两个基本点"的基本路线，明确地提出了"教育要面向现代化，面向世界，面向未来"的战略思想，探索中国式社会主义大学理念取得了新的重大进展，我国教育和大学逐步走上了改革开放和社会主义现代化的道路。

（4）牢牢把握中国先进文化前进方向

具有重大历史意义的党的第十六次全国代表大会创造性地提出了"三个代表"重要思想，特别指出要"牢牢把握先进文化前进方向"，"坚持弘扬和培育民族精神"，"立足于改革开放和现代化建设的实践，着眼于世界文化发展的前沿"，"大力发展教育和科学事业"，"促进全民族思想道德素质和科学文化素质的不断提高，为我国经济发展和社会进步提供精神动力和智力支持"，进一步指明了新形势下我国教育变革和大学创新的方向，是探索中国式社会主义大学理念取得的最新成果。

4. 文化冲突的深刻根源

历史和实践使我们清醒地认识到，近一个多世纪以来在我国近现代大学发展变革的过程中出现的传统文化与现代文化，特别是中西两种大学文化之间的矛盾冲突有着极其深刻的哲学文化思想的根源，只有从中西两种大学文化的本源上进行深刻的科学分析，才能为探索中国特色大学创新之路奠定基础。我们必须清醒地认识到，从西周直到清末，中国历史上实际存在的是宗法人伦，宗法制度是中华优秀传统文化的基本历史特点。如果说中华优秀传统文化的显著特征是"重人伦"的话，那么西方文化的显著特征就是"重自由"。人们在讨论中西文化时常说我国文化重"整体性"而西方文化则重"个人与个性"，就是上述区别的重要标志。二者都是在私有制的基础上发生、发展而来的，它们都在历史上起过重大的进步作用，又都扭曲了人的"集体性"也扭曲了人的"个性"，并且随着它们的历史作用的充分实现其弊端方面也日益突出，一定程度上成为人类进一步发展的障碍。应该说，人类追求"自由"和"人伦"的进步与改善本来是一致的，二者相辅相成、缺一不可。从文化上看，新的作为"个体"的人与作为"整体"的人类社会的全面、和谐关系将会逐步建立，这是世界人民的共同任务。虽然我国现在从总体上说还落后于西方，但通过这场伟大的斗争我国反而可能为人类作出特殊的贡献。

四、研究思路

开展"中国大学文化百年研究"的主要要求是以马克思主义，特别是以毛泽东思想、邓小平理论和"三个代表"重要思想为指导，遵循大学的本质及其办学规律，以史实研究为基础，以大学文化为主线，以教育思想和办学理念为核心和重点，以大学人为主体，认真回顾和科学总结近一个多世纪以来我国高等教育和近、现代大学发展、变革的文化脉络和经验教训，以史为鉴，面向未来，积极探索新形势下中国特色社会主义高等教育和大学发展、变革和创新之路。

1. "以史实研究为基础"应当"以大学文化为主线"

长期以来，我们许多大学都设有"校史研究室"，主要是搞史实研究的，许多大学的"校史展览"大多是编年史，缺乏深刻的文化内涵。我们这次开展"中国大学文化百年研究"的关键，就是坚持"以史实研究为基础"的同时强调应当"以大学文化为主线"。开展"中国大学文化百年研究"必须坚持"以史实研究为基础"，因为一所大学深厚的文化底蕴是蕴含在史实之中的，离开了"史实研究"这个基础，"大学文化"就会成为无源之水、无本之木。反之，如果在史实研究中忽视"以大学文化为主线"，"中国大学文化百年研究"必然重蹈多年来编年史的覆辙。

2. "以大学文化为主线"必须"以大学精神为核心和重点"

我们强调在史实研究中应当"以大学文化为主线",这根主线应当"以大学精神为核心和重点",这涉及如何正确地理解和把握"大学文化"与"大学精神"之间的相互关系。我们知道,大学不仅是人类文化发展到一定阶段的产物,大学还在长期教育和办学实践中积淀和创造了深厚的文化底蕴,主要凝聚在深厚的文化底蕴之中的大学文化是大学物质文化、大学精神文化和大学制度文化的总和。由于高深知识及其构成的学科(专业)是大学存在的知识和组织基础,所以,大学文化存在的根基在学术。但是,必须明确,大学文化存在的核心和灵魂在精神。所以,开展"中国大学文化百年研究"在强调应当"以大学文化为主线"时,必须坚持"以大学精神为核心和重点"。

3. 大学精神的核心是教育思想和办学理念

我国先秦时期《大学》开宗明义第一句话就说:"大学之道,在明明德,在亲民,在止于至善",其核心是"立德树人,亲民济世",其精髓是通过人文化成"推行教化庶民促使天下昌明"。西方自古希腊以来,一直恪守"知识即目的"的理性追求、"为科学而科学"的独立精神和亚里士多德倡导的以"注重发展人的理性"为宗旨的"自由教育"思想。19世纪初叶以后,德国洪堡顺应工业革命兴起和自然科学发展的时代潮流,提出"坚持教学与学术研究相统一"和"由科学而达至修养"的著名原则。19世纪中叶,特别是20世纪初叶以后,以美国为主要代表,进一步提出"通识教育,崇尚学术,追求卓越,服务社会"的新大学理念。新中国成立以后,在中国共产党的坚强领导下,一直强调"把坚定正确的政治方向放在第一位",把培养"有社会主义觉悟的有文化的劳动者"和"社会主义建设者和接班人"作为我国大学的根本任务。由此可见,2000多年来世界大学发展、变革的历史,实质是一个在文化觉醒的基础上不断创新教育思想和办学理念的历史。因此,强调"以大学精神为核心和重点"必须坚持"以教育思想和办学理念为核心和重点"。

4. 坚持大学人是大学文化的主体

梅贻琦说:"大学者,非谓有大楼之谓也,乃有大师之谓也。"竺可桢说:"教授是大学的灵魂。"由此可见,大学人,包括教授、学生、校长、管理工作者,尤其是学术大师、杰出校长、知名校友和优秀管理工作者是大学文化的主体。因此,我们不仅要找出在大学发展中出现的学术大师、杰出校长、知名校友和优秀管理工作者,更要深入挖掘蕴含在这些杰出人物心灵中的精神,包括品德、思想、理念和成就,这些就是一所大学的大学文化的杰出代表。

我坚信,在中国共产党的坚强领导下,以马克思主义,特别是毛泽东思想、邓小平理论和"三个代表"重要思想为指导,牢牢把握中国先进文化前进方向,紧紧围绕"全面建设小康社会"这个中心,坚持以人为本和全面、协调、可持续的科学发展观,贯彻执行新时期"教育必须为社会主义现代化建设服务、为人民服务"的方针,在回顾总结近一个多世纪以来在中西两种文化的矛盾冲突和初步融合的过程和我国高等教育及大学发展、改革的文化脉络的基础上,以我为主,博采众长,继往开来,与时俱进,将大学的本质及其办学规律与当代中国的实际情况有机地结合起来,坚持社会主义的办学方向,弘扬博大精深的中华文明,继承和创新当代中国"大学之道",学习、借鉴人类社会积淀和创造的一切优秀文明成果,特别是吸收西方近、现代大学理念的有益元素,顺应当今时代潮流,我们一定能够以史为鉴,面向未来,在新的时代背景下开创中国特色高等教育和大学改革创新的新局面。

(本文系作者在湖南大学岳麓书院召开的"中国大学文化百年研究课题论证会"上所作的论证报告,载于《大学教育科学》2005年第4期)

大学校园文化的内涵和建设

大学校园文化建设，既是一个老问题又是一个新问题。说它"老"，不仅因为这是大学文化建设中的一个永恒的话题，而且这个问题从20世纪80年代中期在我国再次引起人们关注，至今也有将近20年了，我国对大学校园文化的内涵及其建设规律的认识正在逐步深入，大学校园文化建设已经取得了长足的进步。说它"新"，是因为近年来随着高等教育规模的扩大和大众化的实现，我国新建了一批大学城和新校区，大学校园文化建设问题再次凸显在人们面前，无论是老校区还是新校区都需要进行统筹规划，以充实内涵为重点，高品位地全面加强大学校园文化建设，注意新老校区的相互衔接和融合问题，是一项既十分紧迫又非常艰巨的任务，需要我们认真地对待。

一、对大学校园文化内涵的认识是一个过程

20世纪80年代中期以来，我国对大学校园文化内涵的认识大致经历了以下四个阶段：

第一阶段，校园文化活动阶段

据有关资料记载："1986年4月，上海交大举行第十二届学代会，几位竞选学生会主席的学生不约而同地把推进校园文化作为竞选旗帜，在学生中引起了共鸣。同年4月8日，华东师范大学率先举办首届'校园文化建设项目'活动。而后，上海交通大学、华东化工学院、复旦大学等校又相继推出以建设校园文化为宗旨的文化艺术节活动。与此同时，以各校学生会、学生社团以及学生个体为主体的各种类型的文化创造活动出现了高潮。""校园文化建设的热潮，推动了校园文化的理论研究。1986年5月，共青团上海市委学校部召开'校园文化理论研讨会'。11月，上海交大发起'上海市高校校园文化专题研讨会'，高校校园内这种文化探索热潮，随着我国改革开放的进一步深入达到了空前的繁荣。""不同形式、不同风格的校园文化活动让人耳目一新，展现了新时期大学生的精神风貌。文学社、书画社、吉他协会、健美协会、影视协会、足球协会、

棋类协会、探索者协会、外语角、社会信息咨询中心、时装欣赏协会等,琳琅满目。"(参见《校园文化论》,王邦虎主编,人民教育出版社,2000年1月)应当说,这一阶段出现的大学校园文化建设和理论研究的热潮还是初步的、浅层次的,其内涵主要是以学生为主体的丰富多彩的社团活动,其功能主要是丰富学生的业余文化生活和促进学生的全面发展。

第二阶段,全面推进素质教育阶段

20世纪90年代中期以后,面对世纪之交的严峻挑战,我国高等教育界广泛、深入地开展了一场关于现代大学教育思想的大讨论,从加强理工科大学生的人文素质教育入手,逐步扩展到全面推进素质教育,进而深入到如何促进人文教育与科学教育的相互融合,进一步掀起了加强大学校园文化建设的新高潮,在全国范围内产生了广泛而深刻的影响。这次大讨论与前一次相比上了一个新的台阶,其主要特点是把加强大学校园文化建设与全面推进素质教育联系起来,使这项活动逐渐深入到大学人才培养活动的中心,深化了对大学校园文化内涵的理解,突出了大学校园文化建设的育人功能,取得了一批积极成果。张德和吴剑平主编的专著《校园文化与人才培养》(清华大学出版社,2001年3月)明确地指出:校园文化"是指学校全体师生员工在长期办学过程中培育形成并共同遵循的最高目标、价值标准、基本信念和行为规范"。时任清华大学党委书记贺美英在为该书作的《序》中进一步指出:"校园文化对于青年学生的成长具有潜移默化的影响,为他们学习如何做人、做事、做学问起着'润物细无声'的作用。""在加强校园文化建设上,一定要适应时代的特点,高度重视价值观念这个校园文化的核心内容,密切配合爱国主义、集体主义、社会主义的思想教育工作,拓展、丰富校园文化建设的方式和方法,为培养德智体美全面发展的高素质人才发挥好服务功能。"(摘自《校园文化与人才培养》,张德和吴剑平主编,清华大学出版社,2001年3月)时任华中理工大学党委副书记刘献君在《提高认识,采取措施,努力推进文化素质教育》一文中也指出:"文科的建立、发展,本身就实实在在地改变了校园文化,发展了校园文化。文化素质教育活动的广泛开展,举办人文社会科学系列讲座,更起到了催化、加速作用","营造了浓厚的人文氛围,丰富了校园文化"。"为了进一步搞好人文讲座,推进人文素质教育,我校出版社出版了人文讲座的系列丛书——《中国大学人文启思录》。""《人民日报》1997年2月19日以《五彩的思维天地——谈〈中国大学人文启思录〉》为题发表文章指出:'这本书对提高当代大学生的文化品位、格调、情感和价值观的取向均大有裨益'。"(载于《提高文化素质,培育创新人才——

高等学校加强文化素质教育的探索》，刘凤泰主编，高等教育出版社，1999年12月）

第三阶段：加强学校精神文明建设阶段

大学校园文化建设与学校精神文明建设是紧密相关的，随着大学校园文化研究和建设实践活动的深入发展，一些大学认为学校精神文明建设是大学校园文化建设的核心和灵魂，因而有意识地把大学校园文化建设与学校精神文明建设有机地结合起来，在全校范围内广泛、深入地开展了"大学精神与校园文化建设"问题的大讨论，收到了积极的效果。云南大学 UIS 课题组撰写的专著《塑造大学之魂》（云南大学出版社，2000年8月）中指出："大学之为大学，不仅在于其体量之大，学术之高深，更在于作为高层次人才'加工厂'、高新技术'孵化器'和新思想'策源地'的大学氛围中所渗透和流淌着的那种厚重而无形的精神底蕴和启迪创新的内在机制，这是大学的魂魄，亦即大学精神。""我们认为大学之魂即是大学精神，既是一所大学在发展过程中的一种历史、文化积淀的产物，又是该所大学在办学初始及办学过程中始终着力培育的一种价值观；它是一种科学的思维方式——是在丰厚的人文精神基础上的一种科学精神与思维方法的集合物，又是一种具有时代精神烙印的社会文化与该所大学特定的具有鲜明个性的校园文化相融合的产物。"李尚德主编的《凝聚中大精神——"中大精神与校园文化建设"大讨论文集》（中山大学出版社，2001年10月）进一步指出："一所学校是一部历史，层积着各个时期的校园文化生活，记载和延续着学校的学术传统和文化精神。从某种意义上说学校的发展可视为这种历史文化的传承和开拓。""学校一切活动最重要的因素是人，学校的根本任务是培养人。发展学校最重要的是调动全体教职员工的积极性、创造性，凝聚中大精神，形成有活力、有生气、宽松和谐、开拓奋进的校园文化氛围，在潜移默化中教育人、熏陶人，造就中大人所特有的品格和气质。"

第四阶段：大学文化基本理论问题研究阶段

随着人们对大学校园文化内涵认识的进一步深化，近年来在我国悄然兴起了一个大学文化问题研究的学术思潮，核心是从时代的高度和文化的视角对大学的本质及其办学规律进行再认识，大大拓宽了人们的视野。通过研究，人们进一步认识到：大学文化是大学在长期教育和办学实践的过程中经过历史的积淀、多元文化的激荡交融、自身的努力和受到外部环境的影响逐步形成的一种独特的社会文化形态，是大学精神文化、大学物质文化、大学制度文化和大学环境文化的总和，是大学核心竞争力之所在，包括凝聚力、教育力、创造力和引领力,是大学赖以生存、发展、办学和全面承担重大社会责任的根本。基于这种认识,人们普遍认为,在"大学文化"这个概念出现以后,大学校园文化只能作狭义的理解,它是大学文化的一个有机组成部分,特指大学为了完成治学育人的任务而营造的一种大学环境文化,它既以大学精神文化、大学物质文化和大学制度文化为基础,又是大学精神文化、大学物质文化和大学制度文化的外在表现。因此,深刻理解和把握大学文化的科学内涵是正确理解和把握大学校园文化的内涵,进一步搞好大学校园文化建设的理论基础。

二、大学文化是一种独特的社会文化形态

大学文化,是大学在长期教育和办学实践的过程中经过历史的积淀、多元文化的激荡交融、自身的努力和受到外部环境的影响逐步形成的一种独特的社会文化形态。其主要特征是:

第一,以高深知识及其构成的学科(专业)为其存在的知识和组织基础

众所周知,人类有三项基本的社会实践活动及其相应的三种社会组织:一是物质生产活动,广义地说是经济活动,活动的主体主要是企业;二是治理国家和国际交往活动,活动的主体主要是政府和政党;三是文化传承和创新活动,活动的主体主要是大学。组织文化学是一门科学,运用组织文化学的观点来观察大学组织,人们发现,高深知识及其构成的学科(专业)是大学存在的知识和组织基础是大学组织文化区别于其他社会组织文化(例如企业文化、行政文化)的根本特征,它决定了大学组织文化具有如下一些重要特点:大学主要是由具有高深知识的专业学术人员组成的,他们以知识的传承、研究、应用和创新为己任,有着对未知世界的强烈兴趣,对新知识的探索是他们的崇高使命,他们崇尚学术,注重理性,希望能够独立自主地工作,他们的这种要求和做法与大学组织的整体目标是一致的;大学内部的劳动分工以及相应的机构设置决定了大学组织是一个高度分权的有机体,应当比社会上的其他部门享有更高的自治权力,而大学组织内部比较松散的结合正是其生存和发展的重要条件;文化机制在大学的组织整合中发挥着重要的主导作用,他们尊重客观规律,崇敬学术权威,以学术自由作为维持其活力的源泉,以理性和学术价值作为其追求的基本价值,主要通过共享价值和信念系统以及规范权力来调控大学人的行为,促使他们向着大学组织的整体目标自觉努力;由于大学组织是众多高深学术的集合,从而确立了大学作为人类社会知识权威的历史地位。

第二，主要凝聚在大学拥有的深厚的文化底蕴之中

作为一种独特的社会文化形态，大学文化主要凝聚在大学拥有的深厚的文化底蕴之中。在古代，人文学科比较发达，自然科学尚未形成独立的学科体系。与此相适应，我国和西方的古代大学都是崇尚人文的，我国注重人格养成，以培养君子、士为目标，西方则注重发展人的理性，以培养哲人为目的。到了近代，主要是19世纪初叶工业革命兴起以后，随着自然科学的迅速发展，不仅日益成为人类征服自然、造福大众、推动社会进步的决定性力量，而且推动了学科的分化和社会的分工，于是专门教育应运而生，科学教育与人文教育逐步走向分离，高等教育逐步演变成为在完成高中教育基础上实施的一种专门教育，以培养社会所要求的高级专门人才为目标。但是，自然科学的进步并不能同时带来人文精神的高涨，在给人类物质生活创造巨大繁荣的同时也造成了生态破坏、环境污染、资源枯竭等诸多危机。反映在大学教育和办学上的严重后果就是出现了重科学轻人文的功利主义倾向，导致了人的片面发展和大学人文精神的滑坡。正是在这样的严峻形势下，20世纪80年代中期联合国鲜明地提出"人与自然和谐发展"的要求，强烈呼唤人文学科与自然科学的重新融合。由此可见，在当代，无论一所大学是以什么高深知识及其构成的学科（专业）为其特色的，都必须拥有以人文学科与自然科学的相互融合为核心的深厚的文化底蕴，这是这所大学是否是真正意义上的大学的试金石。

第三，精神文化、学术文化、制度文化和环境文化的总和

以高深知识及其构成的学科（专业）为其知识和组织基础的、主要凝聚在大学拥有的深厚的文化底蕴之中的大学文化具有极其丰富的内涵，是大学精神文化、大学学术文化、大学制度文化和大学环境文化的总和，它们是一个相互联系、相辅相成、辩证统一的有机的整体。大学精神文化集中地体现在大学精神之中，大学精神的核心是大学的办学理念和价值追求，是整个大学文化的灵魂。在当代，应当倡导的大学精神主要是"以人为本"的人文精神、"求真务实"的科学精神、"着眼未来"的超越精神和"自强不息"的奋斗精神。大学学术文化的内涵十分广泛，包括一批高水平、结构合理、特色鲜明的课程和学科（专业）、一支具有人格魅力、学术造诣深和善于治学育人的教师队伍、一个现代化的图书馆、实验室（实训基地）和校园网。大学精神文化和大学学术文化都需要相应的大学制度文化来予以保证，这个大学制度文化的基本特征就是"大学自治，教授治学，校长治校，政校分开"。大学的中心任务是治学育人，应当为大学顺利完成治学育人的任务营造一个高品位的自然美与人文美、科学美和谐发展的大学环境文化，它既以大学精神文化、大学学术文化和大学制度文化为基础，又是大学精神文化、大学学术文化和大学制度文化的外在表现，在整个大学文化中占有特殊重要的地位。

第四，大学赖以生存、发展、办学和承担重大社会责任的根本

国家的兴衰与大学的兴衰紧密相关，众多高水平和若干所世界一流大学是在竞争中拼搏出来的。一个国家的"国际核心竞争力"包括"经济和国防硬实力"和"科技和文化软实力"两个方面，在当代，以大学核心竞争力为核心和重点的"科技和文化软实力"越来越成为一个国家"国际核心竞争力"的重要内涵和基础。由此可见，在当代，没有众多的高水平大学就不可能成为世界大国，没有若干所世界一流大学就不可能成为世界强国。作为一所大学，它的竞争力可以分解为众多的因素，但是，无数实践已经证明，大学文化是大学核心竞争力之重点所在，包括凝聚力、教育力、创造力和引领力，是大学赖以生存、发展、办学和全面承担重大社会责任的根本。大学的凝聚力主要来自大学人共同信奉并付诸实践的具有鲜明个性的先进的办学理念和价值追求，它必将把全校师生员工凝聚成为一个坚强有力的整体，为实现大学的崇高理想而顽强地奋斗。大学的教育力主要来自"以人为本"的教育哲学观、"文化育人"的教育理念、大学拥有的深厚的文化底蕴和通过文化养成实现从有知识的人向有文化的人的根本转变。大学的创造力主要来自着眼未来、探究真理的崇高理想、比较高的大学人的整体素质、"教学与学术研究相统一"的治学理念和在多元文化激荡交融的基础上进行的文化传承和创新活动。大学的引领力主要来自大学特有的一种对于一切不合理、不公正、不平等和一切腐朽、落后现象的批判精神，能够为社会发展提供正确的价值导向，既服务于社会又引领社会前进。由此可见，大学要求生存、求发展、办好学，要全面承担起重大的社会责任，要创建众多的高水平大学和若干所世界一流大学，最重要的是必须全面加强大学文化建设，努力提升大学拥有的深厚的文化底蕴的水平和品位，不断提高大学的核心竞争力，把大学建设成为人类社会的知识权威和发展人类先进文化的重要基地。

综上所述，我们可以给大学文化的科学内涵作出如下的界定：大学文化是大学在长期教育和办学实践的过程中经过历史的积淀、多元文化的激荡交融、自身的努力和受到外部环境的影响逐步形成的一种独特的社会文化形态，它以高深知识及其构成的学科（专业）为其存在的知识和组织基础，主要凝聚在大学拥有的深厚的文化底蕴之中，是大学精神文化、大学学术文化、大学制度文化和大学环境文化的总和，是大学核心竞争力（包括凝聚力、教育力、创造力和引领力）之重点所在，是大学求生存、求发展、办好学和全面承担重大社会责任的根本，大学理所当然地应当成为人类社会的知识权威和发展人类先进文化的重要基地。

三、坚持高品位全面加强大学校园文化建设

当前和今后一个时期，以"以人为本"的科学发展观为指导，坚持高品位全面加强大学校园文化建设的基本要求是以确立具有鲜明个性的先进的办学理念和大学精神为先导，以全面提高大学人的整体素质为根本，以营造一个自然美与人文美、科学美和谐发展的大学校园文化环境为重点，把我国大学建设成为发展中国特色先进文化的重要基地。

1. 确立一个具有鲜明个性的先进的办学理念和大学精神

人总是要有一点精神的，大学也是这样。作为"个体"的大学是办学的主体，它们的文化传统、历史地位、办学目标和所处环境有很大的差异。因此，不同的大学在办学时既要积极倡导"以人为本"的人文精神、"求真务实"的科学精神、"着眼未来"的超越精神和"自强不息"的奋斗精神，又要从各自的实际情况出发，在长期教育和办学实践的基础上逐步形成一个具有鲜明个性的先进的办学理念和大学精神，它存在于全校师生员工的心灵之中，起着潜移默化的作用，既是办好大学和实现理想目标的巨大精神力量，也是大学里每个人做人、做学问和做事的强大精神支柱，因此，它既是大学校园文化建设的灵魂，也是不同大学办学特色的重要标志。所以，要创建高水平大学或世界一流大学，就必须确立一个具有鲜明个性的先进的办学理念和大学精神；反之，没有具有鲜明个性的先进的办学理念和大学精神，就不可能创建高水平大学或世界一流大学。由此可见，我国办大学有许多事情要做，最重要的是要确立一个具有鲜明个性的先进的办学理念和大学精神，有个性才有特色，有特色才有优势。实践表明，在当今世界激烈的竞争中，确立一个具有鲜明个性的先进的办学理念和大学精神是一所大学取得成功的重要战略。

2. 全面提高作为大学文化的主体的大学人的整体素质

以"以人为本"的科学发展观为指导，大学人是大学文化的主体，也是大学校园文化的主体，它主要体现在大学人的素养、气质、言行和作风之中，所以，全面提高大学人的整体素质是全面加强大学校园文化建设的根本。教授是

大学文化的主要载体，承担着治学育人的重大使命，必须努力建设一支具有人格魅力、学术造诣深和善于治学育人的教授队伍，并且坚持"教学与学术研究相统一"的治学观，充分发挥教授在治学育人中的重要作用，一面教学育人，一面研究学术，同时积极参与学校学术方面重大问题的决策过程。学生既是文化育人的对象又是大学文化的创造者，应当以"以人为本"的教育哲学观为指导，把作为"个体"的学生的个性得到充分发展作为教育活动的根本出发点，在个性得到充分发展的基础上注重文化养成，使作为"个体"的学生实现社会化，成为有社会主义觉悟的有文化的劳动者和时代所要求的德智体美全面发展的具有全球意识、较高文化品位、较强竞争能力的创造性人才。在当代，大学已经成为一个庞大的系统，必须建设一支品德好、有学识、懂政治和会管理的高素质的管理干部队伍，实行以学术为主导的科学管理，对上当好助手，对下搞好服务，还要根据教育和办学规律积极引进产业运营的理念和模式。无数事实反复证明，一个具有远见卓识、独到办学理念和善于治理学校的优秀大学领导核心对于办好一所大学的影响是全面而深远的，他们应当在长期教育和办学实践中努力成为教育家，他们是大学文化、也是大学校园文化人格化的象征。

3. 营造一个自然美与人文美、科学美和谐发展的大学校园文化环境

在大学校园文化建设中，自然美是基本的，人文美和科学美是核心和重点，既要有美丽如画的绿色校园和品位高尚的校舍建筑，更要有高尚的人文精神和浓厚的学术氛围，并且努力使二者有机地结合起来，营造一个能够潜移默化地熏陶人、教化人的，既健康向上又生动活泼的绿色校园、人文校园、科技校园、和谐校园。为此：

第一，高深知识及其构成的学科（专业）是大学文化存在的知识和组织基础，因此，在大学校园文化建设中应当高度重视以高深知识及其构成的学科（专业）为核心和基础的大学学术文化建设，注重在办学实践的过程中逐步积淀和创造以人文学科与自然科学的相互融合为核心的深厚的文化底蕴。

第二，课堂是大学文化育人的主要阵地，因此，在大学校园文化建设中一定要高度重视课堂文化建设，既要坚持以第一课堂建设为重点，充分发挥教授在文化育人中的主体作用，又要努力加强第二课堂建设，积极开展以学生为主体的丰富多彩的校园文化活动，共同促进学生德智体美的全面发展。

第三，为了营造一个多元文化兼容并蓄、自由争辩的浓厚的学术氛围，关键是要在政府的宏观调控和学校党委的领导下坚持现代大学的文化个性，逐步建立、健全以"大学自治，教授治学，校长治校，政校分开"为基本特征的中

国特色的现代大学制度，确保我国大学真正成为教学和学术自治的中心。

第四，在大学校园文化建设中还要十分重视标志建设，包括校训、校徽、校歌、校服、礼仪、雕塑、楼名、路名、校园风物、文物景点、学校标识、室内环境等，这是自然美与人文美、科学美和谐发展的大学校园文化环境建设的重要组成部分，应当充分发挥其在潜移默化地凝聚人、熏陶人、教化人中的独特作用。

4. 把我国大学建设成为发展中国特色社会主义先进文化的重要基地

对于我国大学校园文化建设来说，最重要的是必须坚持高品位，把我国大学建设成为发展中国特色社会主义先进文化的重要基地。众所周知，人类文化具有层次性和多样性，既有高、低之别，又有先进、落后之分，也有一些是永恒的、不朽的。先进文化指的是符合广大人民群众的根本利益，代表先进生产力的发展方向，能够引领和推动人类社会不断延续和发展的文化，它是人类社会发展的灵魂。我国是一个正在走向世界的社会主义国家，在我国大学校园文化建设中，必须坚持以当代中国的马克思主义为核心的中国特色社会主义先进文化的主导地位，牢牢把握中国特色社会主义先进文化的前进方向，正确认识和处理好大学校园文化建设中的若干辩证关系：一是坚持文化指导的一元性与文化建设的多样性的统一；二是坚持文化传统的继承性与文化发展的创新性的统一；三是坚持为社会主义服务与为人民服务的统一；四是坚持文化归属的民族性与文化联系的世界性的统一，努力把我国大学建设成为中华民族优秀传统文化与国际多元文化相互激荡交融的桥梁。只有这样，我国大学才能为建设中国特色社会主义伟大事业和实现人类社会的崇高理想作出应有的贡献。

必须着重指出，以"以人为本"的科学发展观为指导，坚持高品位，全面加强我国大学校园文化建设的战略目标是大力提高我国大学的核心竞争力，包括凝聚力、教育力、创造力和引领力，努力建设众多的高水平大学和若干所世界一流大学，承担起时代赋予我国大学的重大历史使命，努力把我国建设成为世界高等教育强国，为把我国建设成为世界强国奠定坚实的基础。这将是一个长期过程，我们应当为此做长期坚持不懈的努力。

四、以充实内涵为重点坚持新老校区的相互衔接和融合

当前，在我国大学校园文化建设中，以充实内涵为重点坚持新老校区的相互衔接和融合问题是一个必须认真对待的问题。

目前已经初步建成的大学城和新校区的外观都很美，当前一个应当引起高

度重视的问题是必须坚持走以充实内涵为重点的发展道路。顾明远教授在《铸造大学的灵魂——读王冀生的新作〈现代大学文化学〉》（载于2003年1月30日《中国教育报》）一文中语重心长地指出："现代意义的大学可以追溯到中世纪的欧洲，据文献所载，最早的大学是意大利的波隆尼亚大学，距今已有900多年的历史。""这所大学没有宏伟壮丽的大门，没有现代化的建筑"，"大致都建在十七、十八世纪"。"拿现代大学校园的标准来看有点不像大学"，"楼梯很古老，树立着罗马式人物雕像"，"楼里廊上树立着在这所学校任过教的著名教授和学者的胸像，但丁的胸像就立在图书馆的门口"，"当你走进任何一个学院的院落，你都会感到一种凝重的气氛"，"给人一种庄严肃穆的感觉"。"那里的每一根廊柱，每一个塑像，每一张布告，都铭刻着它的历史，它的身份。我想这就是一种文化，一所著名大学的文化"。

还有一个重要问题，就是新老校区大学校园文化建设的相互衔接和融合问题。一是老校区的大学校园文化建设已经有了多年的积累，一定要注意如何继承和发展，要花大力气认真回顾和科学总结老校区深厚的文化底蕴积淀和创造的历史经验，挖掘和升华它的文化内涵；二是要高度关注如何将老校区已经积淀和创造的深厚的文化底蕴移植到新校区并在新校区扎根、创新。要深刻认识以教授和学生为重点的大学人是大学文化的主体，特别是其中的老教授是一所大学积淀和创造的深厚的文化底蕴的主要载体，因此，努力提高新校区的"人气"是新老校区的校园文化建设相互衔接和融合的关键所在。

我们应当清醒地认识到，一所大学独特的大学文化的形成和发展绝非一日之功，而是在长期教育和办学实践的过程中经过历史的积淀、多元文化的激荡交融、自身的努力和受到外部环境的影响逐步形成的。因此，大学校园文化建设，特别是深厚的文化底蕴的积淀和创造必将是长期的，老校区是这样，新校区更是这样，任重而道远。我们必须统筹规划，逐步实施，精细操作，持之以恒，有长期作战的思想准备。

我们坚信，在现有的基础上，以毛泽东思想、邓小平理论和"三个代表"重要思想为指导，牢牢把握中国特色社会主义先进文化前进方向，不断深化对大学校园文化的内涵及其建设规律的理性认识，我们一定能够实现一次新的文化觉醒，把我国大学校园文化建设搞得更好，共同开创我国大学创新的新局面。

（本文系作者在南昌航空工业学院召开的"第一届大学校园文化建设论坛"上所作的主旨报告，载于《青岛科技大学学报（社会科学版）》2005年第4期）

大学文化的科学内涵

大学的本质是一种与社会的经济和政治机构既相互关联又鼎足而立的以传承和创新文化为己任的功能独特的文化组织，它不仅是人类文化发展到一定阶段的产物，还在长期教育和办学实践的基础上经过历史的积淀、自身的努力和受到外部环境的影响逐步形成了一种独特的大学文化。深刻认识大学文化的科学内涵是当前正在深入进行的大学理念创新研究的一个重大理论问题，正在引起人们，特别是大学校长、党委书记、学者、专家和政府教育管理官员的广泛关注。

一、大学文化是一种独特的社会文化形态

作为一种独特的社会文化形态，大学文化有以下一些主要特点：

1. 大学文化是大学在长期教育和办学实践的基础上逐步形成的

据史料记载，人类最早的大学可以追溯到我国的先秦时期和西方的古希腊，距今已有2500多年。我国先秦时期《大学》倡导的"大学之道"与西方古希腊亚里士多德倡导的"自由教育"思想共同开创了人类探索大学的本质及其办学规律历史的先河。西方最早的近、现代大学是1088年建立于意大利的波隆尼亚大学，近1000年来，西方近、现代大学从英国纽曼"崇尚人文，注重理性"的大学理想到德国洪堡"由科学而达至修养"的新人文主义大学教育观到美国"融入社会，多元开放"的理念创新再到联合国教科文组织"着眼未来，引领社会"的新大学理念，经历了一个不断的文化觉醒和理念创新过程。

2. 大学文化是以大学人为主体积淀和创造的

大学文化的形成既是人类文化的历史积淀和受到外部环境的深刻影响，但是，大学文化主要是以大学领导、教师、学生和管理人员为主体的大学人在长期教育和办学实践中经过顽强的努力积淀和创造的，其中，最主要的是具有人格魅力、学术造诣深、善于治学育人的学术大师和具有远见卓识、独到办学理

念、善于治理学校的优秀校长。无数实践已经证明，具有人格魅力、学术造诣深、善于治学育人的学术大师和具有远见卓识、独到办学理念、善于治理学校的优秀校长是大学文化人格化的象征。谢和平教授在《大学文化、大学精神与川大精神》（载于《先进文化中的大学文化——第一次大学文化研究与发展高层论坛论文集》，清华大学 2003 年 10 月）一文中指出："大学文化是由一个特殊的社会群体'大学人'在对知识进行传承、整理、交流和创新的过程中形成的一种与大众文化或其他社会文化既相联系、又相区别的文化系统。"

3. 大学文化以高深知识及其构成的学科（专业）为基础

高深知识及其构成的学科（专业）是大学存在的知识和组织基础，这是大学区别于其他社会组织的一个根本特征，也是大学文化区别于其他社会组织文化的一个根本特征。以高深知识及其构成的学科（专业）为其存在的知识和组织基础这一根本特征决定了大学办学的两个重要特点：第一，从内部来说，要求大学以着眼未来和探究真理为己任，成为高度分权的有机体，以文化机制作为自己运行的主导机制，以理性和学术价值作为其追求的基本价值；第二，从外部来说，要求大学以学术自由作为维持其活力的源泉，应当比社会上的其他部门享有更高的自治权力，而大学组织内部比较松散的结合正是其生存和发展的重要条件。金顶兵博士和闵维方教授在《论大学组织中文化的整合功能》（载于《北京大学教育评论》2004 年第 3 期）一文中深刻地指出："大学组织主要由具有高深知识的学术人员组成，以知识的创造、加工、传播和应用为目标。""专业学术人员希望能够独立自主地工作，他们对组织的强制权力有一种天然的抵抗，他们的工作也很难受他人的控制。""他们有着对未知世界的强烈兴趣，对新知识的探索是他们的崇高使命"，"他们最需要的是对他们在知识的创造、加工、传播和应用中的成就所给予的肯定，这种要求与大学组织的目标是一致的。""在这样一个特殊的组织中，科层机制的等级权威、规章制度以及市场机制的物质利益刺激都只能发挥有限的作用。""相比之下，文化机制在大学组织的整合中发挥着十分重要的作用。""主要依靠文化整合的大学组织和一般的商业组织、政府组织相比，有其不同的特点。韦克（Karl E. Weick）把大学这样的组织称为'松散耦合系统'，意思是大学组织没有传统科层组织那样严密的控制结构，通过共享价值和信念系统进行协调正是对于'松散耦合系统'的一种补偿。大学管理工作者要理解大学组织的这种特点，不断加强大学自身的文化建设，通过'规范权力'来协调和控制大学组织成员的行为，通过价值和信念系统使大学学术人员向着大学组织的目标自觉努力。"

4.大学文化是本土文化与国际文化相互交融的结果

大学（university）这个词从其本意来说就是"普遍""整个""世界""宇宙"的意思，大学从诞生之日起其精神气质就是海纳百川和多元文化的交融，大学正是在这种多元文化的相互交融中不断地向前发展着。在当今世界，由于文化与经济、政治的相互融合日益深入，促使文化的力量越来越深深地融铸于民族的生命力、创造力和凝聚力之中，文化在综合国力中的地位和作用越来越突出。所以，在当代，大学文化必然是本土文化与国际文化相互交融的结果，是本土性与国际性的辩证统一。

二、大学文化主要凝聚在深厚的文化底蕴之中

作为一种独特的社会文化形态，大学文化主要凝聚在大学在长期教育和办学实践中积淀和创造的深厚的文化底蕴之中，是大学精神文化、大学物质文化、大学制度文化、大学环境文化的总和，它们是一个相互联系、相辅相成、辩证统一的有机的整体。

1.大学精神文化

人总是要有一点精神的，大到一个国家、一个民族，小到一个企业、一所大学，都需要一种精神。所谓精神，就是人们对实现理想目标的一种价值追求。精神不是一个抽象、空泛的东西，它是一种感召力、向心力和凝聚力，在一定条件下它可能转化为一种人们追求实现理想目标的巨大物质力量。大学精神文化集中地体现在大学精神之中，是大学文化的核心和灵魂，是人们对办什么样的大学的理想目标的一种价值追求，科学的大学精神是建立在对文化传统、教育本质、办学规律和时代特征深刻理解的基础之上的。在当代，应当倡导的大学精神就是"以人为本"的人文精神、"求真务实"的科学精神、"着眼未来"的超越精神和"自强不息"的奋斗精神。"以人为本"的人文精神的核心是正确认识和处理人与自然、个体与社会、自己与他人和自己与自己的基本关系，其实质对于作为"个体"的人来说是如何认真做人、养成健全的人格和促进人的全面发展，而对于作为"整体"的人类社会来说是如何科学发展，通过传承和创新文化为人类社会谋福祉体现出一种对人类社会发展的人文关怀。"求真务实"是科学精神的核心和灵魂，在大学里积极倡导"求真务实"的科学精神不仅是大学的学科性质和中心任务的本质要求，也是大学"坚持教学与学术研究相统一"，面向社会自主办学的客观需要，学术自由和学术规范则是"求真务实"的

思想、制度保证。从本质上说,大学是一项面向未来的事业,承担着重大的历史使命,关系到国家的前途和命运,所以,作为一种与社会的经济和政治机构既相互关联又鼎足而立的以传承和创新文化为己任的功能独特的文化组织,大学既要走出更要超越"象牙塔",具有一种"着眼未来"的超越精神,这是大学应有的独立品格的具体体现。大学从事的是一项极其伟大而艰巨的事业,因此,大学的发展、变革不可能是一帆风顺的,必然充满着种种矛盾和困难,所以,"自强不息"的奋斗精神是大学赖以生存和发展的强大精神支柱,也是大学战胜困难和取得成功的巨大精神力量。

2. 大学物质文化

大学物质文化是蕴含在大学存在的物质形态之中的学术、文化内涵,其内容十分广泛,包括一批高水平、结构合理、特色鲜明的课程和学科(专业)、一支具有人格魅力、学术造诣深和善于治学育人的教师队伍、一个现代化的图书馆、实验室(实训基地)和校园网。治学育人是大学的中心任务,课程和学科(专业)建设是大学物质文化建设的核心和基础,大学不仅要重视学科(专业)建设还要重视课程建设,尤其要着力建设一批特色鲜明的精品课程和重点学科(专业),它集中地体现了一所大学的办学水平和特色。教师既是人类文化科学知识和道德观念的传播者,担负着培养新世纪需要的高素质的创造性人才的伟大历史使命,在发展国家科学事业中也发挥着举足轻重的重要作用,所以,一支具有人格魅力、学术造诣深和善于治学育人的教师队伍是办好大学的决定性力量。梅贻琦指出:"大学者,非谓有大楼之谓也,有大师之谓也。"(摘自《大学精神》,杨东平编,辽海出版社,2000年1月)竺可桢也指出:"一个学校实施教育的要素,最重要的不外乎教授的人选、图书仪器等设备和校舍建筑。这三者之中,教授人才的充实最为重要,教授是大学的灵魂。"(摘自《大学精神》,杨东平编,辽海出版社,2000年1月)图书馆、实验室(实训基地)和校园网是大学顺利完成治学育人任务的重要物质保证,因此,建设一个现代化的图书馆、实验室(实训基地)和校园网是大学物质文化建设的重要内涵,关键是要有丰富的藏书、高科技含量的实验设备和现代化的信息平台。可以这样说,一个现代化的图书馆、实验室(实训基地)和校园网本身就是一所大学。

3. 大学制度文化

大学精神文化和大学物质文化都需要相应的大学制度文化来予以保证,这个大学制度文化的基本特征就是"大学自治,教授治学,校长治校,政校分开"。

大学自治，作为一种价值观和大学制度的根基，在西方可以追溯到欧洲中世纪。实践证明，大学的发展与进步既需要教授的创造力也需要校长的领导力，所以，"教授治学，校长治校"是大学制度的有效模式。教授治学是大学制度文化的核心和基础，其实质是在大学内部坚持以学术权力为基础，教授治学有三项任务，一是教学育人，二是研究学术，三是学术决策（指参与学校学术方面重大问题的决策），这三项任务是相互联系的，是大学教授学术权力的主要体现。大学的存在主要有两种哲学基础，既是认识论的又是政治论的，因此，应当在教授治学的基础上实行校长治校，由大学校长来统辖大学全部事务（包括大学内部事务和大学与外部的联系），实行科学管理（包括战略管理、质量管理、资源管理和民主管理），还要结合大学的实际情况积极引进产业运营的理念和模式，努力提高办学效益，这是大学制度文化的主要标志，关键是要选好校长，给予较长任期，校长应当在长期教育和办学实践中逐步成为具有远见卓识、独到办学理念和善于治理学校的教育家。大学是微观办学的主体，政府是宏观管理的主导，二者既对立又统一，在大学里实行"教授治学，校长治校"的关键是必须实行政校分开，坚持在微观搞活的基础上加强宏观调控。

4. 大学环境文化

大学的中心任务是治学育人，应当为大学建设一个高文化品位的，人文美、科学美与自然美和谐发展的，能够潜移默化的熏陶人、教化人的和多元文化兼容并蓄、自由争辩的，既健康向上又生动活泼的学校校园文化环境和氛围。在大学环境文化建设中，自然美是基本的，人文美和科学美是核心和重点，既要有美丽如画的绿色校园，更要有高尚的人文精神和浓厚的学术氛围。大学环境文化必须是高文化品位的。建设一个高文化品位的大学环境文化的关键是必须确保先进文化在大学里的主导地位，把大学真正建设成为发展人类先进文化的重要基地。由此可见，大学环境文化既是精神的、物质的也是制度的，既是外在的更是内在的，它既以大学精神文化、大学物质文化和大学制度文化为基础，又是大学精神文化、大学物质文化和大学制度文化的外在表现，在整个大学文化中占有重要的地位。

三、大学文化是大学核心竞争力之重点所在

早在 2005 年，郭贵春教授在《创新和丰富大学文化 提高核心竞争力》（载于《中国高等教育》2005 年第 8 期）一文中敏锐地指出："综观中外大学发展史，

一所成熟的大学,一所办得成功的大学,至少都注重时代性、规律性、创造性的探索和实践。不注重时代性,大学的发展就会失去本性;不注重规律性,大学的发展就会失去理性;不注重创造性,大学的发展就会失去个性。""大学文化的建设和发展,就是不断提升核心竞争力的过程。""落实科学发展观与加强大学文化建设、提升核心竞争力之间的关系是统一的、密不可分的。科学发展观是指导大学文化建设和提升核心竞争力的指导思想,加强大学文化建设是科学发展观的具体体现,是提高核心竞争力的关键。核心竞争力强调的是软件重于硬件、质量重于数量、精重于全,这既是科学发展观的要求,也是大学文化建设的目的和结果。要建设一所特色鲜明的大学,必须建设好自己的文化,以更好地在发展中体现时代性、把握规律性、富于创造性。""由此可见,大学作为一个典型的文化单位,只有在大学文化建设上善于研究,善于创新,才能在观念创新上先人一步,在体制创新上优人一着,在机制创新上高人一筹,在成果创新上快人一拍,才能在贯彻落实科学发展观,提升学校的核心竞争力上永远立于不败之地。"

那么,什么是大学的竞争力,特别是大学的核心竞争力呢?作为一所大学,它的竞争力可以分解为众多的因素,如办学理念、课程和学科(专业)设置、教师素质、学生来源、硬件设施、管理制度、校园环境、资金投入、贡献大小、社会声誉,等等。如果对这些因素作进一步的分析,就可以清楚地看出,主要凝聚在大学拥有的深厚的文化底蕴之中的大学文化是大学核心竞争力之重点所在,是大学赖以生存、发展、办学和承担重大社会责任的根本。具体地说,大学的核心竞争力主要包括:

凝聚力 由于知识及其学科(专业)是大学存在的知识和组织基础,大学的这一根本特征决定了大学是一个高度分权的有机体,它既是"高度分权"的,以学术权力为基础,又是一个"有机体",在"高度分权"的基础上形成一个有机的整体。因此,作为人类文明的精神家园,大学办学需要一种崇高的精神境界,有一个共同信奉并付诸实践的价值理念,它集中地体现在大学的办学理念和价值追求之中,这是一种巨大的精神力量,是大学发展的灵魂,它必将把全校师生员工凝聚成为一个坚强有力的整体,为实现大学的崇高理想而顽强地奋斗。

教育力 大学从它诞生之日起就把教育责任作为自己必须承担的永恒的第一社会责任,教育的本质是通过文化使个体社会化的活动,"以人为本"是一种教育哲学观,在个性得到充分发展的基础上使作为"个体"的人实现社会化,成为社会所需要的尽可能完善的人是教育活动的基本要求，文化的传承、内化和创新是教育"使个体社会化"的基础，文化育人是教育本质的核心和一个复杂的心理发展过程，教育活动的崇高目标是促使作为"个体"的人和作为"整体"的社会得到全面、协调、可持续的发展。由此可见，大学的教育力主要来自"以人为本"的教育哲学观、"文化育人"的科学理念、大学拥有的深厚的文化底蕴和通过文化内化实现文化的传承、创新过程之中。

创造力 作为思想最活跃、最富有创造力的学术殿堂和新思想、新知识、新文化的策源地，在传承文化的基础上创新文化是大学的本质要求，大学创造力的主体是教授和学生的创造力，大学的创造力主要来自一种超凡脱俗的文化品位、独立品格和价值追求、"求真务实"的科学精神、以学术自由和文化机制为主导的运行机制以及在多元文化相互交融的基础上进行的文化传承和创新活动。在当代，大学的创造力不仅应当表现在大学培养的具有全球意识、较高文化品位和较强国际竞争能力的创造性人才上，还应当表现在把大学建设成为为人类社会解决面临的重大课题提供科学依据、将科学技术成果转化为现实生产力的重要基地和国际多元文化相互交融的桥梁。

引领力 作为一种功能独特的文化组织，大学与社会的经济和政治组织既相互关联又鼎足而立，所以，在当代，大学不仅应当走出"象牙塔"，走多样化的发展道路，积极主动地应对文明社会众多领域不同层次的广泛需求，服务于社会，更应当超越"象牙塔"，发扬着眼未来和探究真理的批判精神，以自己创造的新思想、新知识和新文化代表"社会的良心"，给予社会发展以正确的价值导向，引领社会前进，这是一种巨大的影响力。

必须强调指出，构成大学"文化软实力"的诸多要素是一个相互渗透、相辅相成和辩证统一的有机的整体，其中"创造力"既是现代大学的价值所在，也是一所大学"文化软实力"的集中体现，它不仅表现在将科学技术成果转化为现实生产力和普遍提高应用性人才的创新能力上，更表现在取得原创性学术研究成果和培养拔尖创新人才上。但是，一所大学"创造力"的提高不可能离开大学的凝聚力和教育力。一所大学如果没有强大的"凝聚力"，全校师生员工如果不能形成一个坚强有力的整体，它的"创造力"是不可能充分发挥出来的。对于一所大学来说，教育责任是大学应当承担的永恒的第一社会责任，如果这所大学的"创造力"仅仅表现在取得原创性学术研究成果和将科学技术成果转化为现实生产力上，而没有培养出拔尖创新人才和普遍提高应用性人才的创新能力，这个"创造力"不仅是不完整的，甚至可以说是失去了它应有的根本意义。至于大学的"引领力",它本来就建立在大学的"教育力"和"创造力"的基础之上。如果离开了大学的"教育力",尤其是离开了大学的"创造力",大学的"引领力"必将成为无源之水和无本之木。由此可见,大学要求生存,求发展,办好学,承担重大的社会责任,成为发展人类,特别是发展中国特色先进文化的重要基地,要创建若干所世界一流大学,最根本的是必须全面加强以大学人为主体和以知识及其学科(专业)为基础的大学文化建设,努力提升大学拥有的深厚的文化底蕴的水平和品位,不断提高大学的核心竞争力。

四、坚持民族文化个性和争创世界一流

20世纪90年代中期以来,在世界范围内兴起了新一轮高等教育国际化的浪潮,其来势之猛,拉力和推力之大,其发展前景和对各国高等教育乃至各国经济与社会发展的影响都极为深刻,正在日益引起人们的广泛关注。必须指出,20世纪90年代中期以来,在世界范围内兴起新一轮高等教育国际化的浪潮不是偶然的,有着极其深刻的时代背景。主要有以下三个方面:

第一,世界经济全球化进程的必然要求

20世纪90年代以来,随着冷战的结束和政治多极化形势的初步形成,世界经济一体化进程加速,西欧、拉美、亚太等地区跨国经济组织相继建立并运行,其中尤以西欧共同体完成向欧盟的过渡最具典型意义。欧盟统一劳务市场的建立,管理和科技人员在各国间的自由流动,要求各国高等学校加速调整教学内容,增加彼此了解,相互承认学分、学历和学位,使高等教育国际化成为欧洲经济一体化的重要组成部分。在当代,评估一个国家的竞争力,其中相当部分都与各国的管理、科技人才的数量和质量有关,与各国高等教育能否培养出足够数量的、不仅通晓国内,也通晓国际"游戏"规则、在国内和国际上均具有一定竞争力的人才有关,与能否在科学技术领域为本国占领一定数量的制高点有关,高等教育国际化将越来越为本国在以知识为基础的世界经济竞争中提供人才与科技优势,成为制胜源泉和长期保持国际竞争力的重要因素。

第二,世纪之交人类文化发展新态势的深刻影响

世纪之交人类文化的发展呈现出明显的矛盾现象,一方面是文化的多元、趋新和融合以及人类社会发展的文化决定论,另一方面是文化的对抗、逆返和泛滥以及人类社会发展的技术决定论。正是在这种传统文化与现代文化、东方文化与西方文化、本土文化与外来文化这些多元文化以及两种社会发展理论的

相互冲撞与融合中，一方面使得意识形态领域的渗透和争夺更加深刻，另一方面使得现代文化和现代社会在多元文化和两种社会发展理论的相互冲撞和融合中呈现出勃勃生机。由于现代大学是实施高等教育的主要机构，与人类文化之间有着深刻的联系，因此，世纪之交人类文化发展的这些新态势必将对高等教育国际化产生深刻的影响，现代大学正在逐步成为国际文化、学术沟通和融合的桥梁。

第三，信息技术和网络社会的积极推动

20世纪中叶以来，现代科学技术的发展极其迅速，呈现出综合化、一体化、人文化和信息化的趋势。其中，对人类社会，特别是对高等教育国际化影响最深刻的是信息化。正是由于信息交流技术的快速发展，全国性、地区性和世界性网络的逐步形成，使国际间知识与技术的传播瞬间即成。因此，近年来，由发达国家提供的跨校、跨国以至跨地区的学位课程越来越多，跨国乃至跨地区的网络（虚拟）大学和远程教育正引起越来越多的政府和国际机构的兴趣。可以预言，随着信息技术的快速发展和网络社会的逐步实现，终身教育与学习型社会必将逐步形成，教育网络化将成为新世纪向知识经济社会过渡的一个重要特征。这不仅极大地推动着高等教育国际化的历史进程，而且为高等教育国际化的进一步发展提供了强有力的技术手段和捷径。

面对新一轮高等教育国际化浪潮蓬勃兴起这一新的形势，当前人们关注的一个焦点是世界一流大学应不应该有国际统一的评价标准，创建世界一流大学有没有普遍规律可以遵循。对这个至关重要的问题，目前有两种截然不同的观点。一种观点认为，从一般意义上讲，国际化指的是跨国界、跨民族、跨文化的涉及经济、政治、文化等各个领域的一种活动，它要求完全与国际接轨，遵从国际通用的操作规则，既有激烈竞争又相互合作，通过这种竞争和合作，促进世界经济、政治、文化的共同发展。但是，高等教育国际化和现代大学走向世界并不要求完全与国际接轨，因为高等教育和现代大学都是以文化个性为基础的，不同国家的文化传统，特别是人文文化和哲学思想是多元化的，所以，在高等教育实现国际化和现代大学走向世界的过程中仅是在作为一种"服务贸易"进入国际市场时有一定的通用的"操作规则"，在科学技术和办学模式上有较大的可比性，在整体上并没有完全统一的评价标准，也没有普遍规律可以遵循，而是朝着多样化和个性化方向发展，这是不以人的主观意志为转移的客观规律。另一种观点主张，既然要衡量谁是世界一流大学，就应当有一个国际统一的评价标准，这与从各国的文化传统和基本国情出发朝着多样化和个性化方向发展是辩证统一的。作为一所世界一流大学,无论是哪个国家和什么民族,有多么不同的文化传统和基本国情,但是,有三条标准应当是统一的:一是形成一批世界一流的优势学科,取得一批国际领先水平的原创性学术研究成果,培养一批拔尖创新人才;二是积淀和创造了深厚的文化底蕴,能够坚守大学应有的文化品位、价值追求和崇高理想,有独到的教育思想和办学理念;三是在服务和引领社会前进方面不仅对本国而且对人类作出了重大贡献,在国际上也享有较高的社会声誉。因此,各国在创建世界一流大学时,既要从各自的文化传统和基本国情出发,形成不同民族的鲜明特色,又要遵循创建世界一流大学的普遍规律,建设既有不同民族鲜明特色又符合国际认可的统一标准的世界一流大学,这是各国在竞争中建设世界一流大学的必由之路。

经过研究,我们认为,这两种观点都有各自的道理,应当进行综合研究。一方面,既然要创建的是世界一流大学,就必然有评价什么样的大学才能称之为世界一流大学共同的国际标准,而且应当遵循创建世界一流大学的普遍规律;另一方面,由于世界是多元化的,不同国家和民族都有自己独特的文化传统和基本国情,所以,在遵循创建世界一流大学的普遍规律和尊重国际统一的评价标准的同时,应当从不同国家和民族的文化传统和基本国情出发努力形成各自的特色。因此,正确的态度应当是积极投身到当前正在蓬勃发展的高等教育国际化的浪潮中去,坚持民族文化个性与争创世界一流的辩证统一,将创建世界一流大学的普遍规律和不同国家独特的文化传统和基本国情有机地结合起来,在世界多元文化激荡交融和世界范围激烈竞争中创建具有不同民族鲜明文化个性的世界一流大学。舍此之外,别无他途。

大学兴起带来国家昌盛,这不仅仅是西方现象,也是世界的普遍现象。丁学良教授在其学术专著《什么是世界一流大学?》(北京大学出版社,2004年12月)中对这个问题有专门的论述:"在11至12世纪,当现代大学的前身在意大利半岛出现的时候,不要忘记,意大利随后就是文艺复兴的基地。也不要忘记,最早的城邦资本主义经济的兴起地便是意大利的威尼斯、热那亚、佛罗伦萨。当近代大学转而在英国兴起的时候,很快地,英国就成为全球领导第一次工业革命的国家。位于大巴黎的那一串名校,为拿破仑的武功文治、革命大业、帝国辉煌提供了思想的、技术的、艺术的支持。""当19世纪研究型大学的观念从德国萌发的时候,德国接着成了第二次工业革命最重要的国家。我们可以看到,在那个时代的欧洲,如果一个国家拥有一所或几所著名的大学,那么它在物质财富和精神财富的创造上一定是西方邻国所羡慕的。""到了19世纪末

20世纪初，美国把欧洲古老大学的好传统综合在一起，又配上了美国本身的特点，创造了典型的美国高教体系。当它把英国的教化型的博雅学院、德国的研究型大学和美国的专业学院三者融合一体以后，世界就进入了所谓的'美国世纪'。""在亚洲，日本的东京大学（原名'东京帝国大学'）是著名的大学，它是明治维新的产物，明治维新后的日本也是成为白人种族社会之外第一个实现工业化的国家。我们更不能忘记，北京大学也是维新变法的产物，它的前身京师大学堂的创办，使中国迈进了现代社会的门槛。"最后，丁学良教授精辟地指出："回顾过去的 1000 年，哪里有世界一流大学的兴起，哪里就有民族的兴旺，世界一流国家的崛起。""从这个意义上，我们完全可以说，要想成为一个大国，必须要有众多的大学。""如果要想成为一个伟大的国家，只有众多大学还不够，还必须要有伟大的大学。""这里的'伟大'主要是就它的精神气质而言，即是要挑战世界，而又包容世界；立足于本国，而又面向全球；传承过去，而又超越过去；把握未来，而又脚踏实地。不具有这样伟大的大学，任何一个国家要想成为一个伟大的国家的可能性几乎是没有的。"

（载于《高等教育研究》2005 年第 10 期和《高教发展与评估》2007 年第 1 期）

大学理念在中国的发展

我国的近、现代大学是个舶来品，只有100多年的历史，它是移植和生长在中国历史和文化传统之上的，因此，离不开中国的历史和文化。以马克思主义，特别是以毛泽东思想、邓小平理论和"三个代表"重要思想以及近年来胡锦涛一系列重要论述为指导，从宏观的高度、历史的轨迹和文化的视野认真总结2000多年来，特别是近一个多世纪以来大学理念在中国的发展历程和经验教训，以史为鉴，面向未来，以理念创新为先导，以制度创新为关键，探索中国教育和大学创新之路，是当前我国教育战线面临的一项战略性任务。

一、对大学理念的再认识

大学理念是人们对大学的本质及其办学规律的一种哲学思考体系，核心主要是回答"大学是做什么的、什么是大学、怎样办大学和办什么样的大学"这样几个基本理论和实践问题，是探索、研究和思考"大学理念在中国发展"问题的理论基础。

1. 大学在人类社会发展中的历史地位

大学在人类社会发展中的历史地位问题，核心是大学在人类社会发展中应当承担什么样的社会责任问题，这是深刻揭示大学的本质及其办学规律的实践基础。众所周知，大学从它诞生之日起，就把教育责任作为自己应当承担的永恒第一社会责任，而且在相当长的历史时期里，教育责任一直是大学实际承担的唯一社会责任。由于人类社会是不断地向前发展的，所以，大学在人类社会发展中的历史地位及其应当承担的社会责任也是不断发展变化的。在当代，大学正在全面地承担着教育责任、学术责任、服务与引领社会前进责任和国际责任，在人类社会发展中的历史地位越来越重要，其中，核心和重点是大学应当成为人才养成的重要基地和人类社会的知识权威。

2. 大学的本质是一种功能独特的文化组织

任何运动形式,其内部都包含着本身特殊的矛盾。这种特殊的矛盾,就构成一事物区别于它事物的特殊的本质。人类有三种基本的社会实践活动以及相应的三种社会组织:一是物质生产活动,广而言之就是经济活动,它是人类最基本的社会实践活动,从事这种活动的主体是经济组织,主要代表是企业;二是治理国家和国际交往的政治活动,它主宰着一个国家的前途和命运,从事这种活动的主体是政治组织,主要代表是政府和政党;三是传承和创新文化的文化活动,它是人类社会全部活动的基础,从事这种活动的主体是文化组织,主要代表是大学和研究机构。人类的这三种基本社会实践活动以及相应的三种社会组织,各自承担着不同的任务,发挥着不同的功能,它们既相互关联又鼎足而立。由此可见,在宏观上,与主要从事经济活动的企业和主要从事政治活动的政府、政党不同,大学是一种与社会的经济和政治组织既相互关联又鼎足而立的以传承和创新文化为己任的功能独特的文化组织,这是我们观察和分析一切大学现象的根本出发点。

3. 大学必须与学术和社会协调发展

自大学走出"象牙塔"融入社会以后,大学的存在就有两种哲学基础和拥有双重价值。以认识论为基础的哲学要求大学必须"崇尚学术",注重在长期教育和办学实践的基础上积淀和创造深厚的文化底蕴,这是大学存在的内在价值;以政治论为基础的哲学要求大学应当"适应社会",主动应对文明社会众多领域不同层次的广泛需求,既服务于社会又引领社会前进,这是大学存在的外在价值。由此可见,大学办学活动的基本矛盾是崇尚学术与适应社会之间的矛盾,大学办学的基本规律可以表述为"必须与学术和社会协调发展",大学应当在办学实践中努力实现崇尚学术与适应社会的辩证统一。解决这个矛盾的根本出路是走多样化的发展道路,以大学办学模式的多样化去应对社会发展的多样化需求。只有这样,大学才能在主动应对文明社会众多领域不同层次广泛需求的同时坚持大学应有的基本理性和学术价值。

4. 大学应有的文化品位、独立精神和价值追求

从根本上说,大学在人类社会发展中承担着两个方面的使命和任务:对于作为"个体"的人来说,大学既承担着培养社会所要求的德智体全面发展的高级专门人才的任务,又负有养成健全的人格、开发人的理性和潜力、革新人的天赋、扩大人的生命内涵、为人的一生奠基的使命;对于作为"整体"的人类

社会发展来说，大学既承担着传承文化和将科学技术成果尽快转化为现实生产力的任务，又负有批判性地发展知识以更新、扩大文化遗产的使命。这就是说，大学的价值不仅是多元的，而且往往是超越于一定历史时期的经济、政治制度和生产力发展水平的。无论对于作为"个体"的人还是对于作为"整体"的人类社会，大学的价值既有功利性的一面又有非功利性的一面，大学应当而且可以运用自己所拥有的思想、理性和学术的力量，特别是大学特有的着眼未来的批判精神，努力超越功利性与非功利性之对立，探寻一种能够兼容作为"个体"的人和作为"整体"的人类社会二者都能得到全面、协调、可持续发展的有远见的价值观念和价值目标。否则，大学就有可能从根本上失去其存在的价值。

需要着重指出的是，大学之所以能够承担如此重大的社会责任，在人类社会发展中据有如此重要的历史地位，主要是因为大学在长期教育和办学实践的基础上积淀和创造了深厚的文化底蕴，它是大学物质文化、大学精神文化、大学制度文化和大学环境文化的总和，是大学核心竞争力之重点所在，包括凝聚力、教育力、创造力和引领力，是大学赖以生存、发展、办学和承担重大社会责任的根本。尤其是在当代，由于文化与经济和政治的相互交融日益深入，文化的力量越来越深地熔铸在民族生命力、创造力和凝聚力之中，在综合国力竞争中的地位和作用越来越突出。在这样新的时代背景下，国家的兴衰与大学的兴衰紧密相关。只有普遍增强众多大学的核心竞争力才能成为世界大国，只有重点增强一批高水平和若干所世界一流大学的核心竞争力才能成为世界强国。由此可见，在当今世界，大学要求生存、求发展、办好学，承担起重大的社会责任，为增强国家的"国际核心竞争力"作贡献，就必须实行在"学术兴校"的基础上实施"文化强校"的发展战略，在大力加强学科建设的基础上全面加强大学文化建设，在长期教育和办学实践的基础上不断积淀和创造深厚的文化底蕴，构筑高品位和富有活力的和谐校园文化环境，确保大学真正成为人类文明的精神家园、人才养成的重要基地和人类社会的知识权威、最富有创造力的学术殿堂，使自己永远立于不败之地。

哲学既是智慧的科学又是科学的智慧，作为一种崭新的大学哲学观，"文化是大学之魂"中的"文化"指的是哲学意义上的文化，其核心是一种致力于照亮人性之美的"人文关怀"和为真理而献身的"独立精神"，这才是真正意义上的"大学之魂"。2000多年来，特别是近1000年来西方和近一个多世纪以来中国近现代大学发展变革的实践证明，始终把"人的发展"作为教育活动和大学办学永恒的主题，永远坚守以"象牙塔"为象征的"为真理而献身"的大学固有的独立精神,这是在社会世俗化、现代化进程和世界多元文化激荡交融中,大学能够超越功利与非功利的对立,确保作为"个体"的人和作为"整体"的人类社会都能得到全面、协调、可持续发展的关键,是大学之所以是真正意义上的大学的生命线之所在。这是一种崇高的理想和境界,我们应当为达到这种崇高的理想和境界做坚持不懈的奋斗。

二、中国大学理念是一个伟大的宝库

我国是一个具有悠久历史的文明古国,我国近、现代大学的出现仅有100多年的历史,它植根于深厚的中华民族的文化底蕴之中,产生于帝国主义列强瓜分中国的危难时刻,发展于中华民族重新走向振兴的伟大时代。2000多年来,特别是近一个多世纪以来,大学理念在中国的发展并不是一帆风顺的,经历了一个极其错综复杂和跌宕起伏的过程,无论是正面的经验还是反面的教训,都是一笔极其宝贵的精神财富。以马克思主义的唯物史观为指导,科学地评价孔子儒学"以伦理道德为本位"的教育理想的历史地位、西方近、现代大学理念在近代中国传播的历史价值和在曲折中探索"中国特色社会主义教育理念"的功过是非,是探索、研究和思考"大学理念在中国的发展"问题的核心和重点。

1.孔子儒学"以伦理道德为本位"的教育理想

自"五四"新文化运动喊出"打倒孔家店"的口号直到史无前例的"文化大革命"中进行的"批林批孔"运动,在我国,孔子儒学常常是被批判和否定的对象。因此,如何科学地评价孔子儒学"以伦理道德为本位"的教育理想的历史地位,就成为我国教育界和学术界长期争论的重大话题。经过研究,我们认为,一个伟大的民族必然有自己伟大的民族文化,中华民族之所以能够创造出光辉灿烂的古代文明,并且长盛不衰,就在于它有伟大的中华优秀传统文化以及与其相适应的教育理想、制度和体系。中华优秀传统文化是中国传统教育之根,中国传统教育又反过来推进中华优秀传统文化的延续和发展。应当充分肯定,以"天人之学""变易之学""会通之学"和"中庸之学"为核心的中国古代哲学是中国传统文化的灵魂,以"贵仁、重礼"为核心的孔子儒学是中国传统文化的核心,孔子儒学"以伦理道德为本位"的教育理想是我国对教育的本质及其规律早期的探索成果,"伦理道德"是做人的根本,"注重养成"是教育的根本,"贤人治国"是办学的根本。因此,从汉武帝到清朝晚期,孔子儒学"以伦理道德为本位"的教育理想对养成我国君子、士的人格理想发挥了极其重要的作用，它长期凝聚着整个中华民族，培育着它的人民和精英，造就了大批志士仁人，谱写了中华民族光辉历史的伟大篇章，是中国大学理念伟大宝库中的一块非常珍贵的瑰宝。特别值得一提的是萌芽于唐和鼎盛于宋的书院教育是我国大学文化宝库中的珍品，北宋的"四大书院"（岳麓书院、白鹿洞书院、嵩阳书院、睢阳书院）是其杰出代表，它们的最大特点是在学术大师的指导下，书院作为一种独立于官学之外的文化教育机构和制度得以完全确立，标志着我国教育事业进入官学、书院、私学三轨并行的时代。

2. 西方近、现代大学理念在近代中国的传播

19世纪初叶西方工业革命兴起以后，随着我国逐步进入封建社会后期，由于孔子儒学"以伦理道德为本位"的教育理想和中国书院教育固守封建宗法制度和忽视现代科学技术，因而严重地阻碍着我国社会和我国教育、大学走向现代化的进程。因此，1840年鸦片战争失败以后，在西方列强坚船利炮的猛烈轰击和以"科学、民主"为主要内涵的现代文明的强烈冲击下，迫于内外的双重压力，1905年晚清政府作出了"废科举，兴学堂"的重大决策，开启了20世纪初我国教育领域第一次重大的思想解放和划时代教育变革。以蔡元培、梅贻琦、张伯苓和竺可桢为杰出代表的具有强烈的民族情感和鲜明的大学意识的新一代大师群体和教育家们经过短短20多年的艰苦努力，不仅在近代中国积极传播以"注重理性，学术自由"为核心的西方近、现代大学理念，效法西方为我国建立和发展近、现代大学奠定了坚实的基础，而且在批判地继承孔子儒学"以伦理道德为本位"的教育理想的基础上，使之与现代知识分子的养成相衔接，积极进行了发展中国大学理念和创建中华民族新教育的探索。特别是抗战后期在极端艰难困苦的条件下，高扬"刚毅坚卓"的民族精神，坚持"会通中西"的新文化观，创造了西南联大的光辉业绩，大师云集，人才辈出，从而在我国近、现代大学发展史上写下了光辉的一页，是中国大学理念伟大宝库中的又一块值得珍惜的瑰宝。关于20世纪初开启的这次重大的思想解放和划时代教育变革的历史地位，北京大学陈平原教授在其学术专著《中国大学十讲》（复旦大学出版社，2002年10月）中意味深长地指出："成功地移植了西洋教育制度，却谈不上很好地承继我国古老的'大学之道'。""在20世纪中国，书院之无法生存，有外部环境的压迫，也有其学术理想与实际运作的矛盾。""时至今日，书院教育的现代意义，仍然不被广泛认可。中国的大学，依然是欧美模式的一统天下。"

3.延安时期解放区的新民主主义教育改革试验

1937年"七七"事变爆发以后,掀开了中国人民抗日战争的序幕。随着抗日民主根据地的建立和发展,在毛泽东提出的"民族的科学的大众的"新民主主义文化观的指引下,抗日根据地的高等教育蓬勃发展,一批抗日革命大学陆续兴起,经过反复实践,逐渐形成了新民主主义的教育理论、学校制度和办学特色。1940年毛泽东在其光辉著作《新民主主义论》中精辟地指出:"这种新民主主义文化是民族的。它是反对帝国主义压迫,主张中华民族的独立和尊严的。它是我们这个民族的,带有我们这个民族的独立和特性。""所谓'全盘西化'的观点,乃是一种错误的观点。""这种新民主主义文化是科学的,它是反对一切封建思想和迷信思想,主张实事求是,主张客观真理,主张理论和实际一致的。""这种新民主主义文化是大众的,因而即是民主的。它应为全民族百分之九十的工农劳苦民众服务,并逐渐成为他们的文化。"抗日军事政治大学(简称"抗大")第一期于1936年6月开学,作为"抗大"的办学方针,毛泽东亲自题词"坚定正确的政治方向,艰苦朴素的工作作风,灵活机动的战略战术",毛泽东还为"抗大"制定了"团结、紧张、严肃、活泼"的校训,在这个办学方针和校训的指引下,"抗大"培养了大批既懂得革命理论又能解决革命实际问题的优秀人才。陕北公学成立于1937年8月,是一所培养抗日革命干部的革命大学。1939年7月,中共中央决定陕北公学和延安鲁迅艺术学院等4所学校合并,组建华北联合大学,由成仿吾任校长。从1937年8月至1941年8月,陕北公学先后培养了一万多名抗日干部,为夺取抗日战争胜利作出了重大贡献。1941年9月,陕北公学并入延安大学。总体上说,这一时期的大学不仅在数量上有了较大的发展,而且进行了多方面的探索。主要特点是:办学形式服从于战争环境和革命形势的需要;在办学思想上坚持把坚定正确的政治方向放在首位和马克思主义是思想政治教育的主阵地;在办学体制上自觉地接受中国共产党的领导;在办学道路上坚持教育与生产劳动相结合、理论与实际相结合、知识分子与工农群众相结合、学校课堂教学与参加现实革命斗争相结合。

4.在曲折中探索的中国特色社会主义教育理念

新中国成立以后,有一段比较长的时间,在以"以阶级斗争为纲"的错误思想指导下,对孔子儒学"以伦理道德为本位"的教育理想和中国书院教育的历史地位,特别是对西方近、现代大学理念在近代中国传播的历史价值采取了不适当的批判和否定的态度,使得我们对中国特色社会主义教育理念的探索走了一段比较大的弯路。但是，仍然应当充分肯定，新中国成立初期，毛泽东在解放区坚持"民族的科学的大众的"新民主主义文化观和进行教育改革试验的基础上，曾经创造性地提出了一整套"走自己的道路"的正确方针，包括"一切国家的好经验我们都要学""百花齐放，百家争鸣""教育必须与生产劳动相结合"和"应该使受教育者在德育、智育、体育几方面都得到发展，成为有社会主义觉悟的有文化的劳动者"的方针，广泛地开展了教育改革试验，并在1961年制定了《教育部直属高等学校暂行工作条例》，对中国特色社会主义教育理念进行了有益的探索，为建立中国特色社会主义教育体系奠定了初步的基础。党的十一届三中全会召开以后，在认真总结中华人民共和国成立以来正、反两个方面经验教训的基础上，逐步形成了以邓小平提出的"教育要面向现代化，面向世界，面向未来"的战略思想为核心的"中国特色社会主义教育理念体系"，开启了20世纪80年代以来我国教育战线又一次重大的思想解放和划时代教育变革，促使我国教育和大学取得了长足的进步，为成功地开辟了中国特色社会主义教育发展道路奠定了坚实的基础。

  基于上述分析，我们认为，2000多年来，前人都对探索、发展和创新中国大学理念作出了重大的贡献，积累了极其丰富的正、反两个方面的经验教训，这些都是中国大学理念伟大宝库中的瑰宝，是我们在新的时代背景下进一步发展当代中国大学理念和创建中华民族新教育的坚实基础。

三、把握中国先进文化前进方向，进行正确的文化选择

  历史的经验值得注意，"以史为鉴，面向未来"是撰写《大学理念在中国》的根本目的。回顾总结2000多年来，特别是近一个多世纪以来大学理念在中国的发展历程，我们的基本经验集中到一点，就是发展中国大学理念，必须把握中国先进文化前进方向，进行正确的文化选择，走中国特色教育变革和大学创新之路。

  第一，由于教育的本质是一种通过文化促进人的发展的生命活动，大学的本质是一种与社会的经济和政治组织既相互关联又鼎足而立的以传承和创新文化为己任的功能独特的文化组织，所以，大学理念在中国的发展，从本质上说是一个文化选择问题。文化选择的本质是在多元文化矛盾运动中进行价值判断的过程，文化选择的运行机制是在文化批判和取舍的基础上进行文化的整合和创造。2000多年来，特别是近一个多世纪以来大学理念在中国发展的实践证明，

进行正确的文化选择，发展中国大学理念，必须把握中国先进文化前进方向，正确地认识和处理"文化变革"与"政权更迭"和"宗法人伦"与"自由文化"之间的相互关系。

第二，经过近一个多世纪的艰苦努力，我国近、现代大学不仅已经奠定了坚实的基础，而且在现代化的道路上取得了长足的进步。但是，由于我们经历过一段较大的曲折，出现过一些重大的失误，所以，从总体上说，至今我国大学在整体上仍然落后于西方，表面看来主要是科学技术上的落后，其实关键在于理念和制度上的差距。在理念上，主要差距是人文精神的滑坡和办学目标的功利化倾向。在制度上，主要差距是没有建立起"开放、多元、竞争、有序"的大学格局。追根溯源，问题主要出在我国对教育、大学的本质及其规律在认识上存在着众多的误区等。在认识上的主要误区是缺乏文化育人的高度自觉和鲜明的大学文化意识。我国大学重行政机制轻文化个性，大学缺乏面向社会自主办学的活力。因此，时代强烈呼唤我国实现新的文化觉醒和进行制度创新，以理念创新为先导，以制度创新为关键，走中国特色教育变革和大学创新之路。

第三，把握中国先进文化前进方向，进行正确的文化选择，以理念创新为先导，以制度创新为关键，走中国特色教育变革和大学创新之路，必须坚持"民族的科学的大众的，面向现代化面向世界面向未来的，以人为本传承创新和谐发展的"中国特色社会主义新文化观，正确认识和处理指导思想的一元性与文化个性的多样性、文化传统的继承性与文化发展的创新性、为社会主义现代化建设服务与为人民服务以及文化归属的民族性与文化联系的世界性之间的辩证关系，走以中华优秀传统文化为主体会通中西自主创新和谐发展之路。当前，要特别警惕在世界范围出现的一股"文化霸权主义"逆流，妄图把"全球化"的概念泛化到文化领域，进行文化渗透，为实现其全球霸权服务。必须明确，在文化领域内根本不存在"全球化"问题，在世界多元文化激荡交融中建设具有不同国家和民族特色的大学理念，是把握先进文化前进方向进行的唯一正确的文化选择。

第四，"中庸之道"的实质是一种"和谐哲学"，先秦时期的《大学》开宗明义的第一句话就提出"大学之道，在明明德，在亲民，在止于至善"，开创了我国探索教育和大学的本质及其规律历史的先河。历史的脚步已经跨入21世纪，现在的情况较之2000多年以前已经发生了极其深刻的变化。今日，我们不仅要在大学教育中进一步体认和实践我国先秦时期《大学》倡导的"大学之道"的基本精神，还要科学总结近一个多世纪以来大学理念在中国发展的经验教训，以史为鉴，面向未来，在新的时代背景下继承和创新"大学之道"，力求明德与崇学、亲民与新民、多元与卓越以及与时俱进与止于至善的和谐发展，并赋予其深刻的时代内涵，使其既能指明今日中国特色教育变革和大学改革创新的方向，也能代表当今世界教育和大学改革创新的潮流。

当前和今后一个时期我国教育战线面临的一项具有战略意义的重大任务，是以马克思主义，特别是以毛泽东思想、邓小平理论和"三个代表"重要思想以及近年来胡锦涛一系列重要论述为指导，把握中国特色社会主义先进文化前进方向，遵循教育和大学的本质及其规律，进行新的正确的文化选择，以在曲折中探索的"中国特色社会主义教育理念体系"为基础，批判地继承和发展孔子儒学"以伦理道德为本位"的教育理想，学习、借鉴西方近、现代大学在文化觉醒的基础上不断进行理念创新的成功经验，实行一次新的文化觉醒，发展当代中国大学理念和创建中华民族新教育，培养有社会主义觉悟的有文化的劳动者，建立"开放、多元、竞争、有序"的大学格局，在竞争中建设若干所中国特色的世界一流大学，坚持政府宏观调控下大学独特的组织文化个性，以理念创新为先导，以制度创新为关键，开创中国特色教育变革和大学创新新局面。

四、对 21 世纪中国大学精神的展望

吉林大学党委书记韩晓峰在《21世纪的中国大学精神》（载于《大学文化研究与发展简报》2003年第3期）一文中指出："大学的历史就是大学精神不断积淀和发展的历史"，"大学精神的历史表明，大学就是在人文主义与科学主义、理性主义与功利主义的冲突制衡中不断积淀、交流和发展的。21世纪的中国大学不但要从历史中继承传统吸取教训，更要面向世界前瞻未来，面对新的挑战"。

人文关怀 "21世纪的中国大学精神应当更加凸显人文关怀。""真正的大学是以培养'人'为天职的，它的立足点和归宿点是人，关心人的解放、人的完善、人的发展，促使受教育者在人格方面得到最充分的完善，为人类社会发展提供正确的价值导向，进而引领社会前进。"

科学理性 "21世纪的中国大学精神应当更加凸显科学理性。""大学中的科学理性更多地表现为探求真理的执着与牺牲、坚持真理的超越与创新，这是一种'忘我'与'殉道'的精神。"

文化自觉 "21世纪的中国大学精神应当更加凸显文化自觉。""大学不仅传递文化，更重要的是选择、批判、创新和超越文化，批判性、前瞻性和引导性

是文化自觉精神的基本特征。"

开放包容 "21世纪的中国大学精神应当更加凸显开放包容。""大学的发展历史表明,大学是一个具有高度自我调适能力的组织,开放包容精神是大学精神的基本要素,正是这种海纳百川的开放包容精神是大学不断获取和更新推动大学发展的动力。"

追求卓越 "21世纪的中国大学精神应当更加凸显卓越意识。""大学不能等同于一般性组织而存在于社会,大学必须保持卓越意识,进行优质教育、卓越教育、完美教育,大学的重大使命使生产知识、发展科学文化、探究真理、培养人才,21世纪的大学依然是人类文明的精神家园、人才养成的重要基地和人类社会的知识权威、最富有创造力的学术殿堂。"

独立自治 "21世纪的中国大学精神应当更加凸显独立自治。""大学的独立自治主要体现在学术的自由中立、办学的独立自治,这种独立自治精神是大学的特质和大学人的精神品格。"

2000多年来,大学理念在中国的发展已经出现过四次高峰:第一次是我国先秦时期孔子儒学"以伦理道德为本位的"教育理想的确立;第二次是西方近、现代大学理念在近代中国的传播;第三次是延安时期老解放区进行教育改革试验;第四次是新中国成立以后在曲折中探索和初步形成中国特色社会主义教育理念。在这个过程中,我国积累了极其丰富的正、反两个方面的经验教训,为我们进一步发展当代中国大学理念和开创中国特色社会主义教育发展新局面奠定了坚实的基础。我们坚信,在新的世纪里,我国必将出现一次高扬当代中国大学理念新的高峰,我国必将创建若干所中国特色的世界一流大学和建设成为世界高等教育强国,为实现从世界大国向世界强国的战略性转变奠定更加坚实的人才和智力基础。

(载于《高等教育研究》2007年第1期)

培养有社会主义觉悟的有文化的劳动者

党的教育方针是党对教育工作的根本指导方针,是根据教育工作的基本规律和我国的基本国情制定的,主要回答"什么是中国特色社会主义教育"和"如何建设中国特色社会主义教育"的问题,核心是"培养什么样的人"的问题。中华人民共和国建立以来,在党历次制定的教育方针中,对"培养什么样的人"主要有四种提法:一是培养有社会主义觉悟的有文化的劳动者;二是培养无产阶级革命事业接班人;三是培养有理想、有道德、有文化、有纪律的一代新人;四是培养德智体美全面发展的社会主义建设者和接班人。认真总结中华人民共和国成立以来正、反两个方面的经验教训,经过深刻的理性思考和反复比较,我们认为,毛泽东在《关于正确处理人民内部矛盾的问题》这部光辉著作中精辟地指出:"我们的教育方针应该使受教育者在德育、智育、体育诸方面都得到发展,成为有社会主义觉悟的有文化的劳动者",既遵循了教育工作的基本规律又符合我国现阶段的基本国情,是我国对"培养什么样的人"的教育目标的正确选择,我们应当从教育工作的基本规律与我国现阶段的基本国情有机结合的高度对这个社会主义教育目标进行深刻的再认识。

一、"有社会主义觉悟"是我国人才培养的根本方向

我国是社会主义国家,国家要求培养的人才应当"有社会主义觉悟"是理所当然的。通过认真学习思考和回顾总结历史经验,我们认为,在当代中国,在人才培养中,"有社会主义觉悟"的科学内涵主要是:

指导思想 坚持马克思主义的普遍真理与中国实际相结合,懂得马克思主义,特别是毛泽东思想、邓小平理论和"三个代表"重要思想、科学发展观的基本原理,高举中国特色社会主义伟大旗帜,坚持实事求是、解放思想、与时俱进的思想路线和以"一个中心,两个基本点"为核心的中国特色社会主义的理论体系以及党的重大的方针政策。

共同理想 在中国共产党的领导下,在民族独立和人民解放的基础上建立

中华人民共和国，坚持中国特色社会主义道路，通过改革开放实现国家富强和人民幸福，把我国建设成为中国特色社会主义现代化国家，为实现中华民族伟大复兴和推进人类文明进步而坚持不懈的奋斗。

政治方向 以马克思主义为指导，牢牢把握中国先进文化前进方向，坚持"民族的科学的大众的，面向现代化面向世界面向未来的，以人为本传承创新和谐发展的"中国特色社会主义新文化观，把坚定正确的政治方向放在首位，努力为社会主义现代化建设服务，为人民服务。

成长道路 自觉地坚持学习科学文化与加强思想修养、学习书本知识与投身社会实践、实现自身价值与服务祖国人民和树立远大理想与进行艰苦奋斗的辩证统一。

二、"劳动者"是我国人才培养的本质要求

马克思主义历来认为世界是劳动人民创造的，我国是社会主义国家，我们培养的人才不仅应当"有社会主义觉悟"，而且应当是一个普通"劳动者"，这是我国人才培养的本质要求。具体地说，主要有以下四项要求：

具有独立人格的合格公民。在社会主义和谐社会里，无论是党和国家的领导人、各级政府官员、科学家、工程师、企业家，还是工人、农民、服务人员，他们都应当是一个具有独立人格的合格公民，绝不能成为好逸恶劳的"精神贵族"（当官做老爷）和听别人任意摆布的会干活的"工具"，这是我国对大学毕业生的一项基本要求。

热爱劳动、敬业奉献、艰苦朴实、平等待人。在社会主义和谐社会里，作为一个具有独立人格的合格公民，我国大学毕业生应当热爱劳动、敬业奉献、艰苦朴实和平等待人，热爱劳动是劳动者应当具有的最基本的品质，敬业奉献是现代劳动者应当具有的基本素质，艰苦朴实是劳动者应当具有的一种作风，平等待人是劳动者应当具有的一种气质。

具有独立分析、解决实际问题的能力。在社会主义和谐社会里，作为一个具有独立人格的合格公民和热爱劳动、敬业奉献、艰苦朴实、平等待人的普通劳动者，必须具有独立分析、解决实际问题的能力。创造力是人才的价值所在，建设创新型国家的宏伟目标要求在全面提高独立分析、解决实际问题能力的基础上培养出大批富有主体精神和创造力的一代新人，特别是一批杰出创新人才。在当今这个开放的世界，我国大学毕业生应当努力成为时代所要求的具有全球

意识、较高文化品位和较强国际竞争能力的高素质人才。

牢固树立社会主义荣辱观。在社会主义和谐社会里，作为一个具有独立人格的合格公民和热爱劳动、敬业奉献、艰苦朴实、平等待人的普通劳动者，必须牢固树立社会主义荣辱观：以热爱祖国为荣、以危害祖国为耻；以服务人民为荣、以背离人民为耻；以崇尚科学为荣、以愚昧无知为耻；以辛勤劳动为荣、以好逸恶劳为耻；以团结互助为荣、以损人利己为耻；以诚实守信为荣、以见利忘义为耻；以遵纪守法为荣、以违法乱纪为耻；以艰苦奋斗为荣、以骄奢淫逸为耻。

三、"有文化"是我国人才培养的核心和重点

"有社会主义觉悟"是我国人才培养的根本方向，"劳动者"是我国人才培养的本质要求，但是，必须指出，"有文化"是我国人才培养的核心和重点，这是由"文化育人"是教育本质的核心和灵魂决定的。通过认真学习思考和回顾总结中华人民共和国成立以来我国人才培养工作正、反两个方面历史经验，我们认为，在当代中国，"有文化"主要包括以下四个方面内涵：

品德 品德是方向，核心和基础是养成健全人格和解决如何做人的问题，这在任何社会里无疑都是居于首位的。孔子儒学"以伦理道德为本位"的教育理想曾经长期居于我国社会文化形态的主导地位，注重"立德树人，亲民济世"和通过人文化成"推行教化庶民促使天下昌明"，这是我国教育的优良传统，我们应当继承和发扬。我国是社会主义国家，应当在品德教育中，在注重养成健全人格和解决如何做人问题的基础上把坚定正确的政治方向放在第一位，把思想政治素质作为最重要的素质，努力提高"社会主义觉悟"，同时促进世界观、人生观、道德观、价值观和法治观的全面提高。

学识 知识是学识的基础，但知识并不就是学识。知识，不仅是自然科学知识，还应重视人文、社会科学知识。在我国，还要高度重视学习继承中华优秀传统文化。学识，指的是学问和见识，还要养成一种科学精神。学问，指的是对于自然、社会和思维的知识体系的深刻理解，也就是对于科学的比较系统的、理性的认识。见识，是对事物本质的洞察力、独到的见解和对未来的预见。科学精神的核心是求真务实，要求人们实事求是、独立思考、追求真理、勇于创新。由此可见，学识是在学习广博、高深的人文、社会科学和现代自然科学技术知识的基础上经过理性思考和融会贯通将外在文化内化而形成的，是养成品德、智能和体魄的根本。

智能 智能包括智慧和才能,是在个人天赋和勤奋好学的基础上,经过刻苦努力,逐渐形成的一种内在的自我发展和适应社会的潜能以及认识世界和改造世界的能力,主要包括自学能力、选择能力、思维能力、研究能力、信息处理能力和表达能力。由此可见,智能在品德、学识、智能和体魄中居于核心的位置,它既是分析、解决实际问题能力的核心,又是进行创新活动,把创新意识转化为新鲜事物的关键。

体魄 体魄的内涵有两个方面:一是健康的体质,二是健全的心理。健康的体质,指的不仅是人们从事各种工作的体能,更重要的是人内在的旺盛精力、长期从事艰苦工作的耐力和对疾病侵袭的抵御能力,这是一个人在事业上能否取得成功的物质基础。许多研究成果表明,对一个人来说,健全的心理,包括自我意识、追求理想、人际关系和控制自己,比健康的体质更为重要,它是一个人在事业上能否取得成功的关键所在。由此可见,在品德、学识、智能和体魄中,健康的体质和健全的心理是一个人能否承担重大社会责任的基础。

四、构筑高品位的大学文化生态环境

为了培养有社会主义觉悟的有文化的劳动者,必须构筑一个高品位和富有活力的自然美、人文美、科学美和谐发展的大学文化生态环境。

自然美 在大学文化生态环境中,自然美是基本的,物质文明是基础,应当努力构筑一个风景如画、绿树成荫、山水相映、心旷神怡的绿色校园和建设一个现代化的、智力含量高的实验室、图书馆、校园网。

人文美 加强大学文化生态环境建设有许多事情要做,最重要的是要确立一个个性鲜明的大学精神,大学精神的实质是大学人共同信奉并付诸实践的崇高的价值追求,这是大学文化生态环境的灵魂。在当代,这个大学人共同信奉并付诸实践的崇高的价值追求应当是"以人为本"的人文精神、"求真务实"的科学精神、"着眼未来"的超越精神和"自强不息"的奋斗精神。这种大学精神不仅应当主要体现在大学治学育人的活动中,还应当物化在大学校标(包括校训、校徽、校歌、校风、学风、礼仪、楼名、路名)和人文景点中,我们应当充分发挥其在凝聚人、教化人、熏陶人、引领人中的独特作用。

科学美 高深知识及其构成的学科(专业)是大学存在的知识和组织基础,因此,科学美是加强大学文化生态环境建设的核心和重点,应当渗透在文化育人的全过程,既包括自然科学也包括人文学科,既包括通识教育课程也包括专业教育课程，既包括西方现代文明也包括中国传统文化，既应当坚持以第一课堂为主课堂又要广泛开展以学生为主体的丰富多彩的校园文化活动，使学生的个性和创造才能得到充分的发展。

必须强调指出，"培养有社会主义觉悟的有文化的劳动者"是我国党和政府坚持教育工作的基本规律与我国现阶段的基本国情有机结合作出的正确的文化选择，其实质是坚守"和谐育人"的崇高理想。回顾总结中华人民共和国成立以来正、反两个方面的经验教训，我们认为，为了实现"和谐育人"的崇高理想，在培养有社会主义觉悟的有文化的劳动者的工作中需要正确认识和处理以下几个主要辩证关系：

为谁服务和如何做人

我国是社会主义国家，我国教育工作应当坚持为社会主义现代化服务的方向，把培养社会主义事业建设者和接班人作为根本任务，教育引导青年学生坚定理想信念，拥护中国共产党的领导和树立中国特色社会主义共同理想，内化于心，见之于行，无疑是完全正确的。但是，教育活动的根本目的是"使人成其为'人'"是前提和基础。很难想象，一个缺乏如何做人的基本道德和文化修养的人能够成为一个坚定的社会主义建设者和接班人。

以德为先与全面树人

在人的德智体美全面发展中，"立德"是第一位的。但是，在"以德为先"的前提下必须"全面树人"。还要明白，德育、智育、体育、美育是一个辩证统一的有机的整体，根本不存在"以谁为首"的问题。因此，那种片面强调"以德为先"，甚至强调"德育为首"，因而忽视人的德智体美全面发展和德育、智育、体育、美育是一个辩证统一的有机的整体的观点和做法是不可取的，是违背教育规律的。

人文精神与科学素养

人类曾经长期处于古典人文主义教育时期，随之，大学成为人类文明的精神家园和人才养成的重要基地。在当代，虽然大学正在全面地承担着教育责任、学术责任、既服务又引领社会前进责任和国际责任，大学进一步发展成为人类社会的知识权威和最富有创造力的学术殿堂。但是，我们永远不能忘记，教育责任是大学应当承担的永恒的第一社会责任。所以，大学应当始终坚持"人文化成"是教育活动的本义和大学文化是大学人的精神家园。由此可见，"重科学轻人文"是当前我国人才培养工作中遇到的最大挑战，是大学出现众多弊端的根源所在。

基本文化素养与全面综合素质

深化教育改革全面推进素质教育的基本要求是全面提高学生的综合素质,包括基本文化素养和专业素质两个方面,核心和重点是提高基本文化素养,包括品德、学识、智能和体魄四个方面,在中国基础上高度重视提高专业素质。目前的主要倾向是重专业素质轻基本文化素质,应当坚决予以纠正。

传授知识和文化养成

教育"促进人的发展"是在认知活动的基础上进行的,因此,以教师为主体传授知识的认知活动是非常重要的,是学校进行文化育人的基础,所以,教师的基本职责是"授业",但是,必须明确,"教育的本质是一种生命活动",文化育人是教育本质的核心和灵魂,这个任务是教师和学生共同完成的,关键在于教师要高度重视"传道,解惑",学生要高度重视在教师的指导和帮助下通过"一是皆以修身为本"和"文化化成"使自己成其为"人"。

社会发展与个性发展

教育的对象是作为"个体"的有生命的人,"促进人的发展"是教育活动永恒的主题,教育活动的根本目的是"使人成其为'人'",推动人类社会不断地延续和发展。从根本上说,作为"个体"的有生命的人的个性得到充分的发展,是通过教育活动"使人成其为'人'"和推动人类社会不断地延续发展的基础;反过来说,通过教育活动"使人成其为'人'"和推动人类社会不断地延续发展的最终目的是实现人的生命意义和价值。

学校教育与产学融合

随着人类社会不断地向前发展,现代大学不仅应当坚持以教学为主,还要坚持教学与学术研究、社会实践相结合,尤其是高等职业技术教育。世界上办高等职业技术教育基本上采取两种模式:一种是以企业为主体;另一种以学校为主体。前者,产学是相互融合的;后者,必须强调产学融合和校企合作,而且这种融合和合作一定要贯穿于文化育人的全过程。在这个过程中,教学过程和企业实践过程是融为一体的,大学文化和企业文化也是相互渗透的。尤其要大力弘扬"工匠精神"和"精益求精"的敬业精神,坚定不移地走"产学融合、校企合作"的办学道路。

规范继承和改革创新

创新是一个民族不断进步的灵魂,也是一切事物兴旺发达的内在动力。但是,由于我国长期处于封建社会,我国传统文化的一个重大弱点是重规范轻创新。随着人类进入21世纪和我国社会正在转型,在继承规范的基础上进行改革创新，把我国大学生培养成为富有主体精神和创造力的一代新人，既是当今时代的强烈呼唤，也是历史发展的必然。

我们深知，坚持教育工作的基本规律与我国现阶段的基本国情有机结合，培养有社会主义觉悟的有文化的劳动者，为实现"和谐育人"的崇高理想而奋斗，必将经历一场极其深刻的触及灵魂的教育思想革命，任重而道远。

（本文原载于《高教研究与评估》2008年第1期）

追寻中国"大学之魂"

坚持中国特色社会主义新文化观与普遍意义的
"大学之魂"的有机结合

　　大学从它诞生之日起就把传授知识和教学育人作为自己的基本职能，在当代，大学正在全面承担着教育责任、学术责任、既服务又引领社会前进责任和国际责任，被人们称之为人类文明的精神家园、人才养成的重要基地和人类社会的知识权威、最富有创造力的学术殿堂。但是，20世纪90年代中期以来，在全球范围内和我国日益明显地出现了一种大学精神衰微现象，其突出表现是大学人文精神的滑坡、大学办学目标的功利化倾向、官僚化气息对大学的侵袭严重和不同程度地存在着教育、学术腐败现象。面对这种大学精神衰微现象，近10多年来，在我国悄然兴起了一个大学文化问题研究学术思潮，其核心是一股大学精神研究热潮，重点是追寻当代中国"大学之魂"。这是一项基础性、战略性和前瞻性的工作，对于新形势下促进我国大学实现新的文化觉醒，以理念创新为先导，以制度创新为关键，全面开创中国特色社会主义高等教育和大学新局面，推动中国特色社会主义文化大发展大繁荣，增强我国"国际核心竞争力"，特别是增强我国"文化软实力"，夺取全面建设小康社会的新胜利，有着重要的理论价值和实践意义。

一、深刻转变中的中国现代大学

　　20世纪90年代中期以来，人类社会正在逐步进入以世界多极化、经济全球化、文化多元化和信息网络化为主要特征的崭新时代，我国高举邓小平理论伟大旗帜，实现从计划经济体制向社会主义市场经济体制转型，发展和提高社会生产力，全面建设小康社会，开创中国特色社会主义事业新局面。与此相适应，以1999年6月中共中央国务院《关于深化教育改革全面推进素质教育的决定》的颁布为标志，我国高等教育的发展、改革正在从以政府为主体和以宏观领域为重点逐步向以大学为主体和以微观领域为重点进行战略转移，迫切要求全面开创中国特色社会主义大学创新新局面，为构建一个充满生机和活力的中国特色社会主义教育体系，实现科教兴国战略奠定坚实的人才和智力基础。正是在这个历史发展的关键时刻，深刻转变中的中国大学同时面临着两个重大课题：

第一，面对大学精神衰微现象，追寻普遍意义上的"大学之魂"

当前大学精神衰微现象在世界范围内和在我国出现不是偶然的，有着极其深刻的时代背景和认识根源。一方面，近一个多世纪以来，在社会世俗化和现代化的过程中，大学的发展、变革并不是一帆风顺的，一直存在着理性与功利、人文与科学、学术自由与文化专制和多元开放与闭关自守之间激烈的矛盾冲突和斗争，这个矛盾冲突和斗争必然对大学产生极其深刻的影响；另一方面，由于极其复杂的历史的和现实的原因，当前我国办大学在认识上存在着众多的误区，主要是重教育轻大学、重服务方向轻办学规律、重功利轻理性和重行政机制轻文化机制。因此，如何面对当前在世界范围内和在我国出现的大学精神衰微现象，追寻普遍意义上的"大学之魂"，是深刻转变中的中国大学面临的一个重大课题。

第二，以史为鉴，面向未来，探索中国特色社会主义新文化观

我国的近、现代大学是个舶来品，它离不开中国的历史和文化。近一个多世纪以来我国近、现代大学的发展、变革是在政权发生重大更迭和中西文化激烈冲突中进行的，是一个极其错综复杂和跌宕起伏的过程。尤其是新中国成立以来开辟中国特色社会主义教育发展道路经历了艰苦、曲折的探索过程。所以，如何以马克思主义唯物史观为指导，从理论与实践结合上回顾总结2000多年来，特别是近一个多世纪以来我国近、现代大学发展、变革的历史进程和经验教训，开辟中国特色社会主义教育发展道路，把握中国先进文化前进方向，以史为鉴，面向未来，探索中国特色社会主义新文化观，是深刻转变中的中国大学面临的又一个重大课题。

由此可见，"追寻中国'大学之魂'"包含两层意思：首先应当面对当前正在出现的大学精神衰微现象，追寻普遍意义上的"大学之魂"，从时代的高度和文化的视角对大学的文化本质、文化使命、文化精神和文化价值进行深刻的再认识；与此同时，还必须以马克思主义唯物史观为指导，牢牢把握中国先进文化前进方向，以史为鉴，面向未来，探索中国特色社会主义新文化观。在这个基础上，坚持中国特色社会主义新文化观与普遍意义上的"大学之魂"的有机结合，这是追寻中国"大学之魂"唯一正确的文化选择。

二、追寻普遍意义上的"大学之魂"

20世纪90年代中期以来,我国悄然兴起了一个大学文化问题研究学术思潮,核心和重点是对大学文化本质观、大学文化使命观、大学文化精神观和大学文化价值观进行深刻的再认识,追寻普遍意义上的"大学之魂"。

大学文化本质观 大学,既是众多学子神往的神圣殿堂,又是一门非常深奥的学问。"大学是什么"和"什么是大学"是古今中外教育家们永恒的话题,他们在不同的历史时期,从不同的视角,或从功能,或从内涵,对大学作出过某些精辟的界定,如纽曼说"大学是传授普遍知识的地方",蔡元培说"大学者,研究高深学问者也",科尔说"大学是一个'服务站'",但这些大师所作的界定都不是从哲学上对大学本质的科学概括。通过研究,我们认为,人类有三种基本的社会实践活动以及相应的三种社会组织:一是物质生产活动,它是人类最基本的社会实践活动,广而言之是经济活动,从事这种活动的主体是经济组织,主要代表是企业;二是治理国家和国际交往的政治活动,它主宰着一个国家的前途和命运,从事这种活动的主体是政治组织,主要代表是政党和政府;三是传承和创新文化活动,它是人类全部活动的基础,从事这种活动的主体是文化组织,主要代表是大学和研究机构。人类的这三种基本社会实践活动以及相应的三种社会组织的基本关系是既相互关联又鼎足而立,各自承担着不同的任务,发挥着不同的功能。由此可见,在宏观上,"大学的本质是一种与社会的经济和政治组织既相互关联又鼎足而立的以传承和创新文化为己任的功能独特的文化组织"。这是一种崭新的大学文化本质观,是我们观察和分析一切大学现象的根本出发点。

大学文化使命观 对于任何一种社会组织而言,它的存在总是与这种社会组织所承担的特定使命密切相关。长期以来,人们习惯于把大学的社会职能概括为教学、学术研究和直接为社会服务,这是一种经典的提法。正如德国哲学家雅斯贝尔斯曾经明确指出的那样:"大学是研究和传授科学的殿堂,是教育新人成长的世界,是个体间富有生命的交往,是学术勃发的领地。每一项任务借助参与其他任务而变得更有意义和更加清晰。按大学的理想,这四项任务缺一不可,否则,大学的质量就会降低。"后来,曾经长期担任哈佛大学校长的美国当代著名教育家德里克·博克教授在1982年出版的学术专著《走出象牙塔:现代大学的社会责任》中首次提出"现代大学的社会责任"这一重大命题,是西方论述现代大学在人类社会发展中的历史地位的经典之作。通过学习和进一步研究，我们认为，作为一种与社会的经济和政治组织既相互关联又鼎足而立的以传承和创新文化为己任的功能独特的文化组织，应当从时代的高度深刻认识大学应当承担的文化育人、文化创新、文化融合和文化引领的重大使命。文化育人是大学应当承担的永恒的第一文化使命，文化创新是大学作为一种真正意义上的大学的本质要求，文化融合是经济全球化时代处于世界多元文化激荡交融中的大学的光荣使命，文化引领是大学作为创造并培育新文化的中心应当承担的与生俱来的、更为独特的、影响更为深远的重大文化使命。因此，在当代，作为一种与社会的经济和政治组织既相互关联又鼎足而立的以传承和创新文化为己任的功能独特的文化组织，大学应当成为人类文明的精神家园、人才养成的重要基地和人类社会的知识权威、最富有创造力的学术殿堂，在人类社会发展中具有崇高的历史地位，这是一种崭新的大学文化使命观。

大学文化精神观 组织文化学是一门科学，组织文化学认为"组织文化的灵魂是一种价值信念体系"，其实质是一种文化精神。通过研究，我们认为，作为人类文明的精神家园、人才养成的重要基地和人类社会的知识权威、最富有创造力的学术殿堂，大学应当具有一种以"崇尚人文，注重理性，学术自由，追求卓越"为主要内涵的文化精神传统。"崇尚人文"，指的是大学应当把"促进人的全面而自由的发展"作为教育活动的崇高理想，体现出一种对于作为"个体"的人和作为"整体"的人类社会全面、协调、可持续发展的终极关怀，使大学真正成为人类文明的精神家园和人才养成的重要基地。"注重理性"，指的是大学应当把"理性"作为人类认识自然和驾驭自然的认识论基础，以发展人的理性、产生活的智慧和探究真理、发展知识、创造未来为己任，使大学真正成为人类社会的知识权威、最富有创造力的学术殿堂、新思想、新知识、新文化的策源地、为解决国民经济重大问题提供科学依据的前沿和将科学技术成果转化为现实生产力的中心。"学术自由"，指的是大学应当把"学术自由"作为维持其活力的源泉，永远坚守以"象牙塔"为象征的"为真理而献身"的独立精神，提倡和坚持由教育家办学，保持教育相对独立的资格，确保大学作为教学和学术自治中心的地位。"追求卓越"，指的是无论在任何情况下，大学都应当具有一种着眼未来的批判精神和文化选择能力，坚持对现实功利的超越和对理想的追求，决不随波逐流，决不成为政治的附庸或文明的粉饰，或者为经济所左右，决不"工具化""附庸化"和"庸俗化"。这是一种崭新的大学文化精神观，始终坚守以"崇尚人文，注重理性，学术自由，追求卓越"为主要内涵的大学精神文化传统，是大学千百年来之所以一直永葆青春和长盛不衰的强大精神支柱。

大学文化价值观 西方大学曾经有一段很长的时间,远离社会之外从事传授知识的教学活动和纯理性的学术研究,被人们称之为处于"象牙塔"之内。自大学走出"象牙塔"融入社会以后,它的存在就有两种哲学基础,以认识论为基础的哲学坚持大学必须"崇尚学术",以政治论为基础的哲学强调大学应当"适应社会",从此,崇尚学术与适应社会之间的矛盾就构成了大学办学的基本矛盾,"大学必须与学术特点和时代要求协调发展"就成为大学办学的普遍规律。通过研究,我们认为,在西方,大学之所以是大学,根基在理性和学术,也就是基于早期大学的"注重理性"和近、现代大学的"崇尚学术",理性和学术始终是西方大学立身之本,大学既要通过教育"注重发展人的理性"又要通过学术研究"不断产生新的知识",这是大学生命力之所在。所以,大学应当始终把基本理性和学术价值作为自己赖以存在和应当追求的核心价值。当然,说到底,大学是要通过服务社会实现自己的社会价值的,离开社会价值的理性和学术价值是没有意义的。但是,必须明确,大学通过服务社会实现社会价值是根植于大学的理性和学术价值之上的,它实质上是大学运用自身特有的高深知识及其构成的学科(专业)服务社会的一种实践过程。由此可见,大学应当在主动应对文明社会众多领域不同层次广泛需求的过程中始终坚守自己应有的基本理性和学术价值。这是一种崭新的大学文化价值观,它从根本上指明了大学在服务社会的办学实践中应当坚持的基本价值取向。

随着研究的不断深入,我们越来越深刻地认识到,当前在世界范围内出现大学精神衰微现象不是偶然的,是以"崇尚物质,忽视人文"为主要内涵的全球性文化生态危机在大学精神文化上的深刻反映。众所周知,所有传统社会的意识形态都把"人的贪欲"视作洪水猛兽,把它视作一种破坏性力量,我国儒家力主"存天理,灭人欲",西方柏拉图强调"有理性"是人与其他动物之间质的区别。但是,自工业革命兴起以后的近、现代社会逐渐发生了变化,人们往往把"人的贪欲"视作创造的源泉和进步的动力,结果导致人们不同程度地信仰物质主义、经济主义和消费主义。有些经济学家把这种现象称之为"人的贪欲的理性化释放",更多的有识之士把这样的转变称作是"精神家园的失却",这是一个根本性的转变,它势必深刻地影响着当前世界的高等教育和今日的大学。特别是进入20世纪90年代中期以后,大学精神正在随着外部各种力量的介入而日趋淡化,大学组织正在由人才养成的重要基地和人类社会的知识权威向技术人才与成果生产基地蜕变。但是,需要深刻认识的是,尽管大学精神的这种淡化以及大学组织的这种蜕变有着极其深刻、复杂的社会根源,然而,当前在世界范围内正在出现大学精神衰微现象的主要根源还应该从大学自身内部来找，关键还在于面对这种以"崇尚物质，忽视人文"为主要内涵的全球性文化生态危机，大学是否具有高度文化自觉，从时代的高度和文化的视角深刻认识大学的文化本质、文化使命、文化精神和文化价值，不为时事权势所转移，不为金钱、虚荣所诱惑，不为压力而折腰，始终坚守普遍意义上的"大学之魂"。这既是普遍意义上的"大学之魂"存在于现代社会中的价值和意义之所在，也是"追寻中国'大学之魂'"的核心和基础。正是基于这个认识，我们认为，一所缺乏高度文化自觉，不能坚守普遍意义上的"大学之魂"的大学，不可能成为一所真正意义上的大学。同样，一个缺乏高度文化自觉，不能坚守普遍意义上的"大学之魂"的大学领导者，也不可能是一个清醒的、成熟的大学领导者。

三、坚持中国特色社会主义新文化观

以马克思主义唯物史观为指导，牢牢把握中国先进文化前进方向，科学总结 2000 多年来，特别是近一个多世纪以来我国近、现代大学发展、变革探索中国特色社会主义教育发展道路的历史进程，我们的基本经验集中到一点，就是在当代，我国大学要实现新的文化觉醒，以理念创新为先导，以制度创新为关键，全面开创中国特色社会主义大学新局面，必须高举中国特色社会主义伟大旗帜，坚持"民族的科学的大众的，面向现代化面向世界面向未来的，以人为本传承创新和谐发展的"中国特色社会主义新文化观。为此，必须以科学发展观统领全局，在实践中坚持以下四个"辩证统一"：

第一，坚持文化指导的一元性与文化个性的多样性的辩证统一

以中国化的马克思主义为指导是高举中国特色社会主义伟大旗帜，坚持"面向现代化面向世界面向未来的，民族的科学的大众的，以人为本传承创新和谐发展的"中国特色社会主义新文化观的灵魂。这里应当注意两点：第一，中国化的马克思主义是个发展的概念，应当坚持实事求是、解放思想、与时俱进的思想路线，不断开拓马克思主义认识的新境界，用发展了的中国化的马克思主义去指导新的实践，与此同时，还要在马克思主义历史唯物主义和辩证唯物主义的世界观和方法论的指导下，贯彻执行"百花齐放，百家争鸣"的方针，弘扬主旋律，提倡多样化，促进我国文化教育事业的繁荣昌盛，推动中国特色社会主义文化大发展大繁荣；第二，要坚持不懈地用马克思主义中国化的最新成果教育人民，用中国特色社会主义共同理想凝聚力量，用以爱国主义为核心的

民族精神和以改革创新为核心的时代精神鼓舞斗志,用社会主义荣辱观引领社会风尚,巩固全国各族人民团结奋斗的共同思想基础,同时大力繁荣发展哲学社会科学,推动我国哲学社会科学优秀成果和优秀人才走向世界。

第二,坚持文化传统的继承性与文化发展的创新性的辩证统一

坚持以中华优秀传统文化为主体,使之与当代社会相适应,是"面向现代化面向世界面向未来的,民族的科学的大众的,以人为本传承创新和谐发展的"中国特色社会主义新文化观的核心。因为,一个伟大的民族必然有自己伟大的民族文化,中华民族之所以能够创造出光辉灿烂的古代文明,并且长盛不衰,就在于它有伟大的中华优秀传统文化。由此可见,中华优秀传统文化是中华民族生生不息、团结奋进的不竭动力。一定要全面认识祖国文化,取其精华,去其糟粕,使之与现代文明相协调,保持民族性,体现时代性。中华优秀传统文化是中国教育之根,中国教育又反过来推进中华优秀传统文化的延续和发展。在当代中国,必须以马克思主义唯物史观为指导,对以孔子儒学为核心的中华优秀传统文化,特别是对孔子儒学"以伦理道德为本位"的教育理想采取批判地继承和发展的态度,重点是要继承和发展孔子儒学"以伦理道德为本位"的教育理想精华,注重养成君子、士的人格理想,并在这个基础上与时俱进,在当今世界多元文化激荡交融中使其与以"注重理性,崇尚学术"为核心的西方近、现代大学理念和时代精神相融合,在新形势下继承和创新"大学之道",赋予其新的时代内涵。

第三,坚持为社会主义服务与为人民服务的辩证统一

"为社会主义服务、为人民服务"既是我国文化教育工作的基本方针,也是"面向现代化面向世界面向未来的,民族的科学的大众的,以人为本传承创新和谐发展的"中国特色社会主义新文化观的根本宗旨。在当代中国,贯彻"为社会主义服务、为人民服务"的基本方针,要求我国文化教育工作高举中国特色社会主义伟大旗帜,牢牢把握中国先进文化前进方向,充分发挥人民群众在文化建设中的主体作用,充分调动广大文化工作者的积极性,兴起社会主义文化建设新高潮,推动社会主义文化大发展大繁荣,弘扬中华优秀传统文化,建设中华民族共有精神家园,推进文化创新,增强文化发展活力,培育文明风尚,促进社会和谐,增强国家"文化软实力",使人民基本文化权益得到更好保障,使社会文化生活更加丰富多彩,使人民精神风貌更加昂扬向上,在中国特色社会主义的伟大实践中进行文化创造,让人民共享文化发展成果。教育是民族振兴的基石,教育公平是社会公平的重要基础,教育质量是教育工作的生命线。要优先发展教育,全面贯彻党的教育方针,深化教育改革全面推进素质教育,全面实施高等教育质量工程,发展远程教育和继续教育,建设全民学习、终身学习的学习型社会,促进作为"个体"的人和作为"整体"的社会得到全面、协调、可持续发展,办好人民满意的高等教育。由此可见,在当代中国,中华民族新文化和中华民族新教育应当既是社会主义的也是人民大众的。

第四,坚持文化归属的民族性与文化联系的世界性的辩证统一

"教育要面向现代化,面向世界,面向未来"是我国教育工作的战略思想,也是"面向现代化面向世界面向未来的,民族的科学的大众的,以人为本传承创新和谐发展的"中国特色社会主义新文化观的战略目标。我们既要牢记博大精深的中华优秀传统文化是中华民族之根,又要永远铭记新时期最鲜明的特点是改革开放。今天,一个"面向现代化面向世界面向未来"的社会主义新中国已经巍然屹立在世界的东方。因此,我们应当具有一种厚德载物、海纳百川的宽广胸怀和"面向现代化面向世界面向未来"的战略眼光,既要坚持"以中华优秀传统文化为主体",又要学习、借鉴人类社会积淀和创造的一切优秀文明成果,在会通中西自主创新的基础上发展中华民族新文化和创建中华民族新教育,不断增强中华优秀传统文化的国际影响力,努力使我国大学既是发展中国特色社会主义先进文化,也是发展人类社会先进文化的重要基地。当前,我们要特别警惕在世界范围里出现的一股"文化霸权主义"逆流,它妄图将"全球化"的概念扩大到文化领域,进行文化渗透,实行"双重标准",为实现其全球霸权服务。必须指出,在文化领域里根本不存在"全球化"问题,需要的是在世界多元文化的激荡交融中互相学习,取长补短,建设具有不同国家的特色文化,为繁荣人类的文化宝库而共同奋斗。

必须强调指出,中国特色社会主义伟大旗帜是当代中国发展进步的旗帜,是全党全国各族人民团结奋斗的旗帜。在当代中国,坚持中国特色社会主义道路就是真正坚持社会主义,坚持中国特色社会主义理论体系就是真正坚持马克思主义。以党的十七大精神为指导,我们认为,"面向现代化面向世界面向未来的,民族的科学的大众的,以人为本传承创新和谐发展的"中国特色社会主义新文化观,是一个包括毛泽东1940年提出的"民族的科学的大众的"新民主主义文化观、邓小平1983年提出的"面向现代化面向世界面向未来的"战略思想和胡锦涛近年来提出的"以人为本传承创新和谐发展的"科学发展观及其有机结合的科学理论体系。这个科学理论体系是中国特色社会主义理论体系的重要内涵,凝结了几代中国共产党人的智慧和心血,是马克思主义文化观中国化的最新成果,是中国化的马克思主义文化观开始走向成熟的重要标志。正是基于这个认识,我们认为,在当代中国,一所不能自觉地高举中国特色社会主义伟大旗帜,坚持中国特色社会主义新文化观的大学,不可能成为一所高水平的中国特色社会主义大学。同样,一个不能自觉地高举中国特色社会主义伟大旗帜,不能坚持中国特色社会主义新文化观的大学领导者,也不可能是一个清醒的、成熟的中国特色社会主义大学领导者。

四、努力开创中国特色社会主义大学创新新局面

面对 21 世纪和我国社会转型中的新的机遇和挑战,我们应当坚持"民族的科学的大众的,面向现代化面向世界面向未来的,以人为本传承创新和谐发展的"中国特色社会主义新文化观与普遍意义上的应当坚守的"大学之魂"的有机结合,以理念创新为先导,以制度创新为关键,努力开创中国特色社会主义大学创新新局面。

1. 培养有社会主义觉悟的有文化的劳动者

科学总结新中国成立以来我国高等教育发展和改革正、反两个方面的经验教训,我们认为,毛泽东在《关于正确处理人民内部矛盾的问题》一文中提出的"应该使受教育者在德育、智育、体育几方面都得到发展,成为有社会主义觉悟的有文化的劳动者"的教育方针,是以中国化的马克思主义为指导,把握中国先进文化前进方向,探索当代中国教育理念作出的正确的文化选择,"有社会主义觉悟"是我国人才培养的根本方向,"有文化"是我国人才培养的核心和重点,"劳动者"是我国人才培养的本质要求。当前和今后一个时期,我们的一项重要任务就是以中国化的马克思主义为指导,把握中国特色社会主义先进文化前进方向,把坚定正确的政治方向放在首位,以"以人为本"的教育哲学观为指导,把"促进人的发展"作为教育活动永恒的主题,确立"文化育人"的科学理念,坚持"有社会主义觉悟的有文化的劳动者"的培养目标,以大学为主体,进一步深化教育改革全面推进素质教育,促进人的全面发展,正确地认识和处理社会需求与个性发展、为谁服务与如何做人、传授知识与文化养成和坚持规范与注重创新之间的辨证关系,全面加强教师队伍建设,营造一个高品位的大学文化生态环境,全面提高高等教育质量,努力造就社会主义和谐社会和创新型国家实际需要的一批拔尖创新人才和数以千万计的高素质专门人才。

2. 在竞争中建设若干所中国特色世界一流大学

20世纪90年代中期以来，人类社会逐步进入以经济全球化为基本特征的崭新时代。与此相适应，在全球范围内掀起了新一轮高等教育国际化的浪潮。在当今世界，由于文化与政治和经济的相互交融日益深入，促使文化的力量越来越深深地熔铸在民族凝聚力、生命力和创造力之中，在综合国力竞争中的地位越来越重要。因此，大学的兴衰与国家的兴衰紧密相关，以凝聚力、教育力、创造力和引领力为主要内涵的"大学核心竞争力"是一个国家"国际核心竞争力"的主要内涵和重要基础。在这样新的时代背景下，以邓小平提出的"教育要面向现代化，面向世界，面向未来"的战略思想为指导，大力加强优势学科和卓越大学文化建设，通过竞争有重点地创建一批中国特色高水平研究型大学和若干所世界一流大学，实现从世界高等教育大国向世界高等教育强国的战略性转变，是以中国化的马克思主义为指导，把握中国先进文化前进方向进行的一个新的重大的战略选择，也是开创中国特色教育变革和大学创新新局面的重大战略任务。

3. 坚持政府宏观调控下的大学组织独特的文化个性

1985年，《中共中央关于教育体制改革的决定》明确地提出"要扩大高等学校的办学自主权"，"与此同时，政府及其教育管理部门要加强对高等教育工作的宏观指导和管理"，是我国高等教育体制改革的重大转折。实践表明，官僚化气息对大学的侵袭，阻碍和影响着各项教育改革的深化和大学理念的创新。目前的根本出路是彻底改革根深蒂固的行政化教育体制，坚持政府宏观调控下大学组织独特的文化个性，确保我国大学真正成为依法面向社会自主办学的法人实体。

4. 进一步建立、健全中国特色现代大学制度

《世界高等教育宣言》明确指出："大学自治和学术自由是21世纪大学发展的永恒准则。"新中国成立初期，我国对于建立、健全中国特色现代大学制度进行了长期的探索。曾经一度实行学校党委监督、保证下的校务委员会负责制。1956年以后，根据当时国际、国内的政治时局，全国高等学校实行"学校党委领导下的校长负责制"。与经济、科技体制改革相适应，1985年5月《中共中央关于教育体制改革的决定》明确提出："要扩大高等学校的办学自主权"，"学校逐步实行校长负责制"。"学校党组织要从过去那种包揽一切的状态中解脱出来，把自己的精力集中到加强党的建设和加强思想政治工作上来，成为建设社会主

义精神文明的坚强阵地"。后来由于实践效果并不理想，进入20世纪90年代以后又恢复了学校党委领导下的校长负责制。认真回顾总结新中国成立以后探索建立、健全中国特色现代大学制度正、反两个方面的经验教训，我们认为，进一步建立、健全中国特色现代大学制度的根本方向是将建设现代大学制度的普遍规律同中国特色社会主义的基本国情有机地结合起来，积极探索"学校党委领导，教授治学育人，校长依法治校"三位一体的中国特色现代大学制度。其中，"学校党委领导"是中国特色现代大学制度最本质的特征；"教授治学育人"是中国特色现代大学制度的学术权力基础，"校长依法治校"是中国特色现代大学制度科学治理学校的法律保证。

我们坚信，随着大学文化问题研究学术思潮的深入发展，坚持中国特色社会主义新文化观与普遍意义上的"大学之魂"的有机结合，追寻中国"大学之魂"，我国大学必将开创中国特色社会主义大学创新新局面，为全面建成小康社会、创新型国家和社会主义和谐社会作出应有的贡献。任重而道远，需要我们作长期坚持不懈的努力。

（本文系作者在清华大学人文讲坛上的学术演讲，载于《高教发展与评估》2008年第3期）

育人为本，科学为根，文化为魂
三位一体的大学哲学观

　　教育、科学和文化是构成大学的三个基本要素，其中，"'育人为本'是大学存在的第一要义"和"'科学为根'是大学存在的价值基础"是早已被实践证明和人们认识的两种大学哲学观，一个是"本"，一个是"根"，它们共同构成了大学"应当始终坚守的文化品位和崇高理想"的核心内涵，基本要求是始终坚守大学是人类文明的精神家园、人才养成的重要基地和人类社会的知识权威、最富有创造力的学术殿堂的历史地位以及与之相应的以"人文关怀"和"独立精神"为核心的大学精神文化传统。第二次世界大战结束以来的办学实践证明，面对当前以"崇尚物质，忽视人文"为核心的全球性文化生态危机的严峻挑战，一所不能自觉地坚守应有的文化品位和价值追求的大学是一所缺乏灵魂的大学。"'文化为魂'是大学赖以存在的精神支柱"是近年来在我国大学文化问题研究学术思潮深入发展过程中创造性地提出的一种崭新的大学哲学观，作为大学赖以存在的精神支柱，"文化为魂"既深深地蕴含在"'育人为本'是大学存在的第一要义"和"'科学为根'是大学存在的价值基础"之中，又是"时代赖以生存的思想体系"的深刻反映。全面、深刻地理解"'育人为本，科学为根，文化为魂'三位一体的大学哲学观"形成和发展的历史进程及其科学内涵，对于当前我国大学实现新的文化觉醒，理智地应对面临的种种新的机遇和挑战，以文化创新积极推进大学创新，开创中国特色社会主义教育变革和大学创新新局面，具有重大的理论价值和实践意义。

一、"育人为本"是大学存在的第一要义

　　作为大学存在的第一要义和最根本的大学哲学观，"育人为本"主要有以下几层意思：

　　第一，大学从它诞生之日起就一直把"立德树人"作为自己根本任务，把"促进人的发展"作为教育活动永恒的主题，并且确立了大学是人类文明的精神

家园和人才养成的重要基地的历史地位,古典大学和一般大学是这样,现代大学和研究型大学也应当是这样,这是不以人的主观意志为转移的客观规律。无论情况发生什么变化,包括学校规模的扩大、办学层次的提升和服务功能的拓展,我们都应当自觉地遵循。

第二,确认"'育人为本'是大学存在的第一要义"的关键是正确理解德国威廉·冯·洪堡在创办柏林大学时倡导的"教学与学术研究相统一"和"由科学而达至修养"这两条重要原则的深刻内涵及其相互关系。必须明确,"由科学而达至修养"是威廉·冯·洪堡在创办柏林大学时提出的一个崭新的新人文主义大学教育观。"修养"是新人文主义的一个重要概念,指的是一种道德和人格上的境界,是个人天赋充分发展的结果,是人作为"人"应有的素质,强调的是人的独立价值和自由发展,它与专门能力和技艺无关。威廉·冯·洪堡强调,真正的科学是一种心智的、能动的和创造的活动,科学就意味着不断地进行探索,科学本身具有涵养品质和促进修养的作用。由此可见,威廉·冯·洪堡在创办柏林大学时把学术研究功能引入大学,并且提出"教学与学术研究相统一"这条重要原则,其主要着眼点是为落实"由科学而达至修养"这个新人文主义大学教育观和提高育人质量服务的,这是大学区别于纯粹学术研究机构的重要标志。

第三,2000多年来,特别是自中世纪产生近、现代意义的大学以来,从人类古典人文主义教育理想到德国威廉·冯·洪堡的新人文主义大学教育观,再从美国"通识教育"的最初构想到我国"以全面提高人的综合素质为宗旨的"现代大学素质教育观,大学始终坚持"以人为本"的教育哲学观,把"促进人的发展"作为教育活动的根本出发点,把传承和创新文化作为教育"促进人的发展"的基础,把"人文化成"作为教育活动的本义,把培养品德高尚、学识丰富、智能良好和体魄健全的德智体美全面发展的高素质人才作为教育活动应当追求的崇高目标。

第四,教育的对象是作为"个体"的有生命的人,教育的本质是通过文化促进人的发展的一种生命活动,教育应当促使人在生命活动中获得新的生命,因此,教育应当始终"致力于照亮人性的美"的人文关怀,把以学生为主体的"文化养成"活动作为坚持"育人为本"的基础。

二、"科学为根"是大学存在的价值基础

西方大学自古希腊以来,一直恪守"知识即目的"的理性追求和"为科学而科学"的价值准则。在文艺复兴、宗教改革和启蒙运动等一系列的思想解放

运动之后，理性终于成为人类认识自然和驾驭自然的认识论基础，促使现代科学获得了巨大的进步。以 1810 年德国柏林大学的建立为重要标志，学术研究功能被引入了大学，严格意义上的科学活动正式进入了大学这个知识殿堂，实现了由传统大学向现代大学的深刻转变，逐渐确立了大学是人类知识的集大成者和人类社会的知识权威，为确立"'科学为根'是大学存在的价值基础"奠定了基础。19 世纪中叶以后，以美国为主要代表，西方大学逐渐融入社会之中，促进了大学教育与学术研究、社会实践的紧密结合。随着大学与社会的互动日益紧密，现实社会不仅要求大学继续进行以"求真"为目的的科学活动，更要求大学在认识世界的基础上创造未有的新世界，直接为人类社会谋福祉。随之，现代大学进一步发展成为人类最富有创造力的学术殿堂，"创造力"成了现代大学的价值所在。这是一个巨大的进步，进一步巩固了"'科学为根'是大学存在的价值基础"的历史地位。

但是，美国大学在与社会的互动中面临着一种非常艰难的选择：怎样才能在积极应对现实社会众多领域不同层次广泛需求的同时坚守自己应有的基本理性和学术价值。在美国高等教育哲学史上，约翰·S. 布鲁贝克的《高等教育哲学》（王承绪主编，郑继伟、张维平等译，浙江教育出版社，1987 年版）的最大贡献是从"每一个较大规模的现代社会，无论它的政治、经济或宗教制度是什么类型的，都需要建立一个机构来传递深奥的知识，分析批判现存的知识，并探索新的学问领域。换言之，凡是需要人们进行理智分析、鉴别、阐述或关注的地方，那里就会有大学"的基本论点出发，以"高深学问"为逻辑起点，创造性地提出了"使高等教育合法存在的哲学"，走出了一条多样化的发展道路，确保大学在以多样化的办学模式应对社会需求的多样化的同时坚守自己应有的基本理性和学术价值，从而捍卫了"'科学为根'是大学存在的价值基础"的历史地位。

韩水法教授在《中国大学的自信何在》（载于《科学时报》2008 年 8 月 15 日）一文中深刻地指出："大学之所以是大学，就是基于学术，从而也就是基于创造新知识和新思想这个根本的宗旨。""我们可以将学术称为大学的核心价值，大学核心价值自然也包括本来意义上的教育，后者旨在通过学术与知识来开发人的智力和道德能力。""以'走出象牙之塔'为例，大学依然必须是象牙之塔，只是塔内与塔外必须是相通的。""当代西方世界大学改革的主旨在于改善学术活动进行的方式，而重点在于大学的组织方式与活动方式，后者包括与社会的相互关系，从而更加有利于新知识、新思想的产生；或者更为一般地说，建立更加适合于人们智力创造得以发挥的环境以及以其核心价值为基础的教育的普遍化和终身化的体系。"

必须强调指出,"科学"和"创造"是既有深刻联系又有质的区别的两种活动。科学活动的对象是"已经存在的客观事物",科学活动的任务是探索这个"已经存在的客观事物"的本质及其发展规律,其实质是一种"探索未知"的认知活动,这是"'科学为根'是大学存在的价值基础"的本义所在。那么,什么是创造活动的本质呢?创造活动的本质是在"探索未知"的基础上进行的一种以"做出前所未有的事情"为目的的实践活动。由此可见,科学的本质是一种认知活动,创造的本质是一种实践活动,以"求真"为目的的科学活动不仅是以"做出前所未有的事情"的创造活动的基础,更是大学赖以生存和发展的价值基础。

三、全球性文化生态危机与当代大学价值危机

众所周知,所有传统社会的意识形态都把"人的贪欲"视作洪水猛兽,把它视作一种破坏性力量,我国儒家力主"存天理,灭人欲",古希腊柏拉图也认为"有理性"是人与其他动物的本质区别。但是,19世纪中叶以后的近、现代社会逐渐发生了变化,突出表现是人们日益把"人的贪欲"视作创造的源泉和进步的动力,越来越重视现代科学技术在为人类创造物质财富上的巨大作用,结果导致人们不同程度地信仰物质主义和科学主义。有些经济学家把这种现象称之为"人的贪欲的理性化释放",更多的有识之士则把这种现象称之为"全球性文化生态危机",这是一种道德信仰危机,正在深刻地影响着当前世界的高等教育和今日的大学。第二次世界大战结束以来,特别是人类社会进入以经济全球化为基本特征的崭新时代以来的实践表明,面对当前正在世界范围内出现的以"崇尚物质,忽视人文"为核心内涵的全球性文化生态危机,大学组织正在由人类文明的精神家园和人类社会的知识权威向技术人才和科技成果的生产基地蜕变,以"人文关怀"和"独立精神"为核心的大学精神文化传统正在随着外部世界各种力量的介入而日趋淡化。许多学者惊呼"大学精神的衰微正在成为当前一个世界性的重要话题",其实质是大学缺乏应有的文化品位和崇高理想。

我国曾经经历过长达2000多年的封建社会,我国社会在整体上正式对封建文化进行批判的运动是著名的新文化运动,然而,相对于欧洲的文艺复兴运动,我国的新文化运动不仅在时间上滞后,而且经历了多次反复和曲折,时而"效法西方,全盘西化",时而"中学为体,西学为用",致使以中西文化为基础发

展中华民族新文化和创建中华新教育的目标在新中国成立以前并没有真正实现。新中国成立以后，在探索建设中国特色社会主义的过程中，又曾经在一个比较长的时期里坚持"以阶级斗争为纲"的错误思想，近年来又受到市场经济的强烈冲击，这些状况对我国高等教育和大学的影响深刻而复杂，由此可见，当前大学价值危机之所以在我国表现得较为突出，不仅有着极其深刻而复杂的国际背景和国内根源，更根本的是由于我国大学缺乏应有的高度文化自觉。

近年来，我国众多学者纷纷撰文，深刻揭示当前我国出现大学精神衰微现象的主要表现及其根源。顾明远教授在为《大学之道》（王冀生著，高等教育出版社，2005年8月）一书作《序》时深刻地指出："当前我国有些大学太急功近利，名利思想太严重，总想一夜之间就成为一流大学，而缺乏在'大学之道'上下功夫。""'大学之道'的核心是在'育人'，在'创建新的文化'。大学，无论它的功能有多少，治学育人是根本。大学需要开展科学研究，创造新的知识，但其中一个主要目的就是为了提高育人的质量，而且是在吸收学生参与中共同完成的，这就是学校区别于纯粹研究机构的地方。"后来他又在《大学文化的缺失》一文中进一步指出："当前我国为什么要呼吁加强大学文化建设？就是因为当前我国一些大学出现精神缺失现象。主要表现在四个方面：一是大学官僚化，缺乏科学民主；二是功利性太强，急功近利；三是商品化气息太浓，把创收放在重要的位置；四是办学趋同化，学校盲目升格。""对于社会文化来说，大学文化是一种'亚文化'。大学文化当然要认同社会主流文化和主流价值观，但是，大学是创造知识、创造思想的地方，有引领社会文化潮流的责任。所以，大学对社会的非主流文化要加以选择、批判和改造。只有这样，大学才能顺利完成治学育人的任务，引领社会追求真、善、美。"（载于《大学文化与思想解放高层论坛文集》，大学文化研究与发展中心编，2009年9月）

经过探索、研究和思考，我们认为，由于种种极其错综复杂的原因，特别是在行政化、功利化和政治化等多种因素的深刻影响下，当前我国大学的价值危机突出地表现在教育活动价值的缺失和大学的创造力不足两个方面，有些学校还不同程度地出现了教育、学术腐败现象，正在引起人们的广泛关注。面对当前在我国大学出现的价值危机及其突出表现，人们越来越深刻地感悟到，在当代中国，一所不能坚守"'育人为本'是大学存在的第一要义"和"'科学为根'是大学存在的价值基础"这两个大学哲学观的大学，是一所缺乏文化品位和价值追求的大学。因此，建设中国特色有灵魂的大学，不仅是当今时代的强烈呼唤，也是我们面临的一项基础性、战略性和前瞻性的历史性任务。

四、"文化为魂"是大学赖以存在的精神支柱

文化是一个内涵非常广泛的概念,广义的文化是一个"包括知识、信仰、艺术、道德、法律、习俗和任何人作为一名社会成员而获得的能力和习惯在内的复杂整体"(摘自《原始文化》,爱德华·泰勒著,连树声译,上海文艺出版社,1992年1月),狭义的文化专指文学艺术、意识形态和精神文明,文化深层次的核心内涵指的是"时代赖以存在的思想体系"。"'文化为魂'是大学赖以存在的精神支柱"是继"'育人为本'是大学存在的第一要义"和"'科学为根'是大学存在的价值基础"之后,随着大学文化问题研究学术思潮在我国的深入发展,当代中国大学人提出的一种崭新的大学哲学观。主要观点是:

第一,大学更重要的是一种文化存在和精神存在

"大学更重要的是一种文化存在和精神存在",是一种既古老又崭新的大学存在观。早在60多年前,梅贻琦先生就深刻地揭示了这个真谛,指出:"所谓大学者,非谓有大楼之谓也,有大师之谓也"。近年来,杨福家教授多次强调"大学不仅仅是客观物质的存在,更重要的是一种文化存在和精神存在"。我们认为,作为一种大学存在观,"大学更重要的是一种文化存在和精神存在"的主要内涵是:大学首先是一种客观物质的存在,它是大学文化存在和精神存在的主要载体,但是,大学更重要的是一种文化存在和精神存在,这不仅是因为大学是人类文化发展到一定阶段的产物,高深知识及其构成的学科(专业)是大学存在的知识和组织基础,大学的本质是一种功能独特的文化组织,有其独特的组织文化个性,大学还在长期教育和办学实践中积淀和创造了深厚的文化底蕴,主要凝聚在深厚的文化底蕴之中的大学文化是一种独特的社会文化形态和大学核心竞争力之重点所在,大学文化建设的灵魂是"文化品位和崇高理想的确立"。

第二,"文化为魂"深深地蕴含在"育人为本"和"科学为根"之中

作为大学赖以存在的精神支柱,"文化为魂"深深地蕴含在"'育人为本'是大学存在的第一要义"和"'科学为根'是大学存在的价值基础"之中,基本要求是既要始终坚守大学作为人类文明的精神家园和人类社会的知识权威的历史地位,又要始终坚守以"人文关怀"和"独立精神"为核心的大学精神文化传统,其实质是在任何情况下,大学都要始终坚守应有的文化品位和崇高理想。由此可见,"育人为本,科学为根,文化为魂"是三位一体的大学哲学观。如果离开"育人为本"和"科学为根","文化为魂"就会成为无源之水,无本之木。反之,

如果失去"文化为魂",大学的求真和育人活动必将失去灵魂,而一所失去灵魂的大学肯定是没有希望的。所以,只有坚持"育人为本"、"科学为根"和"文化为魂"三者的有机结合,把"求真育人"作为"文化为魂"的精髓,努力做到在求真中育人,在育人中求真,才能充分发挥大学独特的文化功能,既服务又引领社会前进。我们既要看到,在大学里,求真和育人是两种性质不同的活动。科学是以事实为对象的,科学活动的本质是求真,它的任务是探求真理,其实质是一种认知活动,需要一种"为真理而献身"的独立精神,而教育的对象是作为"个体"的有生命的人,"人文化成"是教育活动的本义,现代大学教育的基本使命是把大多数受教育者培养成为既有文化知识又有文化修养的专门人才,其本质是一种生命活动,需要的是一种"致力于照亮人性的美"的人文关怀,这是不以人的主观意志为转移的,我们应当自觉地遵循。我们还要看到,在大学里,求真和育人是一个辩证统一的有机的整体。所谓"在求真中育人",其实质是坚持"人文化成"这个教育活动的本义,关键是要深入挖掘"求真"活动中的人文因素。所谓"在育人中求真",其实质是坚持"教学与学术研究相统一"和"由科学而达至修养"的重要原则,通过求真活动培养富有主体精神和创造力的一代新人。

第三,"文化为魂"是"时代赖以生存的思想体系"的深刻反映

作为大学赖以存在的精神支柱,"文化为魂"不仅深深地蕴含在"'育人为本'是大学存在的第一要义"和"'科学为根'是大学存在的价值基础"之中,它还应当是时代精神的深刻反映,并随着时代的发展、变革在坚守中不断实现新的超越。早在1946年,西班牙著名思想家奥尔特加·加塞特在其学术专著《大学的使命》(徐小洲、陈军译,浙江教育出版社,2001年12月)中提出"文化是时代赖以生存的思想体系",并深刻地指出:"生活就像一个混沌的世界,人类犹如在混杂纷乱的密林中迷失了方向。但是,人类的精神对困惑的感觉作出了相对抗的反应:人类会努力在密林中寻找'出路'和'方法',在形式上表现为某种认识宇宙的明确、坚定的思想,认识事物本质的、积极的信念。这些思想的整体或体系就是'文化'一词的真正含义。""任何人都必须清楚地认识到自己所处的生活时代和环境,简言之,就是时代的'文化'。""文化是每个时代固有的生命体系;不过更好的提法是,文化是时代赖以生存的思想体系。"基于这个认识,我们认为,在大学里,我们既要始终坚守"'育人为本'是大学存在的第一要义"和"'科学为根'是大学存在的价值基础"这两个大学哲学观,更要深刻反映"时代赖以生存的思想体系",自觉地站在时代的前头,随着社会转型和文化变迁，在坚守"大学应有的文化品位和崇高理想"中不断实现新的超越，既服务又引领社会前进。无数事实反复证明这样一个真理：一个民主、文明、公正的社会不能没有一个充满人文关怀的、相对独立的、享有充分学术自由的、能够理智地应对外部世界种种挑战，不屈从于任何外在权威并能够摆脱任何外在诱惑的精神气质的真正意义上的大学的存在。否则，社会创新和发展的动力就会受到削弱，社会就会流于鄙俗，成为人欲横流、精神颓废和理想暗淡的名利场。

第四，建设中国特色有灵魂的大学是当今时代的强烈呼唤

作为大学赖以存在的精神支柱，"文化为魂"既深深地蕴含在"'育人为本'是大学存在的第一要义"和"'科学为根'是大学存在的价值基础"之中，又是"时代赖以生存的思想体系"的深刻反映，由此可见，坚持"'育人为本，科学为根，文化为魂'三位一体的大学哲学观"是办学的根本，为建设中国特色有灵魂的大学奠定了新的哲学基础。进入21世纪以来，我国教育战线正在牢牢把握中国特色社会主义先进文化前进方向，坚持"民族的科学的大众的，面向现代化面向世界面向未来的，以人为本传承创新和谐发展的"中国特色社会主义新文化观与普遍意义上应当坚守的"大学之魂"的有机结合，以"'育人为本，科学为根，文化为魂'三位一体的大学哲学观"为指导，在世界多元文化的激荡交融中继承和创新我国古老的"大学之道"，进行文化重构，重塑文化个性，建设中国特色有灵魂的大学，坚定不移地走中国特色教育变革和大学创新之路。

（本文系作者在"大学文化研究与发展中心"在北京大学召开的"大学文化与思想解放高层论坛"上所作的主旨发言，载于《中国高等教育》2009年第20期）

大学更重要的是一种文化存在和精神存在

教育、科学和文化是构成大学的三个基本要素，它们既是三种不同质的事物，又共处于同一所大学之中，形成了一个以求真育人为核心的文化共同体。其中，"'育人为本'是大学存在的第一要义"和"'科学为根'是大学存在的价值基础"是早已被实践证明和人们认识了的两个极其重要的大学哲学观，它们共同构成了大学存在的根本以及大学应有的文化品位和崇高理想的核心内涵，随之大学被人们誉为人类文明的精神家园、人才养成的重要基地和人类社会的知识权威、最富有创造力的学术殿堂。20世纪90年代中期以来，随着人类社会逐渐进入以经济全球化为基本特征的崭新时代和我国从计划经济体制逐渐向社会主义市场经济体制转型，受到以"崇尚物质，忽视人文"为主要内涵的全球性文化生态危机以及其他外部世界种种因素的挑战和诱惑，当前在世界范围内，出现了一种大学精神衰微现象，其实质是一些大学在积极应对并满足文明社会众多领域不同层次的广泛需求的同时，没有自觉地坚守自己应有的文化品位和崇高理想，时代呼唤当代中国大学实现新的文化觉醒。随着近年来大学文化问题研究学术思潮在我国的深入发展，人们逐渐深刻地认识到，在当代，大学继续坚守应有的文化品位和崇高理想的关键是确立"'文化为魂'是大学赖以存在的精神支柱"这个崭新的大学哲学观，它既深深地蕴含在"'育人为本'是大学存在的第一要义"和"'科学为根'是大学存在的价值基础"之中，又是"时代赖以生存的思想体系"的深刻反映。由此可见，大学不仅是一种文化存在，其核心和灵魂是一种精神存在。

一、教育活动的根本目的是使人成其为"人"

大学从它诞生之日起就把教育责任作为自己应当承担的永恒的第一社会责任，这就从根本上决定了"育人为本"是大学存在的第一要义。因此，要研究大学，必须要研究教育。教育的本质和目的是什么？是一个认知过程还是一种生命活动？是培养有一技之长的专门人才还是"使人成其为'人'"？这是教育哲学上的重大命题，这里的关键是要搞清楚教育与知识、文化、人的发展之间的辩证关系。经过研究，我们认为，教育的本质是一种生命活动，教育活动的根本目的是"使人成其为'人'"，因此，"促进人的发展"是教育活动永恒的主题，文化的传承和创新是教育"促进人的发展"的基础，关键在于坚持"'人文化成'是教育活动的本义"。《易经·贲卦》中说"观乎人文，以化成天下"。傅璇琮、李克主编的《四书五经》（万卷出版公司，2010年1月）对这句话的解释说："观乎人文，以化成天下"这句话的核心是"人文化成"，"下观人类文明，可以推行教化庶民促使天下昌明"，这既是我国"文化"二字的渊源所在，也是教育活动本义的核心内涵。"人文化成"有两个关键词，一个是"人文"，另一个是"化成"，"人文"注重的是潜移默化地教化人、熏陶人和引领人，"化成"注重的是以学生为主体的"修身"和"修养"活动。我国先秦时期的《大学》明确要求"自天子以至于庶人，一是皆以修身为本"。德国新人文主义教育思想家威廉·冯·洪堡也明确提出"由科学而达至修养"的重要原则，认为"科学本身具有涵养品质和促进修养的作用"。由此可见，人既是文化的创造者，也是文化的创造物，只有坚守"人文化成"这个教育活动的本义，充满着对学生的爱，"致力于照亮人性的美"的人文关怀，才能更好地促进学生充分发挥其个性和潜能，通过以学生为主体的"修身"和"修养"活动，促使每一个受教育者实现从有外在知识的人向有文化修养的人的深刻转变，获得"全面而自由的发展"，使人成其为"人"，大学才能真正成为人类文明的精神家园和人才养成的重要基地。这是教育目的、本质和教育活动本义的一种回归。重温和确认教育目的和本质观以及教育活动的本义观既是当前我国教育战线的一项非常紧迫的任务，也必将是一次深刻的思想革命。

二、"创造力"是现代大学的价值所在

西方大学最初是一些知识分子出自对知识和学问的共同兴趣和爱好，期望在相互交流、切磋的过程中满足自己的好奇心和求知的欲望而自愿组织起来的学术团体，远离社会之外从事传授知识的教学活动和纯理性研究，被人们称作是处于"象牙塔"之内，其基本精神就是坚守"知识即目的"的理性追求，恪守"为科学而科学"的价值准则。在文艺复兴、宗教改革和启蒙运动等一系列的思想解放运动之后，随着理性逐渐成为人类认识自然和驾驭自然的认识论基础，近代自然科学得到了比较全面和系统的发展，严格意义上的自然科学终于

形成了独立的学科体系。以 1810 年德国柏林大学的建立为重要标志，学术研究功能被引入了大学，科学正式进入了大学这个知识殿堂，实现了由传统大学向现代大学的深刻转变。从此，学科和科学就成为大学里两个既相互关联又有质的区别的极其重要的核心概念。从知识层面看，科学是人类关于自然、社会和思维的知识体系的总称，学科是指一定科学领域或一门科学的分支。如果把知识单元作为知识体系最基本的单元，那么，知识单元的系统化就构成了知识体系成为学科，而各门学科知识体系的总和就构成了科学总体。由此可见，知识是构成科学和学科共同的基本单元。从组织层面看，学科既是大学的细胞又是承载大学职能的基础平台，由于大学是一个多学科的集合体，因而大学成了人类知识的集大成者和人类社会的知识权威。从活动层面看，科学活动的本质是"求真"，其实质是一种认知活动，一方面它具有独立的价值，旨在探索未知，另一方面它作为一种能动的、思辨的活动也是通向修养的途径。由此可见，本质意义上的科学活动具有进行原创性研究和"由科学而达至修养"的双重价值。随着大学与社会互动的日益深入，逐渐形成了科学、技术、工程（生产）的一体化，加速了科学技术成果转化为现实生产力的进程，科学日益成为大学培养拔尖创新人才、普遍提高应用性人才的创新能力和将科学技术成果尽快转化为现实生产力，服务和引领社会前进的价值基础，"创造力"也随之成为现代大学的价值所在。

三、大学应当坚守的文化品位和价值追求

大学在它诞生之后的一个相当长的历史时期里，传授知识和教学育人是其实际承担的唯一职能。自 1810 年威廉·冯·洪堡在创办柏林大学时把学术研究功能引入大学和科学正式进入大学的知识殿堂之后，"'育人为本'是大学存在的第一要义"和"'科学为根'是大学存在的价值基础"才成为大学的两个极其重要的哲学观。作为大学存在的第一要义，"育人为本"的基本要求是大学应当始终坚守人类文明的精神家园和人才养成的重要基地的历史地位以及与之相应的教育活动的根本目的是"使人成其为'人'"和"致力于照亮人性的美"的人文关怀。作为大学存在的价值基础，"科学为根"的基本要求是大学应当始终坚守人类社会的知识权威和最富有创造力的学术殿堂的历史地位以及与之相应的"创造力"是大学存在的核心价值和"为真理而献身"的独立精神。由此可见，"'育人为本'是大学存在的第一要义"和"'科学为根'是大学存在的价值基础"共

同构成了大学存在的根本以及大学应有的文化品位和崇高理想的核心内涵。必须强调指出，在大学里，"'育人为本'是大学存在的第一要义"和"'科学为根'是大学存在的价值基础"二者既是相互依存的，次序更是不能颠倒的，这里的关键是如何理解德国新人文主义教育思想家威廉·冯·洪堡在创办柏林大学时提出的"由科学而达至修养"和"教学与学术研究相统一"这两条重要原则的深刻内涵及其相互关系。威廉·冯·洪堡认为：真正的科学是一种心智的、能动的和创造的活动，科学就意味着不断地进行探索，科学本身具有涵养品质和促进修养的作用。由此可见，威廉·冯·洪堡在创办柏林大学时把学术研究功能引入大学的主要着眼点是为落实"由科学而达至修养"和提高育人质量服务的，这是大学区别于纯粹学术研究机构的重要标志。另外，在大学里，"'育人为本'是大学存在的第一要义"和"'科学为根'是大学存在的价值基础"二者是相互依存的，大学"育人"既要以"科学"为根，大学进行"科学"活动也应以"育人"为主要目的。综上所述，我们认为，既要始终坚守大学作为人类文明的精神家园、人才养成的重要基地和人类社会的知识权威、最富有创造力的学术殿堂的历史地位，又要始终坚守教育活动的根本目的是"使人成其为'人'"和"创造力"是大学存在的核心价值以及与之相应的"致力于照亮人性的美"的人文关怀和"为真理而献身"的独立精神，就是大学应有的文化品位和价值追求的核心内涵。如果大学不能坚守自己应有的文化品位和价值追求，大学就从根本上失去了它存在的意义。

四、大学这座"神殿"在其现实性上是"国家的"

在西方，大学曾经长期远离社会之外从事传授知识的教学活动和纯理性研究，被人们称之为处于"象牙塔"之内，是一座充满着理想的"神殿"。自大学走出"象牙塔"逐渐融入社会中去以后，在社会现代化和世俗化的过程中，大学这座充满着理想的"神殿"在其现实性上越来越成为"国家的"，国家要求大学适应并满足文明社会众多领域不同层次的广泛需求，其中，少数是学术性的，大量是应用性的，既要面向未来更应关注现实。于是，必然出现"神殿的理想"与"国家的需要"之间的矛盾，这个矛盾有时是十分尖锐的。因此，大学在办学实践中应当同时注意反对两种倾向，既要反对片面强调满足"国家的需要"忽视坚守"神殿的理想"，又要反对片面强调坚守"神殿的理想"忽视满足"国家的需要"。解决这个矛盾的根本出路是在大学与社会之间保持足够的张力，坚持"大学自治"，走多样化的发展道路，确保大学在以多样化的办学模式主动适应并满足文明社会众多领域不同层次广泛需求的同时坚守大学应有的文化品位和崇高理想。在我国，由于在长期封建社会里一直奉行的是孔子儒学"以伦理道德为本位的"教育理想，强调的是"立德树人，亲民济世"，还建立了以官学为主体的教育体系和以"学而优则仕"为目标的科举制度。所以，自古以来，我国大学这座"神殿"从来就是"国家的"，"国家利益"高于一切。新中国成立以后，长期实行高度集中的领导管理体制和行政化的教育管理模式，虽经多次改革，情况并没有发生实质性的变化，我国大学至今仍然缺乏面向社会自主办学的活力。由此可见，在处理"神殿的理想"与"国家的需要"之间的相互关系上，西方大学比较关注"大学自治"，我国政府比较强调"国家意志"。因此，正确认识和处理"国家意志"与"大学自治"之间的辩证关系，理智地处理"神殿的理想"与"国家的需要"之间的矛盾，是确保我国大学在主动适应并满足文明社会众多领域不同层次广泛需求的同时坚守大学应有的文化品位和崇高理想的关键所在。

五、时代呼唤我国大学实现新的文化觉醒

众所周知，所有传统社会的意识形态都把"人的贪欲"视作洪水猛兽，把它视作一种破坏性力量，我国儒家力主"存天理，灭人欲"，古希腊柏拉图强调"有理性"是人与其他动物的本质区别。19世纪中叶以后的近、现代社会逐渐发生了变化，突出表现是人们日益把"人的贪欲"视作创造的源泉和进步的动力，越来越重视现代科学技术在为人类创造物质财富上的巨大作用，结果导致人们不同程度地信仰物质主义和科学主义。因此，近一个多世纪以来，大学的发展、变革并不是一帆风顺的，一直充满着理性主义与功利主义、人文主义与科学主义之间此起彼伏的激烈的矛盾冲突和斗争。有些经济学家把这种现象称为"人的贪欲的理性化释放"，更多的有识之士则把这种现象称为当前出现了一种以"崇尚物质，忽视人文"为主要内涵的全球性文化生态危机，其实质是一种道德信仰危机，正在深刻地影响着当今世界的高等教育和今日的大学，其严重后果是导致当前在世界范围内出现了一种大学精神衰微现象，大学组织正在从人类文明的精神家园、人才养成的重要基地和人类社会的知识权威、最富有创造力的学术殿堂逐渐向科技人才和成果的生产基地蜕变，以"致力于照亮人性的美"的人文关怀和"为真理而献身"的独立精神为核心的大学精神文化传

统正在随着外部世界各种力量的介入而日趋淡化，根本原因是在新的时代背景下一些大学没有能够自觉地坚守应有的文化品位和崇高理想，这种现象在我国的突出表现是"教育活动本义的缺失"和"大学的创造力不足"。"教育活动本义的缺失"主要表现在："育人为本"理念的淡化和"育人目标"的功利化，存在着重社会需要轻个性发展、重政治方向轻品德修养、重知识教学轻文化养成和重规范轻创新的倾向，尤其是近一个时期以来，随着我国高等教育快速地实现大众化，日益明显地存在着精英教育意识弱化和素质教育推进困难的状况，大学的人文精神和教育质量都不同程度地出现了滑坡现象。"大学的创造力不足"主要表现在："科学为根"理念的淡化和办学目标的功利化，存在着重务实轻求真、重国家意志轻大学自治、重行政权力轻学术权力、重统筹管理轻文化个性的倾向，其造成的严重后果是我国大学，特别是一批高水平研究型大学的创造力普遍不足。这种现象已经引起社会的广泛关注，时代强烈呼唤我国大学实现新的文化觉醒，在对"大学的本质及其固有的文化个性"进行再认识和确认"大学文化的核心和灵魂在精神"的基础上，深刻认识在当代继续坚守大学应有的文化品位和崇高理想的关键是确立"'文化为魂'是大学赖以存在的精神支柱"这个崭新的大学哲学观。

六、大学的本质及其独特的组织文化个性

"什么是大学"和"大学是什么"是古今中外教育家们议论的永恒的话题，英国纽曼说"大学是传授普遍知识的地方"，我国蔡元培说"大学者，研究高深学问者也"，美国克拉克·科尔说"大学是一个'服务站'"。在社会上，人们通常把大学称作是"高等学校"或者"高等学府"，也有些人把高水平大学称作是"既是教学中心又是研究中心"。这些大师的至理名言，社会对大学的称谓也已成为习惯用语，它们都从不同的视角揭示了大学的功能或描述了大学的机构性质，但这些大师的至理名言和社会的习惯称谓并不是对大学本质的科学揭示。那么，究竟什么是大学的本质呢？经过研究，我们认为"大学的本质是一种功能独特的文化组织，有其固有的独特的组织文化个性"。众所周知，人类有三种基本社会实践活动以及与之相适应的三种基本社会组织，它们之间的基本关系是既相互关联又鼎足而立，各自具有区别于其他社会组织固有的独特的文化个性。物质生产活动是人类最基本的社会实践活动，广而言之是经济活动，从事这项活动的主体是经济组织，主要代表是企业。治理国家和国际交往的政治活

动在人类社会发展中具有统帅一切的重要地位，决定着国家的前途和命运，从事这项活动的主体是政治组织，主要代表是政党和政府。传承和创新文化活动是人类的一项极其重要的社会实践活动，渗透在人类基本社会实践活动的一切领域，从事这项活动的主体是文化组织，主要代表是大学和研究机构。由于大学既是人类文化发展到一定阶段的产物，高深知识及其构成的学科（专业）是大学存在的知识和组织基础，大学还经过长期的发展、变革，越来越充分地发挥着传承和创新文化的独特功能，因此，从宏观上说，大学的本质是一种与社会的经济和政治组织既相互关联又鼎足而立的以传承和创新文化为己任的功能独特的文化组织，有着区别于其他类型社会组织固有的独特的组织文化个性。主要是：大学组织作为人类文明的精神家园和人类社会的知识权威的特定使命；以文化机制作为大学运行的主导机制；大学特有的以"崇尚人文、注重理性、自由独立、追求卓越"为核心的精神文化传统；大学组织对超越现实功利的理想追求。在我国，由于在"以阶级斗争为纲"的错误思想指导下，把学校定位是"无产阶级专政的工具"，强调过"阶级斗争是你们的一门主课"，作出过"资产阶级知识分子统治我们学校的现象再也不能继续下去了"的错误判断，在建立和发展社会主义市场经济体制的过程中又曾经一度强调过"高等教育是一个基础性、全局性和战略性的产业"，甚至提出过要"把大学完全推向市场"的错误口号，给我国教育战线，特别是我国大学造成了严重的影响。所以，确认"大学的本质是一种功能独特的文化组织，有其固有的独特的组织文化个性"，为我国大学在新的时代背景下实现新的文化觉醒奠定坚实的理论基础，有着特殊重要的意义。

七、大学文化的核心和灵魂在精神

梅贻琦先生早就说过："大学者，非谓有大楼之谓也，有大师之谓也"（《就职演说》，梅贻琦，原载《国立清华大学校刊》第341号，1931年12月4日）。竺可桢先生也说过："一个学校实施教育的要素，最重要的不外乎教授的人选、图书仪器等设备和校舍建筑。这三者中，教授人才的充实最为重要，教授是大学的灵魂。"（《大学教育之主要方针》，竺可桢，原载《国立浙江大学校刊》第248期，1936年）梅贻琦和竺可桢两位先生讲话的实质是强调大学不仅是客观物质的存在，更重要的是一种文化存在，因为教授，特别是杰出大师是大学文化的主要载体和人格化的主要象征。近年来，许多学者认为，当前我国之所以出现大学精神衰微现象，归根结底是个文化问题。因此，眭依凡教授在《教育发展研究》2004年第4期上撰文强烈呼吁"大学者，有大学文化之谓也"。杨福家教授最近也撰文多次指出："大学的物质存在很简单，仪器、设备、大楼等等。然而，大学之所以称之为大学，关键在于它的文化存在和精神存在。"(《大学的使命与文化内涵》，杨福家，载于《学习时报》2007年9月2日)我们非常赞同梅贻琦、竺可桢两位先生和眭依凡、杨福家两位教授的精辟观点，我们认为，大学首先是一种客观物质的存在，它是大学赖以存在的物质基础。但是，大学更重要的是一种文化存在和精神存在，文化存在是大学存在的基本形态，精神存在是文化存在的核心和灵魂。作为大学存在的基本形态，主要凝聚在深厚的文化底蕴之中的大学文化是一种独特的社会文化形态，是以优秀学生、知名教授、管理精英和杰出校长为主要代表的大学人在长期教育和办学实践中积淀和创造的，是大学物质文化、大学精神文化和大学制度文化的总和，它们是一个相互联系、相辅相成和辩证统一的有机的整体。大学物质文化是蕴含在大学存在的物质形态之中深刻的文化内涵，"学术自由，大学自治"始终是支撑、维系大学制度的根基所在。需要特别强调指出的是，大学文化的核心和灵魂在精神，它集中地体现在大学精神之中，是大学的教育思想、办学理念和价值追求的集中反映，是大学应当坚守的文化品位和崇高理想的核心内涵。科学的大学精神是建立在对教育本质、办学规律、时代特征和文化传统深刻的认识的基础之上的，能够正确地指明大学前进的方向。作为一种独特的社会文化形态，大学文化的形成和发展同时受到来自两个方面的深刻影响和制约，既要受到教育和大学的本质及其规律的深刻影响和制约，又要受到一定社会文化形态，特别是一定社会起主导作用的文化形态的深刻影响和制约，并在一定条件下起反作用，阻碍或引领教育、大学和社会文化发展，应当努力把大学建设成为发展人类先进文化的重要基地，既服务又引领社会前进。

八、文化是时代赖以生存的思想体系

第二次世界大战以来的实践证明，面对当前在世界范围内出现的以"崇尚物质，忽视人文"为主要内涵的全球性文化生态危机以及其他外部世界的种种挑战和诱惑，一所不能坚守"'育人为本'是大学存在的第一要义"和"'科学为根'是大学存在的价值基础"以及与之相应的"大学应有的文化品位和崇高理想"的大学是一所缺乏灵魂的大学，时代强烈呼唤建设有灵魂的大学。1946

年西班牙著名思想家奥尔特加·加塞特在其学术专著《大学的使命》中精辟地指出:"生活就像一个混沌的世界,人类犹如在混杂纷乱的密林中迷失了方向。但是,人类的精神对困惑的感觉作出了相对抗的反应:人类会努力在密林中寻找'出路'和'方法',在形式上表现为某种认识宇宙的明确、坚定的思想,认识事物本质的、积极的信念。这些思想的整体或体系就是'文化'一词的真正含义。""文化是每个时代固有的生命体系;不过更好的提法是,文化是时代赖以生存的思想体系。"(奥尔特加·加塞特著,徐小洲、陈军译,浙江教育出版社,2001年12月)以奥尔特加·加塞特关于"文化是时代赖以生存的思想体系"的精辟论断为指导,在我国大学文化问题研究学术思潮深入发展的过程中,我们越来越深刻地感悟到:作为"大学赖以存在的精神支柱","文化为魂"既深深地蕴含在"'育人为本'是大学存在的第一要义"和"'科学为根'是大学存在的价值基础"之中,"求真育人"不仅是大学文化的独特本质更是大学得以长存于世的永恒的核心价值,"文化为魂"还是"时代赖以生存的思想体系"的深刻反映,必将随着社会转型和文化变迁有一个在坚守中不断超越的过程。

综上所述,"大学更重要的是一种文化存在和精神的存在"包含以下几层内涵:第一,大学的本质是一种功能独特的文化组织,有其固有的独特的组织文化个性;第二,2000多年来,大学经历了"以人文为主导"和"以科技为主导"两个大的历史发展阶段,目前正在"人文学科与自然科学相互融合"的基础上进入新的"以大学文化为主导"的崭新时代;第三,大学文化是一种独特的社会文化形态,其根基在高深知识及其构成的学科(专业),其主体是大学人,其核心和灵魂在精神,以"生命论哲学"为主导的"生命论哲学、认识论哲学、政治论哲学"将共同构成"使大学合法存在的哲学基础";第四,作为"大学赖以存在的精神支柱","文化为魂"既深深地蕴含在"'育人为本'是大学存在的第一要义"和"'科学为根'是大学存在的价值基础"之中,又是"时代赖以存在的思想体系"的深刻反映。

(载于《杭州师范大学学报(社会科学版)》2010年第3期)

"中国大学文化百年个案研究成果系列丛书"总序

我国近、现代大学仅有100多年的历史，它植根于中华民族博大精深的文化底蕴之中，产生于帝国主义列强瓜分中国的危难时刻，经历了跌宕起伏的政权更迭和错综复杂的文化冲突过程，发展于中华民族重新走向振兴的伟大时代。高举中国特色社会主义伟大旗帜，在毛泽东思想、邓小平理论、"三个代表"重要思想和科学发展观的指引下，牢牢把握中国先进文化前进方向，坚持"中国特色，综合创新"文化发展道路，探索构建以"人文、理性、创新、和谐"为核心的当代中国大学人的精神家园，创建既高于自己又高于西方的当代中国大学文化，培养有社会主义觉悟的有文化的劳动者，加快建设若干所世界一流大学的步伐，全面承担起时代赋予的传承创新文化的重大使命，为实现中国特色大学理想和中华民族伟大复兴的"中国梦"而奋斗，任重而道远。

一、我国的近、现代大学离不开中国的历史和文化

我国是一个历史悠久的文明古国，文化底蕴博大精深，有着优秀的教育传统。我国的近、现代大学是个舶来品，它是移植和生长在中国这块历史和文化土壤上的，因此，它离不开中国的历史和文化。

一个伟大的民族必然有自己伟大的民族文化，中华民族之所以能够创造出光辉灿烂的古代文明，并且长盛不衰，就在于它有伟大的中华优秀传统文化。春秋战国时期我国曾经有过一个短暂的诸子百家学术争鸣的繁荣局面，自汉武帝采纳董仲舒"罢黜百家，独尊儒术"的对策之后，这个伟大的中华优秀传统文化就是以孔子儒学为核心的，它后来虽然在漫长的封建社会里历经变迁，但是，作为孔子儒学的精华——"贵仁"和"重礼"却是一以贯之的，它长期凝聚着整个中华民族，培育着它的人民和精英，并且造就了中华民族辉煌的过去。

我国先秦时期的《大学》是第一篇系统地论述孔子儒学教育理想的哲学经典，《大学》开宗明义的第一句话就说"大学之道，在明明德，在亲民，在止于至善"，由此可见，"明德济世"是孔子儒学教育理想的核心。"明德"，就是要求

通过格物、致知、诚意、正心，特别是通过"修身"，使受教育者成为道德高尚的君子和士。"济世"，就是要求受教育者成为道德高尚的君子和士以后，亲近、爱恤人民，以天下为己任，齐家，治国，平天下，服务和推动社会前进。"止于至善"，就是要求受教育者无论是"明德"还是"济世"都应当尽可能地做到当时历史条件下至善至美的境界。

应当充分肯定，自汉武帝之后长达 2000 多年的封建社会里，以孔子儒家为核心的中华优秀传统文化及其"以伦理道德为本位的"教育理想对培养君子、士的人格理想和维护我国这样的泱泱大国发挥了极其重要的历史作用，这是我们为实现中国特色大学理想而奋斗的根基所在。

二、近代以来我国教育战线的思想解放和改革创新

近代以来，面对西方列强坚船利炮的猛烈轰击和现代文明的严峻挑战，经过长期的艰苦探索，我国逐渐明确了以中华优秀传统文化为主体，批判地继承和发展孔子儒学教育理想的精华，在世界多元文化激荡交融中发展中华民族新文化和创建中华民族新教育的战略目标，这是我们为实现中国特色大学理想而奋斗的根本方向。

为了实现这个战略目标，"从科举到学堂"是 20 世纪初我国教育领域进行的一次重大的思想解放和与之相适应的高等教育划时代变革，我国众多学贯中西的大师和教育家们高举"教育救国"的旗帜，在我国积极传播以"通识教育，学术自由，教授治校，教育独立"为主要内涵的西方大学理念，实现了中华优秀传统文化和西方现代文明的初步融合，为在我国建立近、现代大学奠定了坚实的基础。值得强调的是，这一时期我国近、现代大学的生长，并不只是北大、清华、南开之二三家，蔡元培、梅贻琦、张伯苓之二三人，而是有一个较大的群体，如竺可桢之于浙江大学、唐文治之于上海交通大学、萨本栋之于厦门大学、胡庶华之于湖南大学、熊庆来之于云南大学、何炳松之于暨南大学、钟荣光之于岭南大学等等，他们的一个共同追求是继承儒家文化中培养君子、士的人格理想，使之与现代知识分子的养成相衔接，谱写了我国近、现代教育史上一段辉煌的篇章。但是，由于种种极其复杂的原因，虽然"成功地移植了西洋的教育制度，却谈不上很好地承继中国人古老的'大学之道'"（摘自《中国大学十讲》，陈平原著，复旦大学出版社，2002 年 10 月）。

新中国成立以后，在毛泽东提出"民族的、科学的、大众的"新民主主义

文化观及其在解放区进行教育改革试验的基础上，对建设中国特色社会主义教育体系进行了初步的探索。史无前例的"文化大革命"结束以后，经过指导思想上的拨乱反正，在邓小平创造性地提出的"教育要面向现代化，面向世界，面向未来"的战略思想指引下，20世纪80年代以来我国教育战线进行了又一次重大的思想解放和与之相适应的高等教育划时代变革，取得了举世瞩目的巨大成就，成功地开辟了中国特色社会主义教育发展道路，建成了世界最大规模的教育体系，保障了广大人民群众受教育的权利，教育的发展极大地提高了全民族素质，推进了科技创新、文化繁荣，为经济发展、社会进步和民生改善作出了不可替代的重大贡献，我国实现了从人口大国向人力资源大国的转变。

在充分肯定近代以来我国教育领域已经取得的举世瞩目的巨大成就的同时，我们必须清醒地认识到，由于种种极其复杂的原因，"以中华优秀传统文化为主体，批判地继承和发展孔子儒学教育理想的精华，在世界多元文化激荡交融中发展中华民族新文化和创建中华民族新教育"的战略目标至今仍然没有完全实现，需要我们为实现这一伟大目标继续奋斗。

三、我国大学迫切需要实现新的文化觉醒

20世纪90年代中期以来，随着人类社会逐渐进入以经济全球化为基本特征的崭新时代，我国高等教育的发展、改革在前进的道路上日益明显地暴露出众多深层次的矛盾和问题，我们把这些深层次的矛盾和问题集中起来称之为出现了一种大学精神衰微现象，突出表现在教育活动价值的缺失、大学办学目标的功利化倾向、官僚化气息对大学的侵袭严重和不同程度地存在着教育、学术腐败现象，时代呼唤我国大学实现新的文化觉醒，深刻揭示大学文化和精神缺失现象在我国出现的深刻根源，对大学应有的文化品位和崇高理想进行再认识，坚定不移地继续为实现中国特色大学理想而奋斗。

众所周知，人类社会曾经长期把"人的贪欲"视为洪水猛兽，我国儒家力主"存天理，灭人欲"，古希腊柏拉图认为"有理性"是人和其他动物之间的本质区别。但是，19世纪中叶以来，特别是第二次世界大战结束以来，随着人类社会逐渐进入以经济全球化为基本特征的崭新时代，当前在世界范围内正在出现一种以"崇尚物质，忽视人文"为主要内涵的全球性文化生态危机，其实质是一种道德信仰危机，正在深刻地影响着当今世界的高等教育和今日的大学，比较普遍地出现了人文精神的滑坡和办学目标的功利化倾向，以"促进人的发

展"的人文关怀和"为真理而献身"的独立精神为核心的大学精神传统正在随着外部各种力量的介入而日益淡化。由此可见,当前在我国出现的这种大学精神衰微现象不是孤立的,它是当前在世界范围内出现的大学文化和精神缺失现象在我国的深刻反映。

更为重要的是,由于我国曾经长期处于封建社会,封建思想根深蒂固,近代以来文化革新进行得并不彻底,解放以后又长期受到"以阶级斗争为纲"错误思想的严重干扰和实行高度集中的行政领导管理体制,在建立和完善社会主义市场经济体制的过程中也产生了一些负面效应,所以,当前在我国出现的大学精神衰微现象不仅是当前在世界范围内出现的大学精神衰微现象在我国的深刻反映,而且有着深刻的国内根源。

必须强调指出,尽管当前大学精神衰微现象在我国的出现有着极其复杂的国际、国内的深刻根源,但是,最主要的根源还是由于我国一些大学没有能够理智地应对当前外部世界种种新的挑战和诱惑,没有坚守大学应有的文化品位和崇高理想,有的大学甚至出现了"附庸化""工具化"和"庸俗化"的倾向。

四、为实现中国特色大学理想而奋斗

面对当前在我国出现的大学精神衰微现象,我国应当确立什么样的大学理想观呢?国学大师钱穆先生1964年在新亚书院毕业典礼上对学生说过一番话:"人生有两个世界,一是现实的俗世界,一是理想的真世界。此两者该同等重视,我们该在此现实俗世界中建立起一个理想真世界。我们都是现实世界中之俗人,但亦须成为理想之真人。"(摘自《钱学森为何而叹》,林少华,载于2010年2月4日《时代周报》)钱穆先生的这番话讲出了一个既简单又深奥的道理,他让我们明白了在社会现代化和世俗化的过程中,人们既要面对"现实的俗世界"又要坚守"理想的真世界",正确的态度应当是从"现实的俗世界"出发继续为实现中国特色大学理想而奋斗,这正是当前我国教育战线众多有识之士坚守和追寻的道路。

为了坚守和追寻这条道路,近一个时期以来在我国悄然兴起了一个大学文化问题研究学术思潮。通过研究,人们越来越深刻地认识到,大学不仅是一种客观物质的存在,更重要的是一种文化存在和精神存在,大学文化建设的灵魂是大学应有的文化品位和崇高理想的确立。"育人是大学之本"和"科学是大学之根"是早已被实践证明了的两种大学哲学观,它们共同构成了大学存在的根本以及"大学应有的文化品位和崇高理想"的基本内涵。第二次世界大战结束以来新的实践证明,面对以"崇尚物质,忽视人文"为主要特征的全球性文化生态危机以及其他外部世界的种种挑战,一所不能坚守"育人是大学之本"和"科学是大学之根"的大学是缺乏文化品位和价值追求的大学,时代呼唤建设有灵魂的大学。

"'文化为魂'是大学赖以存在的精神支柱"就是在这样新的时代背景下,在我国大学文化问题研究学术思潮深入发展过程中提出的一种崭新的大学哲学观。作为大学赖以存在的精神支柱,"文化为魂"不仅深深地蕴含在"育人是大学之本"和"科学是大学之根"之中,而且是时代精神的深刻反映。由此可见,"育人为本,科学为根,文化为魂"是三位一体的大学哲学观,它的提出是高等教育哲学在当代中国的新进展,具有重要的理论价值和实践意义,为我们建设有灵魂的大学奠定了新的更加坚实的哲学基础。

近一个时期以来,我国有越来越多的有识之士认为"中国特色"不仅有政治内涵还有文化内涵,主张在中国化的马克思主义的指导下,坚持"民族的科学的大众的,面向现代化面向世界面向未来的,以人为本传承创新和谐发展的"中国特色社会主义新文化观与普遍意义上的"大学之魂"的有机结合,以中华优秀传统文化为主体,批判地继承和发展孔子儒学教育理想的精华,学习、借鉴人类一切优秀文明成果,在世界多元文化激荡交融中加强中国特色大学文化建设,特别是中国特色大学精神文化和现代大学制度建设,以文化创新促进教育变革和大学创新,坚定不移地为实现中国特色大学理想而奋斗,这是当代中国历史发展的必然选择。

我国著名社会学家费孝通先生早就指出:"文化自觉是指生活在一定文化中的人对其文化有'自知之明',明白它的来历、形成的过程,所具有的特色和它发展的趋向。""自知之明是为了加强对文化转型的自主能力,取得决定适应新环境、新时代时文化选择的自主地位。"(摘自《费孝通论文化与文化自觉》,费孝通著,群言出版社,2007年1月第2版,190页)"中国大学文化百年研究"是由北京大学、清华大学和教育部高等教育出版社联合组建的"大学文化研究与发展中心"牵头,由一批百年老校和若干所著名大学共同承担的2007年教育部社会科学研究基金项目,这是一项基础性、战略性和前瞻性的重大课题。中国大学百年文化是一个伟大的宝库,参与课题研究的这些大学发展、变革的文化脉络和历史进程是中国大学百年文化的一个缩影。因此,认真开展参与课题研究的这些大学的"大学文化个案研究"是"中国大学文化百年"课题研究的基础工程,主要要求是高举中国特色社会主义伟大旗帜,以毛泽东思想、邓小平理论和"三个代表"重要思想为指导,深入贯彻落实科学发展观,牢牢把握中国先进文化前进方向,坚持"民族的、科学的、大众的,面向现代化、面向世界、面向未来的,以人为本,传承、创新、和谐、发展的"中国特色社会主义新文化观与普遍意义上的"大学之魂"的有机结合,在全面占有史料和深入进行史实研究的基础上,通过典型的人物、事例和环境,以大学文化为主线,以办学理念和大学精神为重点,以杰出校长、知名教授、管理精英和优秀学生为主体,挖掘和整理学校在长期教育和办学实践中积淀和创造的具有鲜明个性的深厚的文化底蕴、形成的办学特色和取得的基本经验,以史为鉴,提高自觉,在文化传承和创新的基础上为实现中国特色大学理想而奋斗。为了确保参与课题研究各校"大学文化个案研究"的成果质量,我们先后组建了"中国大学文化百年研究系列丛书"编辑委员会和专家论证委员会。这两个委员会的顾问顾明远、潘懋元两位先生和主要专家在"中国大学文化百年研究系列丛书"编辑、出版的过程中发挥了重要的、积极的作用。

经过将近5年的艰苦努力,在参与课题研究的一批百年老校和若干所有重大影响的著名大学撰写的思想性强、史料翔实、文脉清晰、结构优化、论述深刻、文字精练、图文并茂和可读性强的文化精品的基础上编辑的"中国大学文化百年研究系列丛书"的出版,是当代中国大学人的一个创举,具有重大的历史意义和文化价值。为实现中国特色大学理想而奋斗,任重而道远,需要我们继续做长期坚持不懈的努力。

(载于《世纪清华 人文日新——清华大学文化研究》,胡显章著,高等教育出版社,2011年版)

当代中国大学人的一项创举
——"大学文化研究与发展中心"顾问王冀生先生访谈录

记者（以下简称"记"）：作为教育部人文、社会科学研究2007年度规划基金项目，开展"中国大学文化百年研究"有何重大意义？

王冀生（以下简称"王"）：我国近、现代大学仅有100多年的历史，它植根于博大精深的中华民族文化底蕴之中，产生于帝国主义列强瓜分中国的危难时刻，经历了跌宕起伏的政权更迭和错综复杂的文化冲突过程，发展于中华民族重新走向振兴的伟大时代。要知道我国近、现代大学今后朝哪里去，首先应当搞清楚我国近、现代大学这100多年是怎么过来的。因此，以毛泽东思想、邓小平理论和"三个代表"重要思想为指导，深入贯彻落实科学发展观，把握中国先进文化前进方向，认真开展"中国大学文化百年研究"，从历史的轨迹和文化的视角回顾总结近100多年来在曲折中探索中国特色大学文化发展道路和挖掘、梳理中国近、现代大学发展、变革的文化脉络，以史为鉴，面向未来，为创建中华民族新教育和实现中国特色大学理想而奋斗，是一项基础性、战略性和前瞻性的重大课题，是我国大学正在实现新的文化觉醒的重要标志。

记：如何估价"中国大学文化百年研究"课题已经取得的主要成果，尤其是已经出版的"中国大学文化百年个案研究系列丛书"第一批成果的历史意义和文化价值？

王：自2006年4月在北京召开"中国大学文化百年研究第一次学术研讨会暨课题组成立大会"以来，至今已有5年多了。在教育部及其有关司（局）领导的亲切关怀和指导下，经过参加课题研究的众多百年左右历史的老校和若干所近代以来有重大影响的名校以及高等教育出版社的共同努力，课题研究已经取得了重大进展和阶段性成果。作为课题研究综合成果，2008年3月高等教育出版社已经出版了我撰写的学术专著《大学理念在中国》。作为课题个案研究成果，今年以来高等教育出版社已经陆续出版了由北京大学、清华大学、上海交通大学、中山大学、厦门大学、中国科学技术大学、湖南大学和苏州大学子课题组撰写的"中国大学文化百年个案研究系列丛书"第一批成果，还有南开大学和浙江大学的两项成果即将出版，书名分别是《海纳百川 有容乃大——北京大学文化研究》《世纪清华 人文日新——清华大学文化研究》《公能圭臬 巍巍南开——南开大学文化研究》《求是之光——浙江大学文化研究》《思源致远 百年神韵——上海交通大学文化研究》《山高水长——中山大学文化研究》《南方之强——厦门大学文化研究》《梅与牛——中国科大文化研究》《从书院到大学——湖南大学文化研究》和《正气完人的精神家园——苏州大学文化研究》。应当说，"中国大学文化百年个案研究系列丛书"第一批成果都是思想性强、史料翔实、文脉清晰、结构合理、论述深刻、文笔流畅和图文并茂的文化精品。因此，我认为，"中国大学文化百年研究系列丛书"第一批成果的出版，是当代中国大学人的一个创举，在我国乃至世界近、现代大学文化研究上具有重大的历史意义和文化价值。

记：我们应当怎样评价中国传统文化和孔子儒学"以伦理道德为本位的"教育理想在近100多年中国特色大学文化发展中的历史地位？

王：一个伟大的民族必然有自己伟大的民族文化，自汉武帝以后长达2000多年的封建社会里，这个伟大的中华优秀传统文化就是以孔子儒学及其"以伦理道德为本位"的教育理想为核心的，它长期凝聚着整个中华民族，培育着它的人民和精英，并且造就了中华民族辉煌的过去。我国近、现代大学是个舶来品，仅有100多年的历史，它是移植和生长在中国的历史和文化土壤上的，因此，它离不开中国的历史和文化。应当说，以孔子儒学及其"以伦理道德为本位"的教育理想为核心的中华优秀传统文化是近代以来我国建立和发展近、现代大学的根基所在。只是到了我国封建社会后期，由于我国传统文化比较因循守旧和忽视现代科学技术，才严重地阻碍了我国教育、大学和社会走向现代化的进程。

记：我们应当如何认识近代以来在我国积极传播西方大学理念在发展中国特色大学文化中的重大意义？

王：近代以来，面对以"科学、民主"为核心的西方现代文明的严峻挑战，我国众多学贯中西的学术大师和教育家们高举"教育救国"的伟大旗帜，坚持"以中华优秀传统文化为主体会通中西"的新文化观，在我国积极传播以"通识教育，学术自由，教授治校，教育独立"为主要内涵的西方近、现代大学理念，他们的一个共同追求是继承儒家文化中培养君子、士的人格理想，使之与现代知识分子的养成相衔接，逐步实现中华优秀传统文化与西方近、现代大学理念的相互融合，为在我国建立和发展近、现代大学奠定坚实的基础。值得高兴的是，近、现代大学在近代中国的生长是一个较大的群体，如蔡元培之于北京大学、梅贻琦之于清华大学、张伯苓之于南开大学、竺可桢之于浙江大学、唐文治之于交通大学、萨本栋之于厦门大学、胡庶华之于湖南大学和钟荣光之于岭南大学等等。尤其是抗战期间由北京大学、清华大学和南开大学联合组建的西南联合大学，高举"刚毅坚卓，关注社会"的民族旗帜，坚守"自由之思想，独立之精神"，其时其地，大师云集，人才辈出，学术灿烂，谱写了我国近、现代大学文化发展史上的光辉篇章。

记：我们应当如何分析新中国成立以后在曲折中探索中国特色社会主义教育发展道路取得的举世瞩目的巨大成就？

王： 新中国成立以后，在毛泽东提出的"民族的、科学的、大众的"新民主主义文化观及其在解放区进行教育改革试验的基础上，学习、借鉴苏联教育建设的先进经验，特别是1956年以后坚持"走自己的道路"，在科学总结正、反两个方面经验教训的基础上制定了《教育部直属高等学校暂行工作条例》，对中国特色社会主义教育发展道路进行了有益的探索。史无前例的"文化大革命"结束以后，经过指导思想上的拨乱反正，在邓小平提出的"教育要面向现代化，面向世界，面向未来"的战略思想指引下，全党全社会同心同德，艰苦奋斗，成功地开辟了中国特色社会主义教育发展道路，取得了举世瞩目的巨大成就，坚持把坚定正确的政治方向放在第一位，制定了优先发展教育的战略方针，积极探索充满生机和活力的教育体制，深化教育改革全面推进素质教育，我国高等教育实现了历史性的跨越式发展，建成了世界最大规模的高等教育体系，为30多年来我国的经济腾飞、社会进步、国力增强和民生改善提供了强有力的人才和智力支撑，作出了不可替代的重大贡献，我国实现了从人口大国向人力资源大国的深刻转变。

记：当今世界正处在大发展大变革大调整时期，我国也处在全面建设小康社会的关键时刻，如何明确新形势下中国特色大学文化发展的前进方向？

王： 当前我国高等教育的发展、改革正站在新的历史起点上，战略目标是在全面提高高等教育质量，特别是在普遍提高众多大学的办学水平和教育质量的基础上,加快创建一批高水平大学和若干所世界一流大学的步伐,培养一批拔尖创新人才,形成一批世界一流学科,产生一批国际领先的原创性研究成果,把我国建设成为高等教育强国和创新型国家,为全面提升我国"国际核心竞争力"贡献力量。正是在这个关键时刻,2011年4月24日胡锦涛同志在"庆祝清华大学建校100周年大会"上代表党中央、国务院发表了重要讲话,深刻地指出:"高等教育是优秀文化传承的重要载体和思想文化创新的重要源泉","高等教育作为科技第一生产力和人才第一资源的重要结合点,在国家发展中具有十分重要的地位和作用";"不断提高质量,是高等教育的生命线,必须始终贯穿高等学校人才培养、科学研究、社会服务、文化传承创新各项任务之中";"要积极发挥文化育人作用,加强社会主义核心价值体系建设,掌握前人积累的文化成果,扬弃旧义,创立新知,并传播到社会,延续至后代,不断培育崇尚科学、追求真理的思想观念,推动社会主义先进文化建设。要积极开展对外文化交流,增进对国外文化科技发展趋势和最新成果的了解,展示当代中国高等教育风采,增强我国文化软实力和中华文化国际影响力,努力为推动人类文明进步作出积极贡献"。这是在新的时代背景下,党中央、国务院第一次明确地提出文化传承创新是我国大学应当承担的重大使命,进一步指明了新形势下我国教育变革和大学创新的前进方向。我理解,作为人类传承创新文化的中心,大学既应把文化知识的传承创新作为大学传承创新文化的基本内涵和重要基础,更要深刻地认识到,作为人类文明的精神家园、人才养成的重要基地和人类社会的知识权威、人类最富有创造力的学术殿堂,"文明守卫、人文化成、价值批判和文化引领"是大学传承创新文化的核心和灵魂,其中,"文明守卫"是前提,"人文化成"是重点,"文化引领"是方向,"价值批判"是关键,这是一所真正意义上的大学应有的独特的精神气质。

记:回顾总结近100多来中国特色大学文化发展道路,我们取得的基本经验是什么?

王:文化选择是人类文化发展、变革过程中的一种普遍现象,文化选择的本质是在多元文化矛盾运动中进行价值判断的过程。回顾总结近100多年来在曲折中探索中国特色大学文化发展道路的历史进程,我们的基本经验集中到一点,就是发展中国特色大学文化,应当把握中国先进文化前进方向,坚持"民族的、科学的、大众的、面向现代化、面向世界、面向未来的,以人为本,传承、创新、和谐、发展的"中国特色社会主义新文化观与普遍意义上的"大学文化的独特本质及其发展规律"的有机结合，进行正确的文化选择，走"中国特色，综合创新"的文化发展道路，为创建中华民族新教育和实现中国特色大学理想而奋斗。

记：为什么说挖掘和梳理近100多年来我国近、现代大学发展、变革的文化脉络，是开展"中国大学文化百年研究"的基础工程和重中之重？

王：近代以来，面对以"科学、民主"为核心的西方现代文明的严峻挑战，我国众多名校、老校在挑战中觉醒，在探索中前进，在改革中奋起，在传承中超越，终于走上了改革开放和社会主义现代化建设的光辉道路。由此可见，深深地蕴含在我国众多百年左右历史的老校和近代以来有重大影响的名校积淀、创造的深厚的文化底蕴之中的"中国百年大学文化"是一个伟大的宝库。因此，认真开展"大学文化个案研究"，以史实研究为基础，以大学文化为主线，以大学精神为核心和灵魂，以大学人为主体，挖掘和梳理众多百年左右历史的老校和近代以来有重大影响的名校发展、变革的文化脉络，以史为鉴，面向未来，探索新形势下创建中国特色高水平大学和世界一流大学之路，是认真开展"中国大学文化百年研究"的基础工程和重中之重。下面，我以4所大学为例，分别予以说明：

第一，在挑战中觉醒。中国大学真正实现由传统向近代的转换，是从蔡元培1912年应聘出任南京临时政府首任教育总长和1917年被任命为北京大学校长开始的。蔡元培以其独特的"思想自由，兼容并包"和"大学自治，教育独立"的办学理念及其对"旧北大"进行的卓有成效的变革，被人们称作是中国近代大学历史伟大的开拓者，是当之无愧的。在100多年的教育和办学实践中，北京大学在挑战中觉醒，逐步形成了独特的教育思想、办学理念、学术传统和光荣的革命传统，既有对"求真育人"的执着追求，对"海纳百川，有容乃大"的坚韧持守，又有对社会责任、历史使命的自觉担当，对"爱国、进步、民主、科学"的身体力行，不仅培育了大批拔尖创新人才，取得了众多杰出研究成果，而且促使北京大学成为新文化运动和"五四"运动的发祥地，引领着时代的思想潮流，成为在中国近代史上具有重要历史地位和蜚声中外的著名学府，为祖国、为人民、为民族建立了不朽功勋。

第二，在探索中前进。新中国成立以后，蒋南翔长期担任清华大学校长，他在领导清华大学进行教育变革和办学实践中，全面贯彻执行党的各项方针、政策，积极倡导"坚持社会主义办学方向和加强党对社会主义大学的领导""坚持又红又专和全面发展""坚持教学与科学研究、生产劳动相结合"和"坚持尊重知识，尊重人才，建设生动活泼的政治局面"，为把清华大学办成一所高水平的社会主义大学，成为我国培养高层次人才和发展先进科学技术的重要基地作出了重大贡献，是新中国"富有创造性的教育思想"的马克思主义教育家的杰出代表。在100年的发展历程中，清华大学秉承"爱国奉献，追求卓越"的传统，恪守"自强不息，厚德载物"的校训，弘扬"行胜于言"的校风，在探索中前进，坚持"解放思想、实事求是、与时俱进"的思想路线，以实现国家富强、民族振兴、人类进步为己任，在革命、建设、改革中顽强拼搏，真诚奉献，涌现出众多大师，培养出大批兴业英才和治国栋梁，为我国的民族解放、经济腾飞、国力增强和民生幸福作出了杰出的贡献。

第三，在改革中奋起。半个多世纪以来，中国科学技术大学始终与祖国同命运、共呼吸，始终牢记党和国家赋予的"把红旗插上科学的高峰"的历史使命，在改革中奋起，逐步形成了以"育人为本，学术优先"为核心的科大精神、以"红专并进，理实交融"为内涵的科大理念、以"'梅'与'牛'为文化象征"的科大品格和以"全院办学，所系结合"为特色的科大模式，为丰富和发展中国特色社会主义大学文化作出了重大贡献。中国科学技术大学半个多世纪以来办学成绩卓著，在其培养的众多毕业生中，已有42人当选为中国科学院和中国工程院院士，比例高达千分之一，为同期全国高校之冠。在科学研究方面，中国科学技术大学在"两弹一星"、"神舟"飞船、"嫦娥奔月"等重大科技攻关工程中作出了重要贡献。中国科学技术大学不愧是新中国成立以后创办的最成功的新型大学的杰出代表，在新中国教育史和科学史上具有十分重要的战略地位，写下了光辉的一页。

第四，在传承中超越。岳麓书院创建于北宋，张拭先生曾在《潭州岳麓书院记》中说"盖欲造就人才，以传道济斯民也"。由此可见，"传道济民"是始终贯穿于岳麓书院绵延学脉中的一条主线。1903年，岳麓书院改为新式学堂，但它在千年发展中所积淀的文化深刻地影响着后来的湖南大学。其中，民国时期胡庶华校长力主"承朱张之绪，取欧美之长"的办学理念起着关键性的作用，在坚守岳麓书院"传道济民"办学思想的基础上，在中西文化相互交融中实现了新的超越。新中国成立之后，成文山校长承前启后，赓续弦歌，为进一步确立"岳麓书院——湖南大学"的文化渊源和发展格局作出了积极贡献。现在，湖南大学在传承岳麓书院绵延学脉的基础上，进一步凝练并实践了"实事求是，敢为人先"的校训，形成了"科学教育与人文教育相互融合"的教育理念，致力于建设"博学、睿智、勤勉、致知"的校风，注重质量，严谨治校，正在谱写着未来发展的新篇章。

记：通过挖掘和梳理近100多年来我国近、现代大学发展、变革的文化脉络，您们感受最深的是什么？

王：自古以来，我国大学就有强烈的国家意识和深厚的文化底蕴。回顾总结近100多年来我国近、现代大学发展、变革的文化脉络，我们感受最深的一点，就是面对帝国主义列强坚船利炮的猛烈轰击和以"科学、民主"为核心的西方现代文明的严峻挑战，我国近、现代大学的发展、变革既始终和祖国、人民同呼吸、共命运，以天下为己任，挽狂澜于既倒，作中流之砥柱，形成了光荣的革命传统，又在世界多元文化激荡交融中积淀和创造了深厚的文化底蕴，实现了中华优秀传统文化与西方近、现代大学理念的初步融合，形成了优良的文化传统，并且在这个基础上把文化传承创新作为我国大学应当承担的重大使命。这既是我国近、现代大学强大生命力之所在，也是在新形势下创建中国特色高水平大学和世界一流大学的必由之路。

记：您上面提到坚持中国特色社会主义新文化观与普遍意义上的"大学文化的独特本质及其发展规律"的有机结合，那么，什么是"中国特色社会主义新文化观"？

王："中国特色社会主义新文化观"是近代以来，特别是新中国成立以后"中国文化向何处去"的根本指导思想，有一个探索、形成、发展和完善的过程。1940年毛泽东在《新民主主义论》中科学总结1840年鸦片战争失败以来我国众多志士仁人积极探索"中国文化向何处去"的经验教训，明确地提出了"民族的科学的大众的"新民主主义文化观，"民族的"强调的是应当坚持以中华优秀传统文化为主体，"科学的大众的"是西方现代文明的核心。1983年邓小平在给景山学校题词时，科学总结新中国成立以后在曲折中探索中国特色社会主义文化发展道路的经验教训，明确地提出了"教育要面向现代化，面向世界，面向未来"的战略思想，这是当今世界文化发展的潮流。2002年江泽民在中国共产党第十六次代表大会上提出"在当代中国，发展先进文化，就是发展面向现代化、面向世界、面向未来的，民族的科学的大众的社会主义文化，以不断丰富人们的精神世界，增强人们的精神力量"。近年来，胡锦涛多次强调要坚持以人为本，注重文化传承创新，构建和谐社会，"以人为本传承创新和谐发展的"是科学发展观的核心内涵。由此可见,"民族的科学的大众的,面向现代化面向世界面向未来的,以人为本传承创新和谐发展的"中国特色社会主义新文化观,集中地反映了中国共产党几代领导人在领导中国特色社会主义文化发展实践中的伟大创造。

记:过去人们对大学关注得比较多的是教学、科学研究和社会服务三项社会职能,现在为什么要关注"文化传承创新",什么是"大学文化的独特本质及其发展规律"?

王:文化是一个内涵非常广泛而又极其深刻的概念,人们对它有众多的界定,有广义和狭义两种理解。从哲学上讲,文化的本质既是一种存在更是一种信仰,其中,知识存在是文化存在的根基,物质文化、精神文化和制度文化存在是文化存在的基本形态,精神文化存在是文化存在的核心,信仰是文化存在的灵魂,是人类生命的意义和核心价值之所在。这是一切文化,其中包括大学文化的共同本质,也是人们观察和分析一切文化现象,其中包括一切大学文化现象的根本出发点。以这个基本观点来观察大学,现在有越来越多的学者认为,教育、科学和文化是构成大学的三个基本要素,它们既是不同质的事物又共处于同一所大学之中,构成了一个以求真育人为核心的文化共同体。在这个"文化共同体"中,作为大学存在的基本方式,大学文化主要凝聚在大学人在长期教育和办学实践中积淀和创造的深厚的文化底蕴之中,是大学物质文化、大学精神文化和大学制度文化的总和,其中,"优势学科、杰出大师、精神气质和文化生态"是构成深厚的文化底蕴的四个核心要素,它既是一种独特的社会文化形态,在当代,又是大学核心竞争力之重点所在。在这个"文化共同体"中,作为大学追求的核心价值,"'育人为本'是大学存在的第一要义"和"'科学为根'是大学存在的价值基础"是比较早地被实践证明和人们认识的两种大学哲学观,它们共同确立了"大学应当坚守的文化品位和价值追求",基本要求是始终坚守大学是人类文明的精神家园、人才养成的重要基地和人类社会的知识权威、最富有创造力的学术殿堂的历史地位以及与之相应的以"致力于照亮人性的美"的人文关怀和"为真理而献身"的独立精神为核心的大学精神文化传统。由此可见,文化在大学里不是孤立存在的,它已经和大学融为一体,成为一种"大学文化",它已深深地蕴含在"'育人为本'是大学存在的第一要义"和"'科学为根'是大学存在的价值基础"之中,"求真育人"既是大学文化的独特本质,又是时代精神的深刻反映。2000多年来,大学的发展、变革已经经历了"以人文为主导"和"以科技为主导"两个大的发展阶段,在当代,应当在"人文学科与自然科学相互融合"的基础上向"'育人为本,科学为根,文化为魂'三位一体的大学哲学观"的阶段转变。我坚信,一个"生命论,认识论,政治论"三位一体的大学赖以存在的哲学基础的崭新时代的到来是历史的必然。

记:文化自觉是一种内在的精神力量,请您谈谈对中国特色大学文化和我国近、现代大学的未来发展的一些展望。

王:《红旗文稿》2010年第15期刊登署名"云杉"的文章深刻地指出:"文化自觉,主要指一个民族、一个政党在文化上的觉悟和觉醒,包括对文化在历史进步中地位作用的认识,对文化发展规律的正确把握,对发展文化历史责任的主动担当。文化自觉是一种内在的精神力量,是对文明进步的强烈向往和不懈追求,是推动文化繁荣发展的思想基础和先决条件。历史和现实表明,一个民族的觉醒,首先是文化上的觉醒;一个政党的力量,很大程度上取决于文化自觉的程度。可以说,是否具有高度的文化自觉,不仅关系到文化自身的振兴和繁荣,而且决定着一个民族、一个政党的前途命运。"我认为,"中国百年大学文化"是个伟大的宝库,开展"中国大学文化百年研究"是一篇大文章,不仅时间跨度很大,而且涉及学校众多,尤其是近100多年来一直充满着中西两种教育思想和办学理念以及与之相应的两种大学制度文化之间的矛盾冲突和斗争。因此,如何在世界多元文化激荡交融中发展中国特色大学文化和为实现中国特色大学理想而奋斗是一项基础性、战略性和前瞻性的重大课题,不下一番认真的功夫,没有一种大气魄和大智慧,没有广博、深厚的文化底蕴,特别是没有一种海纳百川的宽广胸怀和深邃广袤的哲学智慧,这项任务是不可能彻底完成的。由此可见,我们现在已经做的工作仅仅是一个良好的开端,已经出版的"中国大学文化百年个案研究系列丛书"还只是第一批成果,任重而道远,需要我们继续作坚持不懈的努力。我坚信,随着经济建设高潮的到来,我国必将出现一个文化建设的新高潮。随着文化建设新高潮的深入发展,我国大学必将进一步提高文化自觉、增强文化自信和实现文化自强,中国大学文化研究、建设和创新必将出现新局面,创建中华民族新教育和实现中国特色大学理想的崇高目标必将得到实现,我国必将建成世界高等教育强国和创新型国家,中国人民必将对中华民族伟大复兴和人类文明进步事业作出新的更加伟大的贡献。

(载于《世界教育信息》2011年第11期)

大学文化既是一种存在更是一种信仰

众所周知，文化是一个内涵非常广泛而又极其深刻的概念。1871年英国文化学家爱德华·泰勒在其学术专著《原始文化》（连树声译，上海文艺出版社，1992年1月）中深刻地指出："文化是包括知识、信仰、艺术、道德、法律、习俗和任何人作为一名社会成员而获得的能力和习惯在内的复杂整体。"这是一种广义的文化观。1946年西班牙著名思想家奥尔特加·加塞特在其学术专著《大学的使命》（徐小洲、陈军译，浙江教育出版社，2001年12月）中进一步指出："文化是每个时代固有的生命体系；不过，更好的提法是，文化是时代赖以生存的思想体系。"这是一种狭义的文化观。面对20世纪90年代中期以来世界范围和我国日益明显地出现的以"崇尚物质，忽视人文"为核心内涵的全球性文化生态危机及其导致的大学精神衰微现象，其实质是道德信仰危机的严峻挑战，在我国悄然兴起了一个大学文化问题研究学术思潮，其核心是一股大学精神研究热潮。任何社会思潮都是特定时代的产物，当文化问题引起社会广泛关注开始进入哲学视野时，文化哲学便产生了。于是，随着大学文化问题研究学术思潮，特别是大学精神研究热潮在我国的深入发展，2012年4月我的一本哲学专著《大学文化哲学——大学文化既是一种存在更是一种信仰》在当代中国应运而生，以"大学文化"为逻辑起点，以"生命论哲学"为主导，构建了一个以"大学文化既是一种存在更是一种信仰"为核心的大学文化哲学的基本理论框架，为追寻和认知"当代中国大学理想"奠定了理论基础，具有重大的理论价值和历史意义。

一、大学本质和文化使命

长期以来，人们有一种误解，认为大学是实施高等教育的主要机构，因此，大学便是教育，教育便是大学。不错，大学从它诞生之日起就把传授知识和教学育人作为自己的基本职责，而且在一个相当长的历史时期里，传授知识和教学育人曾经是它实际承担的唯一职责。因此，在这个相当长的历史时期里，大学和教育浑然一体，大学就是教育，教育就是大学。但是，自 1810 年德国威廉·冯·洪堡在创办柏林大学时把学术研究功能引入大学之后，情况就开始发生变化。在当代，大学正在全面地承担着教育责任、学术责任、既服务又引领社会前进责任和国际责任。所以，在当代，教育本质并不就是大学本质。如果说，教育的对象是作为"个体"的有生命的人，教育活动与人的发展之间有着深刻的本质联系，教育的本质是通过文化促进人的发展的一种生命活动的话，那么，大学则与人类文化之间有着更为本质的深刻联系。大学的本质是一种与社会的经济和政治组织既相互关联又鼎足而立的以传承和创新文化为己任的、功能独特的文化组织，大学理所当然地应当成为人类社会传承和创新文化的中心，自觉地承担起历史赋予的传承和创新文化的重大使命。由于高深知识及其构成的学科（专业）是大学存在的知识和组织基础，所以，传承和创新高深知识是大学全面地承担起传承和创新文化的重大使命的知识基础。但是，必须明确"守卫文明，立德树人，求真创造，文化引领"是大学全面地承担起传承和创新文化的重大使命的核心和灵魂，关键在于充分发挥大学特有的价值批判功能。只有这样，"人类文明"才能守卫，"真正的人"才能养成，"求真创造"才能做到，"文化引领"才能实现。

二、高深学问和组织文化

组织文化学是一门科学，运用组织文化学的观点来观察大学，人们发现，大学是人类文化发展到一定阶段的产物，高深知识及其构成的学科（专业）是大学存在的知识和组织基础，大学是由众多学科（专业）组成的既高度分权又相互融合的有机的整体。在这个有机体中，掌握高深学问的众多教授以高深知识的传承、研究、应用和创新为目标，尤其是有着对未知世界的强烈兴趣，以传授知识和探究真理作为他们的崇高使命。因此，他们希望能够独立自主地工作，不愿意受到他人的控制，对来自行政的强制权力有一种天然的抵抗，需要的是对他们在高深知识的传承、研究、应用和创新中取得的成就给予肯定，这种要求与大学组织的目标是一致的。因此，人们普遍认为，"大学组织作为人类文明的精神家园和人类社会的知识权威的传统使命""以文化机制作为大学组织整合和运行的主导机制""大学组织特有的崇尚人文、注重理性、自由独立和追求卓越的精神文化传统"和"大学组织超越现实功利的理想追求"这四者，既是"大学组织固有的文化个性"的科学内涵，也是"大学组织固有的文化个性"

得以形成并延续至今的根本原因。对于"大学组织固有的文化个性",大学组织自己应当自觉地坚守,其他类型的社会组织,尤其是政府及其教育管理部门应当给予充分的尊重,建立起在政府及其教育管理部门的宏观指导和管理下大学依法面向社会自主办学的高等教育体制和机制。

三、教育本质和人文化成

在当代,大学正在全面地承担起教育责任、学术责任、既服务又引领社会前进责任和国际责任,但是,必须明确,教育责任仍然是当代大学应当承担的永恒的第一社会责任,因此,"育人为本"是大学存在的第一要义,这是由教育责任在大学办学中的中心地位决定的。教育的本质仅仅是一个认知过程,还是一种生命活动?教育活动的根本目的是培养有一技之长的专门人才还是"使人成其为'人'"?这是教育哲学上的重大命题。以马克思关于人的本质"在其现实性上,它是一切社会关系的总和"和康德关于"人只能通过教育而成其为人"的精辟论述为指导,我们认为,教育的本质是一种生命活动,"促进人的发展"是教育活动永恒的主题,文化传承和创新是教育"促进人的发展"的基础和灵魂,教育活动的根本目的是"使人成其为'人'"。必须强调指出,"人文化成"是教育活动的本义,它有两项任务,一是通过人文化成"推行教化庶民",二是通过人文化成"促使天下昌明",关键在于坚守"致力于照亮人性的美"的人文关怀,实现马克思主义预言的未来的新社会是"以每个人全面而自由的发展为基本原则的社会形式"。由此可见,教育的本质是一种通过文化促进人的发展的生命活动,大学教育教学过程实质上是一个有组织、有计划的文化育人过程,根本目的是促使学生实现从有"文化知识"的人向"既有文化知识又有文化修养"的人的深刻转变,使其成为一个具有健全人格、独立意志和富有创造力的"人"。随之,大学被人们赞誉为人类文明的精神家园和人才养成的重要基地。

四、探索未知和创造未来

从知识层面看,科学是人类关于自然、社会和思维的知识体系的总称,学科是科学在某一领域的分支。从活动层面看,科学是一种"探索未知"的认知活动。因此,作为一种知识体系和认知活动,人们确认"'科学为根'是大学存在的价值基础"。我们理解,作为一种"探索未知"的认知活动,"'科学为根'

是大学存在的价值基础"具有双重含义：其一，科学是大学探索已有世界的客观基础；其二，科学是"达至修养"的唯一途径和创造未有世界的知识基础。我们认为，科学的本质是"求真"，其核心和灵魂是一种"为真理而献身"的独立精神。必须强调指出，科学和文化是既有紧密联系又是不同质的两个事物。一方面，大部分文化知识主要源自科学，这是二者之间的深刻联系；另一方面，科学的对象是客观事实，文化的核心和灵魂是一种生命信念，包括理念、精神、价值和信仰。前者是知识理性，后者是价值理性，后者从根本上决定着科学活动的前进方向。因此，我们应当坚持"知识理性与价值理性的辩证统一"。自走出"象牙塔"融入社会以后，在坚守科学活动的本质是"求真"和大学是人类社会的知识权威的基础上，在当代，大学进一步发展成为人类最富有创造力的学术殿堂，"创造力"是现代大学的价值所在。

五、文化品位和价值追求

教育和科学是构成大学的两个核心要素，它们既是不同质的事物又共处于同一所大学之中，构成了一个以求真育人为核心的文化共同体。在这个文化共同体中，"'育人为本'是大学存在的第一要义"和"'科学为根'是大学存在的价值基础"是比较早地被实践证明和人们认识的两种大学哲学观，基本要求是始终坚守大学作为人类文明的精神家园、人才养成的重要基地和人类社会的知识权威、人类最富有创造力的学术殿堂的历史地位以及与之相应的以"致力于照亮人性的美"的人文关怀和"为真理而献身"的独立精神为核心的大学精神文化传统。这既是"大学应当坚守的文化品位和价值追求"的核心内涵，也是大学应当坚守的一种共同价值信念。19世纪中叶以后，随着大学逐渐走出"象牙塔"融入社会之中，面对既要积极主动地适应和满足现实社会众多领域不同层次的广泛需求又要坚守大学应有的文化品位和价值追求的两难选择，根本出路是走多样化和高品位的发展道路，在以大学办学模式的多样化应对现实社会多样化需求的同时坚守大学应有的文化品位和价值追求。由此可见，大学是一座以理智为基石的国家的神殿。这个界定有以下四层意思：第一，作为一座"神殿"，大学是充满着理想的，这个理想就是"大学应当坚守的文化品位和价值追求"；第二，作为一座充满着理想的"神殿"，大学在其现实性上应当是"国家的"，国家的兴衰与大学的兴衰紧密相关；第三，"理智"是大学认识和处理"神殿的理想"与"现实的需要"之间的矛盾的基本准则，基本要求是在积极应对现实社会众多领域不同层次广泛需求的同时坚守大学应有的文化品位和价值追求;第四,"以理智为基石"是大学强大生命力之所在,也是大学赖以生存、发展和办学的根本。

六、信仰危机和文化觉醒

20世纪90年代中期以来,随着人类社会逐渐进入以经济全球化为基本特征的崭新时代以及物质财富的迅速增长和人们生活的显著改善,在世界范围内日益明显地出现了一种以"崇尚物质,忽视人文"为主要内涵的全球性文化生态危机。这是一个根本性的变化,深刻地影响着当今世界的高等教育和今日的大学,导致在世界范围内出现了一种大学精神衰微现象,严重地冲击着"大学应当坚守的文化品位和价值追求",大学作为人类文明的精神家园和人类社会的知识权威正在逐步蜕变为科技人才和研究成果的生产基地,以"人文关怀"和"独立精神"为核心的大学精神文化传统正在"物欲横流"中日益淡化,其突出表现是作为人类社会发展主体的"人"正在蜕变成为"物质丰富,精神空虚"的"单面人",不同程度上失去了生命的价值和意义,其实质是一种道德信仰危机。这种情况充分表明,随着社会转型和文化变迁,当今世界高等教育和今日大学所处的外部环境已经发生了极其深刻的变化,面临的挑战已经超出单纯的教育和科学问题的范畴,深入到了道德和精神领域。当今时代强烈呼唤大学实现新的文化觉醒,回归"人"在人类社会发展中的主体地位和坚守"大学应有的文化品位和价值追求",并在新的时代背景下努力"超越一味的经济考虑,而注重深层次道德和精神问题",努力开创今日大学和谐发展的新局面。面对20世纪90年代中期以来出现的大学精神衰微现象,在我国悄然兴起了一个大学文化问题研究学术思潮,其核心是一股大学精神研究热潮。"'文化为魂'是大学赖以存在的精神支柱"就是在我国大学文化问题研究学术思潮深入发展过程中提出的一个崭新的大学哲学观。作为"大学赖以存在的精神支柱","文化为魂"既深深地蕴含在"'育人为本'是大学存在的第一要义"和"'科学为根'是大学存在的价值基础"之中,也是"时代赖以生存的思想体系"的深刻反映。由此可见,"大学应有的文化品位和价值追求"必然随着社会转型和文化变迁有一个在坚守中不断实现新的超越的过程。

七、文化存在和精神存在

面对当前在我国出现的大学精神衰微现象，随着大学文化问题研究学术思潮，其核心是大学精神研究热潮在我国的深入发展，人们进一步认识到：大学不仅是一种客观物质的存在，更重要的是一种文化存在和精神存在，文化存在是大学存在的基本形态，精神存在是文化存在的核心和灵魂。对于一所大学来说，主要凝聚在长期教育和办学实践中积淀和创造的深厚的文化底蕴之中的大学文化是一种独特的社会文化形态，是大学物质文化、大学精神文化和大学制度文化的总和，其根基在学术，其核心和灵魂在精神。大学精神的核心是一种生命信念、价值追求、道德准则和思维方式，它渗透在大学存在的所有形态、大学活动的所有领域和大学人的心灵之中，以无形的存在深刻地影响着有形的存在和大学的未来，大学物质文化是蕴含在大学存在的物质形态之中的学术、文化内涵，大学制度文化的实质是一种学术价值观。大学环境文化是一个综合概念，是为治学育人构筑的一种自然美与人文美、科学美和谐发展的大学校园文化环境，它既以大学物质文化、大学精神文化和大学制度文化为基础，又是大学物质文化、大学精神文化和大学制度文化的外在表现，其实质是一种"大学文化生态"。在当今世界，由于文化与经济、政治的相互融合日益深入，文化的力量越来越深地熔铸在民族生命力、创造力和凝聚力之中，在综合国力竞争中的地位作用越来越重要。因此，以"优势学科、大学精神、杰出大师、文化生态"构成深厚的文化底蕴和"大学文化软实力"是大学核心竞争力之重点所在，国家的兴衰与大学的兴衰紧密相关。作为一种独特的社会文化形态，主要凝聚在深厚的文化底蕴之中的大学文化的形成和发展同时受到教育、大学的本质及其发展规律和一定社会文化形态，特别是一定社会起主导作用的文化形态的双重影响和制约，并在一定条件下起反作用，阻碍或推动、引领教育变革、大学创新和社会文化前进，大学应当努力成为发展人类先进文化的重要基地。

八、以人为本和实现和谐

马克思社会思想的核心就在"人"，"人的发展"是人类社会发展永恒的主题，促进作为"个体"的人和作为"整体"的社会全面、协调、可持续发展，既是作为"个体"的人的生命意义和价值之所在，也是作为"整体"的人类社会发展的崇高理想。从根本上说，大学的存在是人类社会发展的客观需要，大学信仰是由人类社会发展的唯一性真理决定的。由此可见,"以人为本,实现和谐"既是人类社会发展的永恒目标,也是一所真正意义上的大学应当永远坚守的崇高信仰。无数历史事实已经证明,2000多年来,特别是近一个多世纪以来,人类社会和大学的发展、变革并不是一帆风顺的,充满着人文主义与科学主义、理性主义与功利主义两种思潮之间此起彼伏的激烈的矛盾冲突和斗争,当前世界高等教育和我国大学出现的"道德信仰危机"的突出表现,就是作为人类社会发展主体的"人"日益生活在"物质丰富、心灵贫乏"之中,失去应有的生命意义和尊严。人类社会的最高理想是实现和谐,实现人类社会和谐的根本在人。马克思主义认为人的本质"在其现实性上,它是一切社会关系的总和",并且指出未来的新社会是"以每个人全面而自由的发展为基本原则的社会形式"。人类社会是不断地向前发展的,不仅要有富足的物质生活,更要有高尚的精神生活,富足的物质生活必须和高尚的精神生活协调发展。所以,"以人为本,实现和谐"既是一种人道目标更是一种崇高信仰。时代强烈呼唤我国大学实现新的文化觉醒,以"马克思社会思想的核心就在人"的精辟论断为指导,回归"人的本质及其发展规律",在"人文学科与自然科学相互融合"的基础上进行文化反省、价值整合和综合创新,坚信不疑地认定和坚守以"以人为本,实现和谐"为价值基石的崇高信仰,努力开创我国大学和谐发展的新局面。

　　创新就要不断解放思想、实事求是、与时俱进。实践没有止境,创新也没有止境。我们要突破前人,后人也必然会突破我们。这是社会前进的必然规律。我们一定要适应实践的发展,以实践来检验一切,自觉地把思想认识从那些不合时宜的体制的束缚中解放出来,从对传统观念教条式的理解中解放出来。善于根据变化了的实际情况,在解放思想中统一认识,用发展着的新的思想观念指导新的实践。这样,我们必将无往而不胜。时代强烈呼唤我国大学实现新的文化觉醒,以马克思社会思想的核心就在"人"的精辟论述为指导,回归"人"在人类社会发展注重的主体地位,坚持未来的新社会是以每个人全面而自由的发展为进步原则的社会形式"为崇高目标,在"人文学科与自然科学相互融合"的基础上纪念性文化反省、价值整合和综合创新,努力开创我国大学和谐发展的新局面。

（载于《大学文化哲学——大学文化既是一种存在更是一种信仰》,王冀生著,中山大学出版社,2012年4月）

大学精神的核心在生命信念和价值追求

  大学的本质是一种与社会的经济和政治组织既相互关联又鼎足而立的以传承和创新文化为己任的功能独特的文化组织，大学不仅是人类文化发展到一定阶段的产物，大学还在长期教育和办学实践中积淀和创造了深厚的文化底蕴，主要凝聚在深厚的文化底蕴之中的大学文化是一种独特的社会文化形态，其根基在高深知识及其构成的学科（专业），其核心和灵魂在大学精神——一种生命信念、价值追求、道德准则和思维方式，它渗透在大学存在的一切方面、大学活动的所有领域和大学人的心灵之中，具有群体凝聚、价值导向、精神陶冶和引领文化等众多品质和功能，以无形的精神力量深刻地影响着大学有形的存在和引领着大学的未来。

一、生命信念

  一般来说，"人文"指的是一种精神境界，其核心是正确认识和处理人与自然、人与社会、人与他人和人与自己的基本态度，树立正确的自然观、人生观、道德观和自律观。需要着重指出的是，"人文"不仅是一种精神境界更是一种生命信念，我们应当树立"生命信念和精神境界辩证统一"的新人文观。在微观上，教育的对象是作为"个体"的有生命的人，教育的本质是通过文化促进人的发展的一种生命活动，"文化育人"是教育本质的核心，"人文化成"是教育活动的本义，教育活动的根本目的是"使人成其为'人'"，最终目的是通过培养能够传承和创新文化的人推动人类社会的延续和发展，马克思主义预言未来的新社会"是以每个人的全面而自由的发展为基本原则的社会形式"。在宏观上，人类社会是不断地向前发展的，不仅要有富足的物质生活更要有高尚的精神生活，二者必须协调发展。马克思主义认为，人的本质"在其现实性上，它是一切社会关系的总和"，人民群众日益增长的物质文化需要与落后的社会生产的矛盾是人类社会发展的基本矛盾，人类社会发展的崇高理想是实现和谐，人类社会实现和谐发展的根本在"人"，应当在作为"个体"的人获得全面而自由的发展的基础上建设文明昌盛的社会。基于上述分析，我认为，"以人为本，传启文化，科学发展，实现和谐"是大学应当确立的生命信念的核心内涵。其中，"以人为本"既是科学发展观的核心又是一种教育哲学观，"传启文化"既是作为"个体"的人又是作为"整体"的人类社会赖以生存和发展的基础，"科学发展"的基本要求是在作为"个体"的人获得全面而自由的发展的基础上实现作为"整体"的人类社会全面、协调、可持续发展，"实现和谐"既是人类社会发展应当追求的永恒目标也是大学应当为之奋斗的崇高信仰。

二、价值追求

传承和创新文化是大学应当承担的重大使命，其中，传承和创新文化知识，特别是传承和创新高深知识是大学全面完成重大文化使命的知识基础和重要前提，但是，必须强调，大学全面完成重大文化使命的核心和重点是"守卫文明、立德树人、求真创造和文化引领"。

守卫文明

文明是相对于野蛮而言的，指人类社会进步的一种状态。众所周知，人类是经过极其漫长的艰苦过程，才彻底摆脱野蛮状态进入文明社会的。后来，又经过"以人的体力劳动为基础的"农耕文明社会和"以科学技术是第一生产力为基础的"工业文明社会，逐渐积淀和创造了现代文明，包括物质文明、精神文明和制度文明。在这个漫长的过程中，"守卫文明"起了关键性的作用。"守卫文明"，指的是大学应当继承和发扬人类在长期社会实践中积淀和创造的一切优秀文明成果，坚持正义，区分善恶，明辨是非，建立信念，推动和引领人类社会不断地延续和发展。

立德树人

"立德树人"是我国教育的优良传统，"立德树人"的基本要求是"树人为本，以德为先"。我国先秦时期《大学》开宗明义的第一句话就说"大学之道，在明明德，在亲民，在止于至善"，实质上是倡导一种大学精神，其核心是"立德树人，亲民济世，基本途径是通过人文化成"推行教化庶民促使天下昌明"。"人文化成"这个词语最早见于《易经》，《易经·贲卦》中说"下观人文，以化成天下"。"人文化成"有两个关键词，一个是"人文"，一个是"化成"。"人文"注重的是潜移默化地教化人、熏陶人和引领人，"化成"注重的是以学生为主体的"修身"活动。只有在教育活动中坚守"人文化成"这个教育活动的本义，才能使受教育者在通晓儒家经典的基础上成为道德完善的君子和治国安邦的人才，然后亲近、服务和引导人民，以天下为己任，齐家，治国，平天下，建设文明、昌盛的社会。

求真创造

西方大学曾经长期处于"象牙塔"之内，恪守"知识即目的"的理性追求、"为科学而科学"的价值准则和以"注重发展人的理性"为宗旨的"自由教育"思想。以1810年柏林大学的创办为标志，学术研究功能被引入大学，积极倡导"由科学而达至修养"的新人文主义大学教育观，从此，严格意义上的科学活动进入了大学这个知识殿堂，具有"探索未知"和"达至修养"的双重价值。随之，"育人为本"成了大学存在的第一要义，"科学为根"成了大学存在的价值基础，实现了从传统大学向现代大学的根本转变。第二次世界大战结束以后，特别是进入20世纪以后，以美国为主要代表，西方大学走出"象牙塔"逐渐融入社会之中，现实社会不仅要求大学认识自己之外的全部世界，还要在认识已有世界的基础上创造未有的新世界。随之现代大学进一步发展成为人类最富有创造力的学术殿堂，"创造力"成了现代大学的价值所在。

文化引领

大学作为人类社会的知识权威和最富有创造力的学术殿堂，理所当然地应当站在时代的前列和学科发展的前沿，以自己拥有的新知识、新思想和新文化自觉地担负起引领社会文化潮流的光荣使命。大学之所以能够承担起"文化引领"的重大使命，主要是因为大学汇聚了众多学科的学者、大师和具有学术自由的宽松环境，学者、大师和年轻学生们一起一边研究、一边教学，既提高了学术水平和教育质量，又辐射、影响和引领社会文化的更新和发展。因此，大学应当成为发展人类先进文化的重要基地。

必须强调指出，文化选择的本质是在多元文化矛盾运动中进行价值判断的过程。因此，大学要全面完成传承和创新文化的重大使命，关键在于充分发挥大学特有的价值批判和文化选择功能。只有这样，"人类文明"才能守卫，"真正的人"才能养成，"求真创造"才能做到，"文化引领"才能实现，大学才能既服务又引领社会前进。

三、道德准则

任何文明社会都是以一定的道德准则和行为规范为基础的，道德准则是行为规范的基础，行为规范是道德准则的保证，二者是辩证统一的，它从根本上深刻地主导着大学的道德准则和行为规范。

我国是一个历史悠久的文明古国,在长期社会实践中积淀和创造了以孔子儒学及其"以伦理道德为本位"的教育理想为核心的中华优秀传统文化,它后来虽然历经变迁,但是,作为孔子儒学的精华——"仁者爱人"和"守之以礼"——却是一以贯之的。其中,"仁者爱人"就是道德准则,"守之以礼"就是行为规范。杨适教授说得好:"文化的中心在人,文化理论的中心在人伦。""'人伦'之'伦'指道理、次序,'人伦'即人与人的关系中的次序与道理。""'仁'同'礼乐'一样,都是表现和维护宗法人伦的文化,区别只在'礼'是制度的形式规定,'乐'是其情感审美表现,而'仁'是贯穿这一切的精神实质或思想原理。"(摘自《中西人论的冲突——文化比较的一种新探求》,杨适著,中国人民大学出版社,1991年版)

如果说中华民族传统文化的显著特征是"宗法人伦"的话,那么,西方现代文明的主要特征就是"自由文化"。西方文化的历史是从古希腊开始的,古希腊人就曾经骄傲地把自己称作"自由人"。直到今天,西方人仍然以自己的国家和社会是"自由世界"自诩,它的哲学基础就是古希腊哲学家柏拉图强调的"有理性"是人与其他动物之间的本质区别。西方人认为,"人"应当是高于其他动物的既有理性又有独立精神的"自由人"。由此可见,"独立人格"和"学术自由"就是西方"自由文化"的核心,"独立人格"就是西方人的道德准则,"学术自由"就是西方人的行为规范。

张应强教授在其学术专著《大学的文化精神与使命》(安徽教育出版社,2008年10月)中深刻地指出:"我国古代大学以明明德、亲民、止于至善为宗旨,将知识、意志、情感及相应各类学问与价值统一于人格的全面发展与完善,指向人文教化的最高目的。西方大学是自由的、超越的、是远离尘世和功禄、追求真理和至善境地的,是具有文化批判精神的。因而,人们将大学的文化精神概括为自由精神、批判精神、超越精神和人文精神。"

四、思维方式

黑格尔说哲学是"思维着的考察",恩格斯说哲学是"思维着的精神"。由此可见,思维方式,特别是"大学赖以合法存在的哲学基础"属于精神范畴。正如高等教育的界限埋嵌在历史发展之中一样,高等教育哲学的内涵也是随着历史的发展而逐渐显现的。

人类曾经长期处于"以人的体力劳动为基础"的农耕文明社会，人文主义是当时社会的主导文化形态，我国自先秦时期以来，西方自古希腊以来，一直把大学存在的合法性建立在人文主义的抱负之上，这种人文主义抱负在我国以孔子儒学"以伦理道德为本位"的教育理想为核心，在西方以"注重发展人的理性"为宗旨的"自由教育"为顶点，它使我国以太学、国子监、翰林院为主体的官学体系和英国式教学型学院得以合法化。19世纪初叶以后，随着工业革命的兴起和自然科学的发展，以1810年柏林大学的创立为标志，德国大学在坚持"教学与学术研究相统一"和"由科学而达至修养"中获得其合法地位，深刻地影响了全世界。

第二次世界大战以后，随着人类社会从"以人的体力劳动为基础"的农耕文明社会向"以科学技术是第一生产力为基础"的工业文明社会转型，以美国为主要代表，大学逐渐融入社会之中，面对既要积极主动地适应现实社会众多领域不同层次的广泛需求又要坚守大学应有的基本理性和学术价值的两难选择，以"高深学问"为逻辑起点和以"认识论哲学"为主导，布鲁贝克创造性地提出了20世纪"使高等教育合法存在的哲学"，指出"在20世纪，大学确立它的地位的主要途径有两种，即存在着两种主要的高等教育哲学，一种哲学主要是以认识论为基础，另一种哲学则以政治论为基础"（摘自《高等教育哲学》，约翰·S.布鲁贝克著，郑继伟等译，浙江教育出版社，1987年7月），美国大学随之成为20世纪引领世界现代高等教育发展潮流的中心。

任何社会思潮都是特定时代的产物。20世纪90年代中期以来，随着人类社会逐渐进入以经济全球化为基本特征的崭新时代和我国从计划经济体制向社会主义市场经济体制转型，大学精神衰微，其实质是大学文化问题成为当今我国社会关注的焦点并逐渐深入到哲学领域时，2012年4月《大学文化哲学——大学文化既是一种存在更是一种信仰》（王冀生著，中山大学出版社）在当代中国问世。大学文化哲学研究是个重大的哲学命题，它的根本任务是从哲学的高度回答和解决当代大学在文化传承和创新实践中面临的一系列重大问题，为当代大学全面承担起时代赋予的重大文化使命奠定了更加坚实的哲学基础。

（本文系作者在天津大学召开的"当代中国大学精神研究高层论坛和学术研讨会"上所作的学术报告）

自觉地培育和践行社会主义核心价值观

人类社会发展历史表明，对一个民族、一个国家来说，最深沉、最持久的力量是社会共同认可的核心价值观。因为，核心价值观承载着一个民族、一个国家的精神追求，体现着一个社会评判是非曲直的价值标准。每个时代都有每个时代的精神，每个时代都有每个时代的价值观念。党的十八大提出的以"富强、民主、文明、和谐"、"自由、平等、公正、法治"和"爱国、敬业、诚信、友善"为基本内涵的社会主义核心价值观，既继承了中华优秀传统文化和反映了社会主义的本质要求，也吸收了世界文明的有益成果和体现了当今时代的价值追求。

一、继承了中华优秀传统文化

我国素以文明古国、礼仪之邦著称，有着极其丰富的历史和文化遗产。在2000多年的封建社会里，以孔子儒学为核心的中华优秀传统文化一直居于我国社会文化形态的主导地位，它后来虽然历经变迁，但其核心和精华——"仁者爱人"和"齐之以礼"却是一以贯之的，并在长期社会实践中逐渐形成了以"爱国、敬业、诚信、友善"为核心的传统美德和以"民惟邦本、礼法合治、德主刑辅、正己修身"为核心的治国理念。在孔子儒学中，"仁"是内心的道德情感，"礼"是外在的行为规范；"仁"是"礼"的基础、灵魂，"礼"是"仁"的体现、落实；没有"礼"，"仁"就徒具形式和无所依托；"仁"和"礼"的最终目的是齐家、治国、平天下。孔子儒学以"仁者爱人"和"齐之以礼"为核心的中华优秀传统文化，不仅是中华民族延续发展的精神文脉的"根"，更是中华民族得以生生不息、蓬勃发展的强大精神力量。对于中华优秀传统文化，我们应当薪火相传、代代坚守。

二、反映了社会主义的本质要求

在一个经济文化比较落后的国家如何建设、巩固和发展社会主义是一个前无古人的崭新课题，必然要经历一个艰难、曲折的探索过程。近一个多世纪以来,特别是新中国成立以来,正、反两个方面的经验教训使我们越来越深刻地认识到:中国特色社会主义的本质要求,就是在中国共产党的领导下,立足我国现在处在还将长期处在社会主义初级阶段的基本国情,以"人民对美好生活的向往"为奋斗目标,全面建成小康社会,全面深化改革,全面依法治国,全面从严治党,以经济建设为中心,解放和发展社会生产力,促进人的全面发展和物质文明与精神文明的比翼齐飞,逐步实现全体人民共同富裕,建设富强民主文明和谐的社会主义现代化国家,为实现中华民族伟大复兴的中国梦而奋斗。

三、吸收了世界文明的有益成果

如果说中华优秀传统文化的显著特征是重"伦理道德"的话,那么,西方文化精神传统的显著特征就是重"科学理性"。自古希腊以来,西方一直恪守"知识即目的"的理性追求、"为科学而科学"的价值准则和"为真理而献身"的独立精神。随着西方从"以人的体力劳动为基础的"农耕文明社会向"以科学技术是第一生产力为基础的"工业文明社会转型,西方人逐渐建立了以"自由、平等、公正、法治"为核心的现代文明。1840年鸦片战争失败以后,面对帝国主义列强坚船利炮的猛烈轰击和西方以"科学、民主"为核心的现代文明的严峻挑战,从清朝晚期的"中学为体,西学为用"到1915年以后掀起的新文化运动和五四运动,再从"会通中西"到"泛政治化"和"体制转型",中国人民和大学人对如何在世界多元文化激荡交融中发展中华民族新文化进行了长期的艰苦探索,终于明白了一个颠扑不破的真理:每一种文明都延续着一个国家和民族的精神血脉,实现中华民族伟大复兴的中国梦的根本是中华文明的传承和发展,既需要薪火相传,代代守护,也应当在继承和发展中华文明的进程中学习、借鉴人类一切富有永恒魅力和具有当代价值的文化和精神传统,推动中华文明创造性转化和创新性发展,使其焕发出更加蓬勃和旺盛的生命力,不断开辟中华文明发展的新境界。

四、体现了当今时代的价值追求

现在人类已经进入21世纪,我国国情已经发生极其深刻的变化。党的十八大提出的社会主义核心价值观,把建设"富强、民主、文明、和谐"的社会主义现代化国家作为国家建设的奋斗目标,这是鸦片战争以来中国人民最伟大的梦想，是中华民族的最高利益和根本利益。为了把我国建设成为"富强、民主、文明、和谐"的社会主义现代化国家，必须继承和发扬自古以来我国公民"爱国、敬业、诚信、友善"的传统美德，这是把我国建设成为富强民主文明和谐的社会主义现代化国家的道德基础。"自由、平等、公正、法治"既是人类文明的有益成果又是我国人民的权利、义务，是把我国建设成为"富强、民主、文明、和谐"的社会主义现代化国家的重要保障。这样，就把涉及国家、公民、社会三个层面的价值要求融为一体，从根本上回答了当代中国要建设什么样的国家、培育什么样的公民和建设什么样的社会的重大问题。

为了把当代中国大学建设成为大学人共享核心价值信念的精神家园和发展当代中国先进文化的坚强阵地，我们应当从学校、教师和学生三个层面自觉地把培育和践行社会主义核心价值观融入学校教育和办学实践之中。

学校层面：立德树人，求真创造

由于高深知识及其构成的学科（专业）是大学存在的知识和组织基础，所以，我们应当把传承和创新高深知识作为当代中国大学把培育和践行社会主义核心价值观融入学校教育和办学实践之中，全面承担起传承创新文化和振兴民族文化的重大文化使命的重要前提和知识基础。但是，文化不仅是一种知识存在，其核心和灵魂在精神，大学是一个以"立德树人，求真创造"为共享核心价值信念的文化共同体。因此，坚守"立德树人，求真创造"这个共享核心价值信念是当代中国大学把培育和践行社会主义核心价值观融入学校教育和办学实践之中，全面承担起传承创新文化和振兴民族文化的重大文化使命的根本。"立德树人"，指的是作为人类文明的精神家园和人才养成的重要基地，当代中国大学应当自觉地坚守"育人为本"是大学存在的第一要义和我国古代"自天子以至于庶民，一是皆以修身为本"的优秀文化传统，通过人文化成"推行教化庶民促使天下昌明"，深化教育改革全面推进素质教育，促进每个人全面而自由的发展，把"培养有社会主义觉悟的有文化的劳动者"作为自己的根本任务，为建设富强民主文明和谐的社会主义现代化国家贡献力量。"求真创造"，指的是作为人类社会的知识权威和最富有创造力的学术殿堂，当代中国大学应当自觉地坚守"科学为根"是大学存在的价值基础和"为真理而献身"的独立精神，以"探求未知，创造未来"为己任，在主动适应现实社会众多领域不同层次广泛需求和直接为人类社会谋福祉的同时，坚持大学应有的基本理性和学术价值，把"创造力"作为现代大学的核心价值。当代中国大学坚守"立德树人，求真创造"这个共享核心价值信念的关键在于充分发挥大学特有的价值批判和文化选择的独特功能，守卫文明，明辨是非，坚持正义，建立信念，辐射和引领社会文化的更新和发展。

教师层面：学为人师，行为世范

梅贻琦先生说过一句家喻户晓的名言："大学者，非谓有大楼之谓也，有大师之谓也。"（摘自《就职演说》，原载《国立清华大学校刊》第341号，1931年12月4日）竺可桢先生1936年也说过："教授是大学的灵魂。"（摘自《大学教育的主要方针》，原载《国立浙江大学校刊》第248期）因此，建设一支"学为人师，行为世范"的教师队伍，是当代中国大学把培育和践行社会主义核心价值观融入学校教育和办学实践之中，全面承担起传承创新文化和振兴民族文化的重大文化使命的关键所在。我国古代著名教育家韩愈在其名著《师说》（载于《唐宋八大家文选》，牛宝彤选注，甘肃人民出版社，1984年2月）中精辟地指出："古之学者必有师，师者，所以传道、授业、解惑也。人非生而知之者，孰能无惑？惑而不从师，其为惑也，终不解矣。"由此可见，在韩愈的《师说》中，"传道，授业，解惑"是一个相互渗透、相辅相成和辩证统一的有机的整体，其中，"解惑"是出发点，"授业"是基础和途径，"传道"是根本。只有全面地完成了"传道，授业，解惑"三个方面的职责，才算得上一个优秀的"师者"，其中，杰出者可以称为"大师"。基于这个基本道理，"学为人师"就是在成长的道路上能够成为学生的师长，"行为世范"就是在言行上能够成为世人的楷模，这是一个很高的要求。必须强调指出，在当代中国大学里，培育和践行社会主义核心价值观，打造实现中华民族伟大复兴中国梦"梦之队"的"筑梦人"的主体，并不仅仅是马克思主义理论课的教师和专门从事学生思想政治工作的辅导员，而是大学设置的众多学科（专业）的业务课程的广大教师，关键在于提高他们的文化自觉，深入挖掘学科（专业）及其业务课程中蕴含的核心价值，努力将培育和践行社会主义核心价值观融入业务课程的教学和学科（专业）的科学研究活动之中。客观地说，在当代中国大学里，学有所长的教师并不少，但是，真正能够全面地完成韩愈在其名著《师说》中提出的"传道，授业，解惑"三个方面的职责，尤其是真正成为培育和践行社会主义核心价值观"筑梦人"的"大师"并不多。习近平总书记精辟地指出："教师是人类历史上最古老的职业之一，也是最伟大、最神圣的职业之一。""教师重要，就在于教师的工作是塑造灵魂、塑造生命、塑造人的工作。""三寸粉笔，三尺讲台系国运；一颗丹心、一生秉烛铸民魂。今天的学生就是未来实现中华民族伟大复兴中国梦的生力军，广大教师就是打造这支中华民族'梦之队'的筑梦人。""希望全国广大教师把全部精力和满腔真情献给教育事业","做党和人民满意的好老师"。

学生层面：尊师重道，志存高远

青年是国家的未来和希望，当代中国大学生是为实现中华民族伟大复兴的中国梦的"梦之队"，任重而道远。因此，当代中国大学生应当"尊师重道，志存高远"，努力做"有信念、有梦想、有奋斗、有奉献"的一代新人，自觉地把培育和践行社会主义核心价值观融入"尊师重道，志存高远"之中，这是当代中国大学把培育和践行社会主义核心价值观融入学校教育和办学实践之中、全面承担起传承创新文化和振兴民族文化的重大文化使命的核心和重点。"尊师重道"和"志存高远"是紧密地联系在一起的，"尊师重道"的实质是一种敬畏杰出大师和尊重客观规律的信念，"志存高远"就是决心为实现中华民族伟大复兴的中国梦奋斗终身。古语云："无贵无贱，无长无少，道之所存，师之所存也。"当代中国大学生之所以应当"尊师重道"，一是因为老师不仅学有所长，而且德高望重，是学生做人做事做学问，培育和践行社会主义核心价值观，打造实现中华民族伟大复兴中国梦"梦之队"的"筑梦人"，二是因为在我国"道"是一种至高无上的，它是自然而然生成的，是高于天、地、人的一种客观存在，所以，《道德经》说"人法地，地法天，天法道，道法自然"。当代中国大学生之所以应当"志存高远"，主要是他们懂得"人最宝贵的是生命，生命每个人只有一次。人的一生应当这样度过：当回忆往事的时候，他不会因为虚度年华而悔恨，也不会因为碌碌无为而羞愧，在临死的时候，他能够说，我的整个生命和全部精力，都已经贡献给了世界上最壮丽的事业"（保尔语）。作为一个"真正的人"，应该深刻理解"舍"和"得"的辩证关系，自觉地坚守"舍大于得"的人生信念，既要通过诚实劳动享受人生，更要以天下为己任，努力作中流之砥柱，挽狂澜于既倒，为人类社会谋福祉，尤其是当代中国已经强大了，中华民族被别人任意欺凌的时代已经一去不复返了。因此，当代中国大学生建功立业的舞台空前广阔，梦想成真的前景空前光明。所以，当代中国大学生应当自觉地把高深学问内化为爱国奉献的真实本领，把社会主义核心价值观内化为精神追求和自觉行动，在为实现中华民族伟大复兴中国梦而奋斗的伟大实践中创造自己的精彩人生，书写无愧于时代的美丽华章。

文化自觉是一种内在的精神力量，是否具有高度的文化自觉，不仅关系到文化自身的振兴和繁荣，而且决定着一所大学乃至一个民族、一个国家的前途命运。我们坚信，在新的世纪里，当代中国大学人必将进一步提高文化自觉、增强文化自信和实现文化自强，全面加强大学文化研究，扎实推进大学精神建设，自觉地把培育和践行社会主义核心价值观融入学校教育和办学实践中去，使其成为当代中国大学人的自觉行动，全面承担起传承和创新文化的重大使命。一个富强民主文明和谐的社会主义现代化国家必将建成，当代中国必将作为世界一流强国强势崛起，中华民族伟大复兴的中国梦必将实现，21世纪将有可能成为伟大的"中国世纪"，当代中国大学人必将对推进人类文明事业作出新的更大的贡献。

（本文系作者在浙江经济职业技术学院召开的"当代中国大学精神建设交流研讨会"上的学术报告）

《当代中国大学精神研究》序

"当代中国大学精神研究"是由"大学文化研究与发展中心"倡议，清华大学胡显章教授牵头，众多知名高校（包括"985"、"211"高校和示范性、重点支持高职院校）领导和学者、专家共同承担的2012年度教育部人文社会科学研究规划重大攻关项目，目标是通过理论研究、历史研究、比较研究、实证研究和综合研究，追寻当代中国"大学之魂"，探索中国大学的未来。

中国近、现代大学是个舶来品，它根植于博大精深的中华优秀传统文化之中，产生于帝国主义列强瓜分中国的危难时刻，经历了跌宕起伏的政权更迭和错综复杂的文化冲突过程，发展于中华民族重新走向复兴的伟大时代。大学的本质是一种以传承和创新文化为己任的功能独特的文化组织，大学文化是一种独特的社会文化形态，其根基在学术，其核心和灵魂在精神，大学精神是大学人在为实现大学理想而奋斗的过程中形成的生命信念、价值追求、道德准则和思维方式，它既是大学核心竞争力之重点所在，也是大学延续发展的精神文脉。因此，要知道当代中国大学应该向何处去，必须搞清楚几千年来，特别是近一个多世纪以来中国大学是怎么过来的。我国是一个历史悠久的文明古国，中华民族之所以能够创造出光辉灿烂的古代文明，并且长盛不衰，就在于它有以孔子儒学及其"以伦理道德为本位"的教育理想为核心的中华优秀传统文化。我国先秦时期一部哲学著作《大学》开宗明义的第一句话就说"大学之道，在明明德，在亲民，在止于至善"，其核心是"立德树人，亲民济世"，"立德树人"就是"树人为本，以德为先"，"亲民济世"就是"亲近和服务人民，齐家，治国，平天下"，关键在于"自天子以至于庶民，一是皆以修身为本"，其精髓是通过人文化成"推行教化庶民促使天下昌明"。随之，我国古代"大学"成为中华文明的精神家园和君子人格的养成基地。因此，对于我国先秦时期"大学之道"倡导的以"立德树人，亲民济世"为核心和以"人文化成"为精髓的中国传统大学精神，我们应当深刻理解、代代相传，并在坚守中不断实现新的超越。

自古希腊以来，西方大学一直坚守"知识即目的"的理性追求、"为科学而科学"的价值准则和亚里士多德倡导的以"注重发展人的理性"为宗旨的"自由教育"思想。中世纪以后，高深知识及其构成的学科成为大学的细胞和承载大学职能的基础平台，逐渐确立了以"学术自由，大学自治"为核心的学术价值体系和近代大学制度的根基。在文艺复兴、宗教改革和启蒙运动等一系列思想解放运动之后，随着理性逐渐成为西方认识自然和驾驭自然的认识论基础，自然科学逐渐从自然哲学中分离出来形成了独立的学科体系。19世纪初叶工业革命兴起之后，面对自然科学迅速发展的严峻挑战，德国威廉·冯·洪堡顺应时代发展的历史潮流，在1810年创办柏林大学时把学术研究功能引入大学，创造性地提出了"坚持教学与学术研究相统一"和"由科学而达至修养"两条著名原则。从此，严格意义上的科学活动正式进入了大学这个知识殿堂，"育人为本"成为大学存在的第一要义，"科学为根"成为大学存在的价值基础，西方大学进一步发展成为人类知识集大成者和人类社会的知识权威。19世纪中期以后，特别是进入20世纪以后，以美国为主要代表，大学走出"象牙塔"逐渐融入社会，现实社会要求西方大学在认识已有世界的基础上创造未有的新世界，直接为人类谋福祉。随之，西方大学进一步发展成为人类最富有创造力的学术殿堂，"创造力"成了现代大学的价值所在。由此可见，"科学理性，求真创造"是西方近、现代大学精神传统的核心，其精髓是"学术自由"。因此，西方近、现代大学一直把学术自由作为维持其活力的源泉，把基本理性和学术价值作为其应当坚守的基本价值。反映这种情况，1978年美国学者约翰·S.布鲁贝克在其学术专著《高等教育哲学》中以"高深学问"为逻辑起点和以"认识论哲学"为主导创造性地提出了20世纪"使高等教育合法存在的哲学"，明确地指出："在二十世纪，大学确立它的地位的主要途径有两种，即存在着两种主要的高等教育哲学，一种哲学主要是以认识论为基础，另一种则以政治论为基础。"

近代以来，面对帝国主义列强和西方现代文明的严峻挑战，动摇了以孔子儒学及其"以伦理道德为本位"的教育理想为核心的中华优秀传统文化在我国社会文化生态中的主导地位，迫使我国进行新的重大的文化选择。因此，20世纪初"从科举到学堂"和"从20世纪40年代'民族的科学的大众的'新民主主义文化观到20世纪80年代'面向现代化面向世界面向未来'的改革开放文化观"，我国教育领域进行了两次重大的思想解放和划时代高等教育变革，不仅为建立和发展我国近、现代大学奠定了坚实的基础，而且成功地开辟了中国特色社会主义教育发展道路，取得了举世瞩目的巨大成就，极大地提高了全民族的素质，推动了科技创新和文化繁荣，为经济、社会发展和民生改善作出了重大贡献，我国实现了从人口大国向人力资源大国的深刻转变。遗憾的是，由于混淆了"政治变革"与"文化选择"之间的质的区别,没有正确地认识和处理好中西两种文化之间的对立统一关系,结果导致新中国成立以前"成功地移植了西洋的教育制度,却没有很好地承继我国古老的'大学之道'"(载于《中国大学十讲》,陈平原著,复旦大学出版社,2002年10月),新中国成立以后成功地开辟了中国特色社会主义教育发展道路。

错误和挫折使我们清醒地认识到:中西两种文化各有优点和不足,我国传统文化的精华在"人文化成,立德树人",西方近代文明的所长在"学术自由,求真创造"。因此,虽然中西两种文化都曾经在人类社会发展历史上发挥过重大的进步作用,但都不同程度地扭曲了人的"整体性"或者人的"个性",因而随着它们积极作用的充分发挥,其弊端也日益凸显,正在成为中华民族伟大复兴和人类社会文明进步的严重障碍。所以,追寻当代中国"大学之魂",开辟中国大学的未来,根本出路是以党的十八大精神和习近平总书记一系列精辟论述为指导,在深刻分析中西两种文化各自的优点和不足的基础上进行文化反省、价值整合和综合创新,坚持以孔子儒学及其"以伦理道德为本位的"教育理想为核心的中华优秀传统文化为主体,自觉地培育和践行社会主义核心价值观,学习、吸收近现代西方大学精神传统的优秀元素,主动顺应当今时代潮流,创造出一种既高于中华优秀传统文化又优于西方近、现代文明的当今时代先进文化。

20世纪90年代中期以来,随着人类社会逐渐进入以经济全球化为基本特征的崭新时代和我国从计划经济体制逐渐向社会主义市场经济体制转型,在社会物质财富获得巨大增长和人们生活逐渐富裕的同时,在世界范围内,日益明显地出现了一种以"崇尚物质,忽视人文"为主要内涵的文化生态危机。这是一个根本性的变化,深刻地影响着当今世界的高等教育和我国今日的大学,大学精神衰微正在成为当前一个世界性的重要话题。这种大学精神衰微现象在我国的突出表现是教育活动价值的缺失、大学办学的功利化倾向、官僚化气息对大学的侵袭和不同程度地存在着教育、学术腐败现象。面对这个严峻挑战,联合国教科文组织1998年强烈呼吁世界高等教育和大学"进行最彻底的变革,以促使目前我们正在经历着一场深刻价值危机的社会可以超越一味的经济考虑,而注重深层次道德和精神问题"。由此可见,当前世界高等教育和我国今日大学所处的外部环境已经发生了极其深刻的变化,面临的挑战已经超出单纯的"如何坚守基本理性和学术价值"的范畴,深入到了"道德和精神领域",时代强烈呼唤当前世界高等教育和我国大学实现一次新的文化觉醒。

任何思潮都是特定时代的产物,当文化问题引起我国社会广泛关注开始进入哲学领域时，文化哲学便产生了。大学精神衰微现象，其实质是"道德信仰危机"的严峻挑战。2004年张楚廷教授在其学术专著《高等教育哲学》（湖南教育出版社，2004年12月）中以"马克思的社会思想，其核心就在人，在寻求一个怎样的社会更有利于人，其核心就在人的发展，人的个性，人的自由，人的尊严，人的幸福，人不再被异化"的精辟论断为指导，对美国学者约翰·S.布鲁贝克以"高深学问"为逻辑起点和以"认识论哲学"为主导提出的"使高等教育合法存在的哲学"提出了质疑，尖锐地指出："把高等教育哲学植于认识论基础之上，显然是偏向于用理性主义解释了高等教育的本性。""然而，我们提出了多方面事实，从而也多方面地阐明，对于高等教育哲学，不能仅仅归结为政治论和认识论那两种基础之上。""生命论哲学不仅涉及教育的本性、基础，而且涉及它的功能，不仅涉及其历史，也涉及今天。"2008年张应强教授在《现代大学精神的批判与重建》（载于《大学的文化精神与使命》，张应强著，安徽教育出版社，2008年10月）一文中指出："我国古代大学以明德、亲民、止于至善为宗旨，将知识、意志、情感及相应各类学问与价值统一于人格的全面发展与完善，指向人文教化的最高目的。""历史进入到20世纪90年代，中国正经历着重大的社会转型——从计划经济时代走向社会主义市场经济时代，大学生存与发展的背景与条件正在发生急剧变化，高等教育发生转型正在孕育之中。""社会的发展，文化的变迁，会影响到大学的性质，也会改变人们对大学的期待，大学精神的研究热潮正是一种对大学性质变迁的关注和大学期待的表达。"接着，朱人求教授的学术专著《儒家文化哲学研究》（安徽人民出版社，2008年12月）进一步指出："在西方，随着资本主义工业社会的发展，科技理性与人道目标之间发生了冲突，出现了科学主义思潮与人文主义思潮的对立。尤其是"一战""二战"的爆发把科技理性的负作用充分地暴露了出来，科学技术虽然给人类带来了高度的物质文明，也带来了精神状态的严重颓废和衰落，带来了深刻的社会问题和文化危机。"

胡显章教授在为《大学文化哲学——大学文化既是一种存在更是一种信仰》（王冀生著，中山大学出版社，2012年4月）一书作《序》时深刻地指出："当代文化哲学研究的一个重要特点是突出了人在社会发展中的主体地位，并从人的生命存在方式的高度来界定文化，把握文化的意义和价值。实际上，这也是冀生同志论述大学文化哲学的一个基本出发点。"我之所以把"大学文化"界定为"既是一种存在更是一种信仰"，主要是因为随着大学文化问题研究学术思潮逐渐深入到哲学领域，我越来越深刻地认识到：从根本上说，大学是人类社会发展到一定阶段的产物，信仰是人们对人类社会发展唯一性真理坚信不疑的认定，它是推动大学不断进步的一种无坚不摧的力量，应当以"马克思社会思想的核心就在人"的精辟论断为指导，回归"人的本质及其发展规律"，在"人文学科与自然科学相互融合"的基础上进行文化反省和价值整合，坚信不疑地认定"'以人为本，实现和谐'既是人类社会发展应当追求的永恒目标，也是一所真正意义上的大学应当为之奋斗的崇高信仰"。必须指出，作为人类社会发展唯一性真理和当代中国大学应当为之奋斗的崇高信仰，"以人为本，实现和谐"是一个相互渗透、相辅相成和辩证统一的有机的整体，它有以下四层意思：第一，"以人为本"，就是确认"人"在人类社会发展中的主体地位，把全面实现"人的生命意义和价值"作为我们一切工作的根本出发点和归宿；第二，"实现和谐"，就是"以每个人全面而自由的发展"为目标，在社会生产力高度发展的基础上坚持物质文明、精神文明、制度文明和生态文明的均衡发展、相互促进和辩证统一；第三，如果离开了"以人为本"，"实现和谐"必将迷失方向，反之，如果不能"实现和谐"，"人"的生命必将失去意义和价值；第四，"以人为本，实现和谐"必将经历一个漫长的持续奋斗的过程。

这本《当代中国大学精神研究》是整个课题组在胡显章教授的精心策划和带领下，经过几年辛勤劳动取得的创造性成果，立意高远，博采众长，内容丰富，论述深刻，为继续深入研究当代中国大学精神奠定了坚实的基础。

（本文原载于《当代中国大学精神研究》，胡显章等著，高等教育出版社2017年4月出版）

探索构建当代中国大学人的精神家园

我国古代大学以"明德、亲民、止于至善"为宗旨，将知识、意志、情感及相应各类学问与价值追求统一于人格的全面发展与完善，指向人文教化的最高目的。1840年鸦片战争失败以后，我国逐渐沦为半殖民地半封建国家。面对帝国主义列强坚船利炮的猛烈轰击和西方以"科学、民主"为核心的现代文明的严峻挑战，从20世纪初到21世纪初，经过百年顽强奋斗，我国教育领域已经进行了两次重大的思想解放和划时代变革，不仅为在我国建立和发展近、现代大学奠定了坚实的基础，而且成功地开辟了中国特色社会主义教育发展道路，我国实现了从人口大国向人力资源大国的深刻转变，为当代中国的强势崛起和中华民族的伟大复兴提供了强大的人力和智力支撑。20世纪90年代中期以来，随着我国从计划经济体制逐渐向社会主义市场经济体制转型，面对大学精神衰微，其实质是一种道德信仰危机，时代强烈呼唤我国大学实现新的文化觉醒。随之，近年来在我国悄然兴起了一个大学文化问题研究学术思潮，其核心是一股大学精神研究热潮。随着这个学术思潮和这股研究热潮在我国的深入发展，当代中国大学正在回归"人"在人类社会发展中的主体地位和坚守物质文明与精神文明比翼齐飞的基础上，坚信中华优秀传统文化精华吸收西方现代文明所长，以"以人为本，实现和谐"为价值基石，探索构建人文、理性、求实、创新、和谐的当代中国的大学人的精神家园，为实现当代中国大学理想而奋斗。

一、人文：生命信念与精神境界

"人"是人类社会发展的主体，"人的发展"是人类社会发展永恒的主题。人类，包括中国和西方，曾经长期处于"以人的体力劳动为基础的"农耕文明社会，人们"崇尚人文，鄙视贪欲"，我国孔子儒学主张"仁者爱人"，西方柏拉图认为"'有理性'是人与其他动物之间的本质区别"。当时，人们的物质生活虽然比较简朴，精神境界却是高尚的。由此可见，18世纪末以前人类创造的古典人文主义教育传统是人类大学和大学教育之"根",是古代人类和中华民族留给今天人们最宝贵的精神遗产。

1. "人文化成"是我国先秦时期"大学之道"的精髓

我国是一个历史悠久的文明古国,我国先秦时期《大学》开宗明义第一句话就说"大学之道,在明明德,在亲民,在止于至善",要求通过格物、致知、诚意、正心,特别是通过"修身"促使受教育者在通晓儒家经典的基础上成为道德高尚的君子和治国安邦的人才,亲近、服务和引导人民,以天下为己任,通过"齐家、治国、平天下"建设文明昌盛的社会。由此可见,"立德树人,亲民济世"是我国古老的"大学之道"倡导的大学精神文化传统的核心,通过人文化成"推行教化庶民促使天下昌明"是我国古老的"大学之道"倡导的大学精神文化传统的精髓,这是人类有史以来第一篇论述"大学的理想"的哲学论文,有崇高的历史地位和重大的文化价值。1941年梅贻琦在《大学一解》(载于《清华学报》1941年4月第十三卷第一期,《清华三十周年纪念号》上册)一文中对"大学之道"的深刻哲理和现代价值作了精辟的论述,指出:"《大学》一书开章明义之数语即曰:'大学之道,在明明德,在新民,在止于至善。'若论其目,则格物、致知、诚意、正心、修身,属'明明德';而齐家、治国、平天下,属'新民'。""儒家思想之包罗虽广,其于人生哲学与教育思想之重视'明明德'与'新民'二大步骤,则始终如一也。今日之大学教育,骤视之,若与'明明德''新民'之义不甚相干,然若加深察,则可知今日大学教育之种种措施,始终未能超过此二义之范围,所患者,在体认尚有未尽而实践尚有不力耳。"2007年,我国学者眭依凡教授在《大学者,有大学文化之谓也》(载于《大学的使命与责任》,眭依凡著,教育科学出版社,2007年7月)一文中进一步指出:"曾子在《大学》一文开篇即道:'大学之道,在明明德,在亲民,在止于至善。知止而后有定,定而后能静,静而后能安,安而后能虑,虑而后能得。'大学之形而上即文化也。无文化之护养,大学何以明德、亲民、至善?无文化之滋润,大学何以能知、止、定、静、安、虑而后得?"

2. **古希腊亚里士多德倡导和英国纽曼坚守的"自由教育"思想**

西方的教育理想,最早可以追溯到古希腊著名哲学家亚里士多德倡导的以"注重发展人的理性"为宗旨的"自由教育"思想。亚里士多德认为,"自由教育"是"自由人"应该接受的一种教育,目的在于发展人的理性、心智以探究真理,而不是为了谋生和从事某种职业作准备。以"注重发展人的理性"为宗旨的"自由教育"思想是亚里士多德追求的一种教育理想，它的存在有两种哲学基础：一是理性对于"人的发展"的重要性的学说；二是知识对于"人的心智解放"的重要性的学说。这种教育之所以被称为"自由教育"，一方面是因为这种"自由教育"是以等级观念作为基础的，即以"自由人"作为教育的对象；另一方面是从教育哲学的角度，把"自由教育"当作人的理性和心智的解放过程，并把人的本性作为决定教育价值观的最高尺度。他在其学术专著《形而上学》（商务印书馆，1998年版）中谈到：希腊人"探索哲理只是为想摆脱愚蠢，显然，他们为求知而从事学术，并无任何实用目的"。面对18世纪中叶以后逐渐兴起的以蒸汽技术为主要内涵的第一次工业革命和自然科学发展的严峻挑战，毕业于牛津大学的英国都柏林天主教大学校长约翰·亨利·纽曼坚守和发展了古希腊亚里士多德倡导的以"注重发展人的理性"为宗旨的"自由教育"思想，他和一切坚守理性主义和古典人文主义传统的教育思想家一样，认为大学传授的不应该是实用知识，大学应是"传授普遍知识的场所"，并明确地指出，"大学教育，对于学生来说，就是自由教育"，以"正确的推理来培养人的理性，使之接近真理"，这主要是因为大学是"训练和培养人的智慧的机构，大学讲授的知识不应该是具体事实的获得或实际操作技能的发展，而是一种状态或理性（心灵）的训练"。约翰·亨利·纽曼是19世纪公认的西方最有权威的教育思想家和神学家，他在担任英国都柏林天主教大学校长期间发表了一系列著名演讲，其演讲集在1873年再版时定名为《大学的理想》，是西方高等教育史上系统、综合、全面地论述大学教育基本理论问题的第一本学术专著，至今仍对世界高等教育的发展有着积极的影响。

3. 德国洪堡"由科学而达至修养"的新人文主义大学教育观

与英国纽曼不同，德国新人文主义教育思想家威廉·冯·洪堡顺应18世纪中叶以后迅速兴起的第一次工业革命和自然科学快速发展的历史潮流，在1810年创办柏林大学时把学术研究功能引入大学，并且创造性地提出"教学与学术研究相统一"和"由科学而达至修养"的崭新理念，发展了欧洲中世纪以来"学术自由、大学自治"的学术价值观，促使西方大学实现了由单一的"传授普遍知识"的教育机构向既是教学中心又是学术研究中心的根本转变，开辟了世界高等教育发展、变革的崭新时代。洪堡指出："大学兼有双重任务，一是对科学的探求（注：洪堡所说的科学即所谓的"纯科学"），二是个性与道德的修养。""纯科学不追求任何自身之外的目标，只进行纯知识、纯学理的探求。""所谓修养，是新人文主义的重要概念，指一种道德和人格上的境界"，"是个性全面发展的结果,是人作为人应有的素质,它与专门的能力和技艺无关"。洪堡还说:"唯有探求纯科学的活动是达至修养的不二门径,纯科学是用于'精神和道德修养'天然合适的材料。"我国学者陈洪捷教授的学术专著《德国古典大学观及其对中国的影响》(北京大学出版社,2006年1月修订版)指出:"柏林大学生命孕育于启蒙运动,但在洪堡手下,柏林大学却超越了启蒙思想的功利主义原则,体现了新人文主义、理想主义的大学观念。在精神和观念上,柏林大学标志着一个新的时代的开端。可以说,柏林大学的建立开启了普鲁士和德国,甚至于可以说整个欧洲高等教育的新时代。"

4. 加强基本文化修养教育是"大学凌驾于其他一切之上的基本功能"

19世纪中叶以后,随着人类社会逐渐从"以人的体力劳动为基础的"农耕文明社会向"以科学技术是第一生产力为基础的"工业文明社会转型以及随之而来的学科的分化和社会的分工,高等教育逐渐演变成为在完成高中教育基础上实施的一种专门教育,以培养社会所要求的高级专门人才为目标。但是,科学技术的进步在极大地促进社会生产力的发展和迅速地改善人们物质生活的同时并没有带来人们人文精神的高涨,高等教育日益明显地出现了过度技术化和非教养化的功利主义倾向,引起了社会的广泛关注。在这个历史发展的关键时刻,西班牙学者奥尔特加·加塞特的学术专著《大学的使命》(徐小洲、陈军译,浙江教育出版社,2001年12月)在论述了大学应当具有"文化的传授、专业的教学和科学研究与新科学家的培养"三项基本功能之后,严格地区分了文化、科学、专业三者之间的深刻联系和质的区别,强调指出,"科学是人类最崇高、最伟大的成就之一","因为科学就是创造";"在我们这个时代,文化的内容大多源自科学,但我们经过讨论,足以表明:文化不是科学","它不属于科学事实,而是一种生命信念","一种时代赖以生存的思想体系"。在这个基础上,他强烈呼吁对西班牙和欧洲的大学教育进行彻底改革,明确地提出大学的基本使命是"把普通学生培养成为有文化修养和具备优秀专业技能的人",因此,"通过'文化的传授'加强基本文化修养教育是'大学凌驾于其他一切之上的基本功能'"。

通过回顾总结人类人文主义教育理想的发展历程,我们深刻地感悟到:"人文"不仅是一种精神境界,更是一种生命信念。对于作为"个体"的人来说,不仅要正确认识和处理人与自然、人与社会、人与他人和人与自己的基本关系,树立科学的世界观、人生观、道德观和价值观,更应当懂得人的生命的意义和价值,其中,杰出者应当将自己的整个生命和全部精力贡献给人类最伟大而壮丽的事业。对于作为"整体"的人类社会来说,"人"是人类社会发展的主体,"人的发展"是人类社会发展永恒的主题,"推行教化庶民促使天下昌明"的最终目标是建设"物质文明与精神文明比翼齐飞"的和谐社会。因此,当代中国大学应当以马克思主义关于未来的新社会是"以每个人全面而自由的发展为基本原则的社会形式"的学说和习近平关于"坚持以人民为中心""让每一个孩子都能享有公平而有质量的教育"的思想为指导,牢牢把握中国特色社会主义先进文化前进方向,自觉地培育和践行社会主义核心价值观,坚持理想信念与品德修养、爱国主义与奉献精神、丰富学识与综合素质和健全体魄与崇尚劳动的辩证统一,把培养德、智、体、美、劳全面发展的社会主义建设者和接班人作为根本任务,以把青年一代造就成为"有理想、有文化、有本领"的担当民族复兴大任的时代新人为核心和重点,把为建设富强、民主、文明、和谐、美丽的社会主义现代化国家和实现中华民族伟大复兴的中国梦而奋斗作为全部工作的根本出发点和归宿,并在这个认识的基础上树立"生命信念与精神境界辩证统一"的新人文观。这是以"以人为本,实现和谐"为价值基石探索构建人文、理性、求实、创新、和谐的当代中国大学人的精神家园,为实现当代中国大学理想而奋斗的第一要义和永恒之魂。

二、理性:知识理性与价值理性

柏拉图有一句名言:人有三个东西,一是欲望,二是激情,三是理性。前二者是一切动物的共性,"有理性"是人与其他动物之间的本质区别。在柏拉图哲学思想的深刻影响下,"知识即目的"的理性追求和"为科学而科学"的价值准则一直是西方大学恪守的基本原则。随之,"象牙塔"成为自古希腊以来西方大学精神永恒的象征,不仅形成了以"人文关怀"和"独立精神"为核心的大学精神文化传统,而且奠定了"学术自由,大学自治"这个西方大学制度的根基。随着西方从"以人的体力劳动为基础的"农耕文明社会逐渐向"以科学技术是第一生产力为基础的"工业文明社会转型,西方大学逐渐走出"象牙塔"融入社会之中,进一步发展成为人类最富有创造力的学术殿堂,"创造力"成了现代大学的价值所在。随之,西方大学逐渐实现了从"以人文为主导"的教育机构向"以科技为主导"的现代大学的成功转型,继英国教化型学院和德国研究性大学之后,美国大学成了20世纪世界高等教育和大学发展、变革的"中心"。人们公认,近代以来西方成功地推动了科学技术的进步和人类物质文明的发展。但是,我们必须清醒地认识到,科技进步是一把"双刃剑",它在给人类带来高度的物质文明的同时也导致了人们的精神颓废和衰落，日益引起社会的广泛关注。因此，我们强烈呼吁坚持"人与自然和谐共处"，对教育和大学进行最彻底的变革，以促进作为"个体"的人和作为"整体"的人类社会实现全面、协调、可持续的发展。

1. 西方以"人文关怀"和"独立精神"为核心的大学精神文化传统

西方大学曾经长期处于远离社会之外的"象牙塔"之内，一直恪守"知识即目的"的理性追求和"为科学而科学"的价值准则。欧洲中世纪以后，学科成为大学的细胞和承载大学职能的基础平台，理性逐渐成为人类认识自然和驾驭自然的认识论基础。19世纪初叶以后，以柏林大学的创立为标志，学术研究功能被引入大学，严格意义上的科学活动正式进入了大学这个知识殿堂。从此，西方大学坚持"教学与学术研究相统一"和"由科学而达至修养"的著名原则，不仅把"育人为本"作为其存在的第一要义，还把"科学为根"作为其存在的价值基础，大学成了以求真育人为核心的文化共同体，"求真育人"成了大学得以长存于世的独特和永恒的核心价值，它们共同决定了"大学应当始终坚守的文化品位和崇高理想"，基本要求是始终坚守大学是人类文明的精神家园和人类社会的知识权威的历史地位，以及相应的以"致力于照亮人性的美"的人文关怀和"为真理而献身"的独立精神为核心的大学精神文化传统。无数历史事实反复证明：一个民主、文明、公正的社会不能没有一个充满人文关怀的、相对独立的、享有充分学术自由的、能够理智地应对外部世界种种挑战，不屈从于任何外在权威并能够摆脱任何外在诱惑的精神气质的真正意义上的大学的存在。否则，社会的人文精神就会滑坡，社会创新和发展的动力就会受到削弱，人类社会就会流于鄙俗，成为人欲横流、精神颓废和理想暗淡的名利场。

2. "学术自由，大学自治"是西方大学制度的根基

加拿大学者徐美德的学术专著《中国大学1895—1995——一个文化冲突的世纪》（教育科学出版社，2000年2月）深刻地指出："欧洲大学最根本的学术价值观，概括起来主要有两个方面：自治权和学术自由。""在中世纪，随着城市的产生和发展以及商人行会的出现，给教师行会的产生和发展提供了有利的社会环境和生存条件"，"持续不断地得到教皇的特权许可"，"在一定程度上给教师提供了探求知识和研究学问的自治权，使得教学免受地方政府和宗教势力的干涉"；"学术自由，是中世纪大学的另一个显著的价值观"；"在大学里，任何学者在其研究领域内，都有权按照他们认为正确的传统和法则自由地进行知识

探索和学术研究。"邬大光教授在《现代大学制度的根基》（载于《现代大学教育》2001年第1期）一文中进一步指出："近代严格意义上的大学制度起始于中世纪大学，'行会'制度及其组织形式是中世纪大学最初的根基，它以保护大学自身利益尤其是学者的利益和排斥外来干扰为目的。在此基础上，近代大学制度的基本理念开始形成，这就是大学自治和学术自由。""学术自由和大学自治彰显着大学的本质和特征，构成了维系大学制度的基本内涵，并延续了大学这一特殊组织机构的生命和活力。""随着社会和大学自身的发展，大学制度也要发生变革。""无论大学制度怎样创新，它的根基不能改变。""大学是一个'按照自身规律发展的独立的有机体'，缺乏大学自治和学术自由的根基，现代大学制度就失去了存在的土壤和发展的空间。《世界高等教育宣言》明确指出：'大学自治和学术自由是21世纪大学发展的永恒准则。'"

3. 从"以人文为主导"向"以科技为主导"的成功转型是历史的必然

19世纪中叶，特别是20世纪初叶以后，随着以"电气技术"和"信息技术"为主要内涵的第二、第三两次工业革命的兴起和自然科学技术的迅猛发展，西方社会成功地实现了从"以人的体力劳动为基础的"农耕文明社会向"以科学技术是第一生产力为基础的"工业文明社会转型。由于人文学科的非生产性、非营利性和非直接应用性，它在人类社会文化形态和大学文化中的主导地位逐渐被现代科学技术所取代。人们公认，近代以来西方最伟大的成功是推进科学技术和人类物质文明的进步。第二次世界大战以后，随着美国大学走出"象牙塔"与社会互动的逐步深入，面对既要积极应对现实社会众多领域不同层次的广泛需求又要坚守大学应有的基本理性和学术价值的两难选择，1978年美国学者约翰·S.布鲁贝克的学术专著《高等教育哲学》（徐辉、郑继伟等译，浙江教育出版社，1987年7月）从"每一个较大规模的现代社会，无论它的政治、经济或宗教制度是什么类型的，都需要建立一个机构来传递深奥的知识，分析批判现存的知识，并探索新的学问领域。换言之，凡是需要人们进行理智分析、鉴别、阐述和关注的地方，那里就会有大学"的基本事实出发，以"高深学问"为逻辑起点和以"认识论哲学"为主导提出了20世纪"使高等教育合法存在的哲学"，指出："在20世纪，大学确立它的合法地位的主要途径有两种，即存在着两种主要的高等教育哲学，一种以认识论为基础，另一种则以政治论为基础。"这是在德国洪堡创办柏林大学时将学术研究功能引入大学和提出"由科学而达至修养"的新人文主义大学教育观的基础上西方大学实现的第一次重大转型。随之,继英国教化型学院和德国研究性大学之后,美国大学成为20世纪世界高等教育和大学发展、变革的"中心",开辟了西方现代大学的全盛时代。我国香港学者金耀基教授的学术专著《大学之理念》(生活·读书·新知三联书店,2001年)强调:"自二次大战之后,大学教育在世界各地都有蓬勃的发展,而在美国尤其获得快速与惊人的成长","不但在量上言,为举世之冠;在质上言,其一流学府,如哈佛、柏克莱、芝加哥、耶鲁等校较之欧洲任何大学亦毫不逊色且或更有过之。时至今日,论者几莫不以美国为当代大学之重镇"。

4. 教育和大学"必须进行最彻底的变革"

20世纪90年代中期以来,随着工业文明社会和现代科学技术的迅猛发展,在物质财富获得巨大增长和人们生活得到显著改善的同时,在世界范围内日益明显地出现了一种以"崇尚物质,忽视人文"为核心内涵的全球性文化生态危机及其导致的大学精神衰微现象,其实质是一种"道德信仰危机",突出表现是作为社会发展主体的"人"日益生活在"物质丰富,心灵贫乏"之中,成了所谓的"单面人",失去了人的生命意义和价值,背离了人类社会发展应当追求的崇高目标。面对这个新的严峻挑战,联合国教科文组织1998年强烈呼吁:教育和大学"必须进行从未要求它实行过的最彻底的变革和创新,以使我们目前这个正在经历一场深刻价值危机的社会可以超越一味的经济考虑,而注重深层次道德和精神问题。"我国学者张应强教授的学术专著《大学的文化精神和使命》(安徽教育出版社,2008年10月)深刻地指出:"自人类开始现代化大业之后,现代化的压力一直迫使大学片面地服务于市场经济和民族、国家之间的发展竞争,'政治论高等教育哲学'主宰了大学和大学教育","大学精神急剧退化,价值教育普遍失位","知识取向和注重应用在大学教育和办学实践中逐渐居于主导地位,大学不再像过去那样关注人的精神和道德境界的提升以及'探索未知'这个大学赖以存在的根基"。接着,我国学者朱人求教授的学术专著《儒家文化哲学研究》(安徽人民出版社,2008年4月)进一步指出:"在西方,随着资本主义工业社会的发展,科学理性与人道目标之间发生了冲突,出现了科学主义与人文主义思潮的对立。尤其是'一战''二战'的爆发把科学技术的负作用充分暴露了出来,科学技术给人类带来了高度的物质文明,也带来了精神状态的严重颓废与衰落,带来了深刻的社会问题和文化危机。"

基于上述分析,我们认为,我国先秦时期的"大学之道"一直坚守孔子儒学及其"以伦理道德为本位"的教育理想,其精髓是通过人文化成"推行教化庶民促使天下昌明"。但是,在漫长的封建社会里,我国长期缺乏古希腊以来西方大学以恪守"知识即目的"的理性追求和"为科学而科学"的价值准则为核心的、以"象牙塔"为永恒象征的大学精神文化传统。正如鲁迅先生所云:"在我国历史上,多的是忠君死节的烈士,独缺为自己学说而献身的勇士。"20世纪初叶"从科举到学堂",我国成功地移植了西方教育制度,为在我国建立和发展近现代大学奠定了坚实的基础,却没有很好地承继我国古老的"大学之道"的核心和精髓,主要是重知识传授,轻人格养成,忽视"自天子以至于庶民,一是皆以修身为本"。新中国成立以后,在中国共产党的坚强领导下,全党全社会同心同德,艰苦奋斗,成功地开辟了中国特色社会主义教育发展道路,我国实现了从人口大国向人力资源大国的深刻转变。面对当前正在出现的"物质丰富,心灵贫乏"的"单面人"现象,当代中国大学应当顺应当今世界的时代潮流,坚守中华优秀传统文化"注重整体和伦理道德"的理念,吸收西方现代文明"注重个体和科学理性"之所长,在继续坚守"生命信念与精神境界辩证统一的"新人文观的前提下,树立"知识理性与价值理性辩证统一的"新理性观,"坚持以人民为中心"和"推动构建人类命运共同体"的正确价值导向,贯彻落实"为人民服务,为社会主义服务"和"百花齐放,百家争鸣"的方针,注重理性,尊重科学,敬重人才,重视基础学科建设和原创性基础科学研究,在"探索未知"的基础上创造未有的新世界,注重养成"解放思想,实事求是,独立思考,追求真理"的科学精神,在加强"办学硬实力"建设的基础上高度重视加强以"凝聚力、教育力、创造力、引领力"为核心的"大学文化软实力"建设,彻底改革行政化教育体制,进一步建立、健全中国特色现代大学制度。这是以"以人为本,实现和谐"为价值基石,探索构建人文、理性、求实、创新、和谐的当代中国大学人的精神家园,为实现当代中国大学理想而奋斗的根基所在和价值基础。

三、求实:使命担当与坚守品位

自古以来,我国大学就有强烈的国家意识,我国先秦时期"大学之道"要求受教育者通过格物、致知、诚意、正心,特别是通过"修身"成为恪守儒家经典的道德高尚的君子和治国理政的人才,亲近、服务和引导人民,以天下为己任,齐家、治国、平天下,建设文明昌盛的社会。我国古代哲学《中庸》强调"博学之、审问之、慎思之、明辨之"的最终目的是"笃行之"。1912年,作为南京临时国民政府教育总长,我国近代最著名的教育家蔡元培先生亲自参与制订的《大学令》明确规定:"大学以教授高深学术,养成硕学闳材,应国家需要为宗旨。"新中国成立以来,我国坚持贯彻执行"教育为社会主义现代化建设服务,为人民服务"的方针,成功地开辟了中国特色社会主义教育发展道路,为中华民族的强势崛起提供了强大的人力和智力支撑,我国实现了从人口大国向人力资源大国的深刻转变。我们应当在这个基础上,顺应当今时代潮流,在世界多元文化激荡交融中坚守和超越。

1. 大学是一个以理智为基石的国家的神殿

"大学是一个以理智为基石的国家的神殿"是美国学者艾伦·布鲁姆的学术专著《走向封闭的美国精神》(中国社会科学出版社,1994年)第三卷《大学》中的一个科学论断。这个科学论断主要包含以下四层含义:第一,"神殿"是大学的第一要义和存在的基础,指的是真正意义上的大学应当是一个充满着理想的"神殿",既是人类文明的精神家园,也是人类社会的知识权威;第二,作为一个充满着理想的"神殿",大学在其现实性上应当是"国家的",国家的兴衰与大学的兴衰紧密相关;第三,"神殿"是大学的第一要义和存在的基础,作为一个"神殿",大学在其现实性上应当是"国家的",二者既对立又统一,处理这个矛盾需要"理智","理智"是大学正确认识和处理"神殿的理想"与"现实的需要"之间的矛盾的基本准则;第四,"以理智为基石"是大学强大的生命力之所在,指的是"理智"地处理"神殿的理想"与"现实的需要"之间的矛盾是大学赖以生存、发展、办学和承担重大历史使命的根本。

2. 超越"象牙塔":现代大学的社会责任

西方大学曾经长期处于"象牙塔"之内,远离社会之外,从事传授知识的教学活动和纯科学研究。19世纪初叶,特别是19世纪中叶以后,随着西方从"以人的体力劳动为基础的"农耕文明社会逐渐向"以科学技术是第一生产力为基础的"工业文明社会转型,西方大学逐渐走出"象牙塔"融入社会之中,全面地承担起教育责任、学术责任,既服务又引领社会前进责任和国际责任。其中,教育责任是现代大学应当承担的、永恒的第一社会责任,现代大学是国家发展科学事业的重要方面军。作为一种与社会经济和政治既相互关联又鼎足而立的以传承和创新文化为己任的功能独特的文化组织,现代大学应当不仅服务于社会,而且要以其拥有的新知识、新思想和新文化引领社会前进。当今世界是个开放的世界,现代大学应当进一步走向世界,成为促进世界多元文化相互沟通、融合的桥梁和发展人类先进文化的重要基地。

3. "文化为魂"是大学赖以存在的精神支柱

教育、科学和文化是构成大学的三个基本要素,它们既是不同质的事物又处于同一所大学之中,共同构成了一个以求真育人为核心的文化共同体。在这个"文化共同体"中,教育的本质是通过文化促进人的发展的一种生命活动,"育人为本"是大学存在的第一要义,科学的本质是一种"探求未知"的认知活动,"科学为根"是大学存在的价值基础,它们共同决定了"大学应当坚守的文化品位和崇高理想"的核心内涵,基本要求是始终坚守大学作为人类文明的精神家园、人才养成的重要基地和人类社会的知识权威、最富有创造力的学术殿堂的历史地位,以及与之相应的以"致力于照亮人性的美"的人文关怀和"为真理而献身"的独立精神为核心的大学精神文化传统。大学文化是一种独特的社会文化形态,它的形成和发展同时受到教育、大学的本质及其规律和一定社会文化形态,特别是一定社会起主导作用的文化形态的双重影响和制约,并在一定条件下起反作用,阻碍或推动、引领教育、大学和社会文化发展。因此,作为大学赖以存在的精神支柱,"文化为魂"既深深地蕴含在"'育人为本'是大学存在的第一要义"和"'科学为根'是大学存在的价值基础"之中,又是一定社会起主导作用的文化形态——"时代赖以生存的思想体系"的深刻反映,并在一定条件下起反作用,阻碍或推动、引领社会前进。所以,"大学应有的文化品位和崇高理想"的核心内涵必然随着社会转型和文化变迁有一个在坚守中不断实现新的超越的过程。由此可见,"育人为本,科学为根,文化为魂"是三位一体的大学哲学观,"求真育人"既是大学文化的独特本质,也是大学得以长存于世的独特的和永恒的核心价值。

4. 坚持"多样化、高品位"的办学道路

在当代,随着大学与社会互动的日益深入,无论是中国还是西方,大学在教育和办学实践中都面临着一个艰难选择:如何既积极应对现实社会众多领域不同层次的广泛需求,又坚守大学应有的文化品位和崇高理想。面对这个两难选择,美国建立的"多元化大学"是个独具特色的创造,根本出路是在以大学办学模式多样化应对社会发展多样化需求的同时坚守大学应有的文化品位和崇高理想,其实质是面对现实社会众多领域不同层次的广泛需求构建"多元、开放、竞争、有序"的大学格局。美国加州大学伯克利分校总校校长克拉克·科尔的学术专著《大学的功用》深刻地指出:"现代美国'多元化大学'为什么能够存在?历史可以给我们一个答案","它们在维护、传播和研究永恒真理方面的

作用简直是无与伦比的";"它们在服务于文明社会众多领域方面所作的贡献更是无与伦比的。"(摘自《走出象牙塔——现代大学的社会责任》,德里克·博克著,徐小洲、陈军译,浙江教育出版社,2001年12月)

  基于上述分析,我们认为,当代中国大学应当在坚守我国先秦时期"立德树人,亲民济世"的优良办学传统和学习、借鉴西方大学"多样化,高品位"办学道路的基础上树立"使命担当与坚守品位辩证统一的"新服务观,始终坚持和祖国同命运,和民族共呼吸,自觉地承担起把我国建设成为富强、民主、文明、和谐、美丽的社会主义现代化强国和为实现中华民族伟大复兴的"中国梦"而奋斗的崇高使命,在传承和创新高深知识的基础上全面承担起教育责任、学术责任、既服务又引领社会前进的责任和国际责任,构建"多元、开放、竞争、有序"的大学格局,在高度重视高等科学教育和原创性基础科学研究的基础上大力发展高等科学应用教育和高等职业技术教育,把大学建设成为将现代科学技术转化为现实生产力的重要基地,尤其要以"建设制造强国"为契机,大力弘扬劳模精神、劳动精神和"工匠"精神,培养生产、建设、管理、服务第一线急需的大批知识型、技能型、创新型劳动者大军,促使我国高等教育向中高端进军,全面实现高等教育赖以合法存在的生命论、认识论和政治论哲学基础的有机统一。这是以"以人为本,实现和谐"为价值基石探索构建人文、理性、求实、创新、和谐的当代中国大学人的精神家园,为实现当代中国大学理想而奋斗的使命担当和独特品位。

四、创新:时代呼唤与开放包容

  人类社会和一切新生事物都是不断地向前发展着的,尽管有迂回、有曲折,甚至有暂时的倒退,但是,人类社会和一切新生事物总是以一种不可阻挡之势勇往直前。实践发展没有止境,思想解放永无止境,开拓创新永无止境。我们要突破前人,后人也必然会突破我们,这是社会前进的必然规律。我们一定要适应实践的发展,以实践来检验一切,自觉地把思想认识从那些不合时宜的旧观念、旧体制和旧模式的束缚中解放出来,不断开拓认识的新境界和实践的新局面。所以,创新既是一个民族进步的灵魂,更是一所大学兴旺发达的内在动力。

  1. "创新"源于"闲逸的好奇"心理和"以天下为己任"的报国之心

  一般认为,世界上的许多"创新"都源于人们对未知世界的"闲逸的好奇"

心理，力求认识自己以外的全部世界。我们应该保护这种源于"闲逸的好奇"心理去"探索未知"和"创造未来"的创新冲动，使之永存于世，并成为确保大学作为人类社会的知识权威和最富有创造力的学术殿堂的不竭动力。但是，必须强调指出，"创新"更重要的是源于高度的社会责任感和以天下为己任的报国之心，其灵魂是一种"自强不息，奉献祖国"的奋斗精神和"厚德载物，开放包容"的宽广胸怀。1914年我国国学大师梁启超先生在清华学校发表了题为《君子》（原载《清华周刊》20期，1914年11月10日）的著名演说，勉励清华学子"'励犹天之运行不息'，胸怀大志，坚忍强毅，崇德修学，学贯中西，改良我社会，促进我政治，挽狂澜之既倒，作中流之砥柱"。

2. "创新"正在日益成为当今世界经济和社会发展的主要驱动力

当今世界正处在大发展、大变革、大调整时期，世界多极化、经济全球化深入发展，综合国力竞争和各种力量较量更趋激烈，创新正在日益成为经济社会发展的主要驱动力，知识创新更成为国家竞争力的核心要素。在这种新的时代背景下，大学作为科学技术第一生产力和拔尖创新人才第一资源的重要结合点，在国家经济社会发展中具有不可替代的地位和作用。为了掌握国际竞争的主动权，我国应当顺应当今时代的潮流，发扬以"改革创新"为核心的时代精神，把充分发挥我国大学在深度开发人力资源和实现创新驱动发展中的重大作用作为应对当今世界面临新的严峻挑战的战略选择。因此，在当代中国大学不仅要注重养成君子的人格理想，还要适应"加快建设创新型国家"的紧迫要求和迎接以"人工智能"为核心的新科技革命的严峻挑战，形成一批优势学科和取得一批原创新性研究成果，尤其是要培养一批拔尖创新人才，这是加快创建一批中国特色高水平大学和若干所中国特色世界一流大学的步伐，增强我国大学核心竞争力，为提升我国综合国力贡献力量的关键所在。

3. 高度重视拔尖创新人才培养和重大核心技术研究主要立足国内

拔尖创新人才属于杰出人才的范畴，杰出人才应当具有两个方面的独特素质：一是卓越的基本文化素质；二是超常的创造力。杰出人才卓越的基本文化素质，在个人天赋、志向、胆识和勤奋的基础上教育和大学可以发挥较大的作用，而杰出人才"超常的创造力"则主要决定于个人的天赋、志向、胆识和勤奋，非外力所能造就，只能为其脱颖而出创造条件。还有一个重要问题，就是必须尽快做到"重大核心技术研究"主要立足国内，并且逐步实现引领全球。这正是当前我国大学教育和学术研究工作的薄弱环节，是正在崛起中的东方大国与西方发达国家的主要差距,"钱学森之问"就是针对这个问题提出来的。如果这个重大问题得不到很好地解决,我们就会被动挨打,我国就不可能实现完全独立,这关键在于科学的政策导向和营造良好的文化生态。

4. 在人工智能时代——最重要的还是人类

美国学者约瑟夫·E. 奥恩的学术专著《教育的未来——人工智能时代的教育变革》深刻地指出:"几千年前,农业革命让我们的祖先开始使用镰刀和耕犁;几百年前,工业革命让农民离开田野进入工厂;仅仅是几十年前,科技革命使许多人离开车间坐在办公室隔间。今天,我们正经历又一场革命。""我们生活在一个科技奇迹的时代","计算机已经达到改变世界的'全力'发展阶段。""在互联网出现以前,书写是人类庄严地记载事实的一种方式。""在数字环境中,人类需要更复杂的读写能力。""人类学的新三大读写能力——科技素养、数据素养、人文素养。""在这些新读写能力之中的第一能力是科技素养——特别是有关数学、编码和基本工程原理的知识。""我们的下一个新读写能力就是数据能力——分析理解和利用大数据的能力。""三大新读写能力中最后一个素养是最重要的,也许是最无须解释的:人文素养。即使在机器人时代——或者,特别是在机器人时代——最重要的还是人类。""尽管我们处于数字化的情景下,我们仍需与人类一起生活和互动。即使是在一个完全网络化的空间里,最强大的网络也是人际关系。""把技术延伸到生活的各个方面都会产生人性的后果,我们必须通过政治、经济、法律、哲学,特别是伦理来解决问题"。"具有讽刺意味的是,人文素养的最本质的一面是智能及其带来的伦理困境。""新读写能力(科技素养、数据素养、人文素养)是人类学的基础,从某种意义上说,是人类学的核心课程——但是他们不足以教育人们掌控一个高度科技化的世界。要做到这一点,学生们还需要更高层次的认知能力,以供其在数字化时代下使用","这些能力包括批判性思维和系统性思维"。

基于上述分析,我们认为,当代中国大学应当树立"时代呼唤与开放包容辩证统一的"新创新观。在当代,我国大学不仅要继承和坚守通过"立德树人,亲民济世"和人文化成"推行教化庶民促使天下昌明"的优良传统,还要继承、发扬中华民族"自强不息,爱国奉献"的奋斗精神和"厚德载物,开放包容"的宽广胸怀,把充分发挥我国大学在深度开发人力资源和实现创新驱动发展中的重大作用作为应对当今世界面临新的严峻挑战的战略选择,高度重视和大力加强优势学科建设,面向"人工智能"新科技革命新的严峻挑战全面深化教育改革,建立中国特色创新教育体系,充分发挥大学传承、研究、融合和创新高深知识的独特功能，培养造就一大批具有国际水平的战略科技人才、科技领军人才、青年科技人才和高水平创新团队，并在这个基础上"促使拔尖创新人才培养和重大核心技术研究主要立足国内"，扎根中国大地，加快世界一流学科和若干所中国特色世界一流大学建设步伐。这是以"以人为本，实现和谐"为价值基石，探索构建人文、理性、求实、创新、和谐的当代中国大学人的精神家园，为实现当代中国大学理想而奋斗的内在动力和战略目标。

必须强调指出，作为构建当代中国大学人的精神家园的价值基石，"以人为本，实现和谐"是一个相互渗透、相辅相成和辩证统一的有机的整体。一方面，"以人为本"是"实现和谐"的根本出发点和归宿，"促进人的发展"是人类社会发展永恒的主题，崇高目标就是建成高度物质文明与高度精神文明协调发展的和谐社会。如果离开了"每个人全面而自由的发展"这个人类社会发展的崇高目标，"实现和谐"必将失去方向。另一方面，为了实现人类社会发展这个崇高目标，需要科学技术的强力支撑，高度精神文明必须以高度物质文明为基础，所以，人们必须坚守"人道目标与科学理性的辩证统一"并实现二者的和谐发展。如果"知识理性"偏离了"价值目标"的正确导向，必将使作为社会发展主体的"人"生活在"物质丰富，精神贫乏"之中，高度物质文明与高度精神文明和谐发展的崇高目标是不可能实现的。所以，作为构建当代中国大学人的精神家园的共享核心价值信念，"人文、理性、求实、创新、和谐"是一个相互联系、相辅相成和辩证统一的、有机的整体，应当以"生命信念与精神境界辩证统一"的新人文观为主导，以"知识理性与价值理性辩证统一"的新理性观为根基，以"使命担当与坚守品位辩证统一"的新服务观为方向，以"时代呼唤与开放包容辩证统一"的新创新观为动力，统一在以"以人为本，实现和谐"为价值基石的"当代中国大学理想"之中，它既是把我国建设成为中国特色教育强国的强大精神支柱，也是为实现中华民族伟大复兴的"中国梦"而奋斗构筑的精神脊梁。

党的十八大精辟地指出："文化是民族的血脉，是人民的精神家园。"习近平总书记在党的十九大上进一步指出："文化是一个民族、一个国家的灵魂。"以党的十八大、十九大精神，特别是以习近平新时代中国特色社会主义思想为指导，我们深刻地认识到："社会主义先进文化是马克思主义政党思想精神上的旗帜"，"没有文化的积极引领，没有人民精神世界的极大丰富，没有全民族精神力量的充分发挥，一个国家、一个民族不可能屹立于世界民族之林。物质贫乏不是社会主义，精神空虚也不是社会主义。没有社会主义文化的繁荣发展，就没有社会主义现代化。"因此，我们必须提高文化自觉、增强文化自信和实现文化自强，深刻认识"构建人文、理性、求实、创新、和谐的当代中国大学人的精神家园"的战略意义，自觉地为实现这个宏伟目标进行长期坚持不懈的斗争。

（载于《中国特色高等教育文化研究》，王冀生著，清华大学出版社，2019年5月）

结语　当代中国"大学之道"

我国是一个历史悠久的文明古国，我国先秦时期的"大学之道"和西方古希腊的"自由教育"思想共同开创了人类古典人文主义大学教育时代，是我国和人类文化宝库中的珍品，是人类大学和大学教育发展、变革的"根"。我国近现代大学是个舶来品，它根植于我国博大精深的文化底蕴之中，产生于帝国主义瓜分中国的危难时刻，经历了跌宕起伏的政权更迭和错综复杂的文化冲突过程，发展于中华民族重新走向复兴的伟大时代。20 世纪 90 年代中期以来，面对我国日益明显地出现的以"崇尚物质，忽视人文"为基本特征的文化生态危机及其导致的大学精神衰微的严峻挑战，在我国悄然兴起了一个大学文化问题研究的学术思潮，其核心是一股大学精神研究热潮，在深刻理解我国先秦时期"大学之道"的核心和精髓的基础上，回顾总结近一个多世纪以来我国教育战线经历的中西两种文化矛盾冲突与初步融合的历史进程和经验教训，进一步认识到：坚持"中国特色，综合创新"的文化发展道路，回归"人"在人类社会发展中的主体地位，坚定不移地认定"'以人为本，实现和谐'是大学应当为之奋斗的崇高信仰"，以"以人为本，实现和谐"为价值基石，创新当代中国"大学之道"和探索构建当代中国大学人的精神家园，为实现当代中国大学理想而奋斗，对于把我国建设成为富强、民主、文明、和谐、美丽的社会主义现代化强国和实现中华民族伟大复兴的中国梦，进而为积极推进人类文明进步和构建"人类命运共同体"的伟大事业作贡献，以适应当今世界大发展大调整大变革和以"人工智能"为核心的新科技革命的紧迫需要，具有重大的文化价值和深远的时代意义。

一、我国先秦时期"大学之道"的核心和精髓

我国曾经长期处于"以人的体力劳动为基础"的农业经济社会，在长期社会实践中积淀和创造了以"仁"和"和"为核心的哲学思想体系，主体是追求"人与人"之间和谐发展的儒家学说。《道德经》说："人法地，地法天，天法道，道

法自然。"必须指出,《道德经》提出的"道法自然"中的"自然"指的不是"自然界",而是一种"自然而然"的不以人的主观意志为转移的客观存在。由此可见,我国古代哲学是"以人为中心"和"以儒学为主体"的,核心主要是探究"人与人"之间和谐发展的生命智慧和不以人的主观意志为转移的人类社会发展的客观规律。这既是我国古代大学的灵魂,也是中华优秀传统文化和哲学宝库中的珍品。

我国先秦时期,《大学》开宗明义的第一句话就说:"大学之道,在明明德,在亲民,在止于至善。""古之欲明德于天下者,先治其国;欲治其国者,先齐其家;欲齐其家者,先修其身;欲修其身者,先正其心;欲正其心者,先诚其意;欲诚其意者,先致其知;致知在格物。"后人把"明明德、亲民、止于至善"称为"三纲领",把"格物、致知、诚意、正心、修身、齐家、治国、平天下"称为"八条目"。对于我国先秦时期"大学之道"的科学内涵,宋代理学大师朱熹先生的注释是:"大学的宗旨,在于彰明、发扬'光明正大的品德',在于使人'弃旧图新,去恶从善',成为品德高尚的人,并且努力达到'尽可能尽善尽美的境界'。"由此可见,我国先秦时期"大学之道"揭示的是正己修身、健全人格和治家、理政的基本规律,在中华优秀传统文化中具有特殊重要的地位。所以,朱熹把《大学》列为"四书"之首。

经过研究,我们认为,"立德树人,亲民济世"是我国先秦时期"大学之道"的核心,"人文化成"是我国先秦时期"大学之道"的精髓。"立德树人"的基本要求是通过格物、致知、诚意、正心,特别是通过"修身""立德为先,全面树人",这是我国教育的优良传统。"亲民济世"的基本要求是通过引导和服务人民,齐家、治国、平天下,这是我国传统教育的根本目的。"人文化成"一词最早见于《易经》,《易经·贲卦》中说"观乎人文,以化成天下",它既是一个过程,也具有多种功能。作为一个过程,《中庸》说得好:"博学之,审问之,慎思之,明辨之,笃行之",说明"人文化成"是一个学习、思考和实践的过程。"人文化成"有两项重要功能:一是"推行教化庶民",二是"促使天下昌明",要求通过"人文化成"潜移默化地教化人、熏陶人和引领人,在通晓儒学经典的基础上把庶民教化成为道德完善的君子和治国安邦之才,目的是以天下为己任,通过齐家、治国、平天下,建设文明昌盛的社会。

关于我国先秦时期"大学之道"的现代价值,1941 年梅贻琦在《大学一解》(原载《清华学报》第十三卷第一期)一文中深刻地指出:"儒家思想之包罗虽广,其于人生哲学与教育思想之重视'明明德'与'新民'二大步骤,则始终如一也。

今日之大学教育，骤视之，若与'明明德''新民'之义不甚相干，然若加深察，则可知今日大学教育之种种措施，始终未能超过此二义之范围。""所患者，在体认尚有未尽，而实践尚有不力耳。""不尽者尽之，不力者力之，是今日大学教育之要图也，是《大学一解》之所为作也。"

二、一个中西两种文化矛盾冲突和初步融合的世纪

近代以来，面对帝国主义列强坚船利炮的猛烈轰击和西方以"科学、民主"为核心的现代文明的严峻挑战，1895年北洋大学的诞生开启了我国大学从传统向近代转换的新纪元。接着，20世纪初"从科举到学堂"和"从20世纪40年代'民族的、科学的、大众的'到20世纪80年代'面向现代化、面向世界、面向未来'"，我国教育战线进行了两次重大的思想解放和划时代教育变革，取得了举世瞩目的巨大成就。

1. 北洋大学的诞生开启了我国大学从传统向近代转换的新纪元

随着甲午战争硝烟的散去，人们看到在北洋水师旌旗折断的地方，1895年10月2日升起了一面"兴学强国"的大旗，中国第一所近代大学——北洋大学诞生了，这是中华民族不屈于外侮进行的又一次新的探索，开启了中国大学从传统向近代转换的新纪元。1915年，时任北洋大学校长的赵天麟承前启后，继往开来，高瞻远瞩地提出了"实事求是"校训，赋予北洋大学以新的生机和活力，逐渐形成了"严谨治学"的优良校风。120多年来，从北洋大学到天津大学，虽然历经沧桑巨变，北洋（天大）人始终自觉地以"兴学强国"为己任，坚守"实事求是"校训和"严谨治学"校风，与民族同呼吸，与祖国共命运，通过教育和办学实践，为实现中华民族伟大复兴的中国梦作出了重大贡献。

2. 成功地移植了西洋教育制度，却没有很好地承继我国古老的"大学之道"

20世纪初"从科举到学堂"是我国教育领域进行的第一次重大的思想解放和划时代教育变革，以蔡元培、梅贻琦、张伯苓和竺可桢为杰出代表的我国众多学贯中西的大师和教育家们高举"教育救国"的伟大旗帜，在我国积极传播以"通识教育，学术自由，教授治校，教育独立"为主要内涵的西方近现代大学理念，为在我国建立和发展近、现代大学奠定了坚实的基础，谱写了我国近现代教育史上辉煌的篇章。尤其是抗战后期由北京大学、清华大学和南开大学联合组建的"西南联大"，以其"刚毅坚卓，独立自由，民主进步，关注社会"

的联大精神，在我国近现代大学发展史上占有独特的地位并作出了卓越贡献。但是，由于种种极其复杂的原因，我国先秦时期"大学之道"的核心和精髓没有得到很好地继承和发展，主要是重知识传授轻人格养成，忽视"自天子以至于庶民，一是皆以修身为本"。

3. 开辟了中国特色社会主义教育发展道路

新中国成立以后，毛泽东在1940年提出"民族的、科学的、大众的"新民主主义文化观及其在解放区进行教育改革试验的基础上，对中国特色社会主义教育发展道路进行了艰苦的探索，提出了"培养有社会主义觉悟的有文化的劳动者"的教育目标和"百花齐放，百家争鸣"的繁荣文学艺术的方针，为建立中国特色社会主义教育制度奠定了初步的基础。20世纪80年代以来"从'中国特色'到'三个面向'"，通过改革开放、艰苦探索和快速发展，国家提出了"教育必须为社会主义现代化建设服务、为人民服务"的方针，作出了《关于深化教育体制机制改革的意见》和《关于深化教育改革全面推进素质教育的决定》，开辟了中国特色社会主义教育发展道路，建成了世界最大规模的教育体系。教育的发展极大地提高了全民族素质，推进了科技创新和文化繁荣，为经济发展、社会进步和民生改善作出了不可替代的重大贡献，我国实现了从人口大国向人力资源大国的深刻转变。但是，由于种种极其复杂的原因，大学缺乏面向社会自主办学的活力。

4. 中西两种文化各有优点和不足，既是对立的又是互补的

通过回顾总结近一个多世纪以来我国近现代大学发展、变革的文化脉络，我们清醒地认识到：我国传统文化注重"人对人"，重"整体目标和伦理道德"，西方现代文明注重"人对物"，重"个性自由和科学理性"，它们之间是有原则区别的。中国传统文化的优点是倡导"仁"和"和"，不足之处是固守封建宗法制度和忽视科学技术。在历史上，中国多的是忠君死节的烈士，独缺为自己学说献身的勇士。由此可见，我国传统文化和西方现代文明各有优点和不足，二者既是对立的又是互补的。虽然它们都在历史上起过重大的进步作用，但都不同程度地扭曲了人的"整体性"或人的"个性"，没有处理好"人对人"与"人对物"之间的辩证关系，因此，随着它们的历史作用的充分实现，其弊端方面也日益突出。尤其是20世纪90年代中期以来，面对在世界范围内和我国日益明显出现的大学精神衰微，其实质是"道德信仰危机"的严峻挑战，联合国教科文组织1998年强烈呼吁：教育和大学"必须进行最彻底的变革，以促使目前

我们正在经历着一场深刻价值危机的社会可以超越一味的经济考虑，而注重深层次道德和精神问题"。

正反两个方面的经验教训使我们逐渐深刻地认识到：科学技术是一把"双刃剑"，它既为人类创造了巨大的物质文明，也促使我国大学之道的核心内涵实现了从"以儒学为中心"向"以科技为中心"的转变。但是，由于种种极其复杂的原因，大学没有很好地承继我国先秦时期"大学之道"的核心和精髓，而是重知识传授轻人格养成，忽视"自天子以至于庶民，一是皆以修身为本"。因此，坚持"中国特色，综合创新"的文化发展道路，坚信中国优秀传统文化精华，吸收西方现代文明所长，是以"以人为本，实现和谐"为价值基石，创新当代中国"大学之道"和探索构建当代中国大学人的精神家园，为实现当代中国大学理想而奋斗的唯一正确的文化选择。

三、回归"人"的主体地位和认定大学的崇高信仰

20世纪90年代中期以来，随着人类社会逐渐进入以经济全球化为基本特征的崭新时代和我国从计划经济体制逐渐向社会主义市场经济转型以及物质财富的迅速增长和人们生活的巨大改善，面对在世界范围内和我国日益明显出现的大学精神衰微，其实质是"道德信仰危机"的严峻挑战，近20年来在我国悄然兴起了一个大学文化问题研究学术思潮，其核心是一股大学精神研究热潮。随着这个学术思潮和这股研究热潮逐渐深入到哲学领域，当代中国大学文化哲学便产生了。当代中国大学文化哲学研究的重要特征是突出"人"在人类社会发展中的主体地位，确认当前出现的"'物质丰富，精神空虚'的'单面人'现象"是大学精神衰微的突出表现，其哲学根源是"偏向于用理性主义解释了高等教育的本性"，其社会根源是由于人文主义与科学主义两种思潮的对立导致的"科学理性"偏离"人道目标"的价值冲突。因此，以"以人为本，实现和谐"为价值基石，创新当代中国"大学之道"和探索构建当代中国大学人的精神家园，为实现当代中国大学理想而奋斗的关键，是回归"人"在人类社会发展中的主体地位和坚定不移地认定"'以人为本，实现和谐'是大学应当为之奋斗的崇高信仰"。

1. "物质丰富、精神空虚"的"单面人"现象是突出表现

教育的本质是在认知活动的基础上促进人的发展的一种生命活动，未来的新社会"是以每个人全面而自由地发展为基本原则的社会形式"。我国台湾中原

大学林治平教授的学术专著《QQQQ的人生——全人理念与现代化》（台湾财团法人基督教宇宙光传播中心，1988年9月）深有感触地指出："现代人生活在看得见的物质丰富之中，但却失去了看不见的平安、喜乐、爱与生命中的永恒。""难怪20世纪60年代开始，我们就被称为失落的一代"，"我们都已经成为'单面向'的人，早已被彻底地物化了"。该校校长张光正教授在为该书作《序》时进一步指出："在经济化、现代化过程中，人虽然充分享受到了生活富裕、经济成长、交通便捷之利，但人的价值却模糊了"，"人已经迷失在毫无道理、没有目标的世俗凡海。"

2. 应当把"生命论哲学"作为高等教育合法存在的主要哲学基础

面对"物质丰富、精神空虚"的"单面人"现象，湖南大学张楚廷教授的学术专著《高等教育哲学》（湖南教育出版社，2004年12月）以"马克思的社会思想其核心就在'人'，在寻求一个怎样的社会更有利于人，其核心就在人的发展，人的个性，人的自由，人的尊严，人的幸福，人不再被异化"的精辟论断为指导，对1978年美国学者约翰·S.布鲁贝克作出的"使高等教育合法存在的哲学"的论断提出了质疑，尖锐地指出："把高等教育哲学植于认识论基础之上，显然是偏向于用理性主义解释了高等教育的本性。""然而，我们提出了多方面事实，从而也多方面地阐明，对于高等教育哲学，不能仅仅归结为政治论和认识论那两种基础之上。""生命论哲学不仅涉及教育的本性、基础，而且涉及它的功能，不仅涉及其历史，也涉及今天。""相信有了人，才开始了教育的历史"，"而辩证法和全部哲学只存在于我们的（人的）历史之中"。

3. "科技理性"偏离"人道目标"的价值冲突是重要社会根源

为了进一步揭示大学精神衰微出现的社会根源，中山大学朱人求教授的学术专著《儒家文化哲学研究》（安徽人民出版社，2008年2月）深刻地指出："在西方，随着资本主义工业社会的发展，'科学理性'与'人道目标'之间发生了冲突，出现了科学主义思潮与人文主义思潮的对立。""可以说，正是社会历史发展本身，促使西方一些哲学家、社会学家把精力集中到文化问题上来，注意探讨文化的本质，提出文化反省的要求，于是，文化哲学应运而生。因此，西方文化哲学产生的实质在于重新检视科学主义与人文主义的对立与危机，注重价值理性与科技理性的整合，积极开拓人类文化发展的新方向，把文化问题直接摆到了哲学的面前。"

4. 坚定不移地认定大学应当为之奋斗的崇高信仰

2012年4月出版的《大学文化哲学——大学文化既是一种存在更是一种信仰》（王冀生著，中山大学出版社）深刻地指出："从根本上说，大学的存在是人类社会发展的客观需要，信仰的本质是人们对人类社会发展唯一性真理坚定不移的认定。因此，人们对大学应当为之奋斗的崇高信仰，必然随着社会转型和文化变迁有一个不断认定的过程。从宏观上说，2000多年来，随着人类从'以人的体力劳动为基础的'农业经济社会向'以科学技术是第一生产力为基础'的工业经济社会转型，人类社会主导文化形态已经经历了'人文主导'和'科技主导'两个大的历史发展阶段。面对当前人类社会发展过程中出现的'科学理性'偏离'人道目标'的价值冲突，我们始终坚定不移地认定'以人为本，实现和谐'既是人类社会发展的唯一性真理，也是大学应当为之奋斗的崇高信仰。"

文化自觉是一种内在的精神力量，大学精神是由教育理想和大学信仰决定的。因此，不断提高大学的文化自觉，特别是回归"人"在人类社会发展中的主体地位和坚定不移地认定"'以人为本，实现和谐'是大学应当为之奋斗的崇高信仰"，为我们在新的时代背景下创新当代中国"大学之道"和探索构建当代中国大学人的精神家园，为实现当代中国大学人的精神家园奠定了坚实的价值基石。

四、为实现当代中国大学理想而奋斗

面对20世纪90年代中期以来我国日益明显出现的大学精神衰微现象，其实质是一种道德信仰危机的严峻挑战，当前和今后一个时期我们面临的一项战略任务是在继承我国先秦时期"大学之道"的核心和精髓的基础上，学习、借鉴人类社会积淀和创造的一切优秀文明成果，包括近代以来西方大学理念的优秀元素和具有当代价值的文化精神，以"以人为本，实现和谐"为价值基石，以"人文、理性、求实、创新、和谐"为共享核心价值信念，创新当代中国"大学之道"和探索当代中国大学人的精神家园，为实现当代中国大学人的理想而奋斗。

1. 人文：生命信念与精神境界

人们一般认为，"人文"指的是一种精神境界，其核心是正确认识和处理人与自然、人与社会、人与他人和人与自己的基本态度，树立科学的自然观、人生观、道德观和自律观。人对自然的基本态度应当是坚持"人与自然和谐发展",最终目标是促使人类社会得到全面、协调、可持续发展。人对社会的基本态度应当是坚持社会价值与个体价值的辩证统一,在为实现作为"整体"的人类社会得到全面、协调、可持续发展而奋斗中求得作为"个体"的人实现"全面而自由的发展"。人对他人的基本态度应当是把"仁者爱人"和"齐之以礼"作为一切伦理道德的基础,竞争应当是在公平和诚信基础上的竞争,并且在竞争的同时实现合作共赢。人对自己的基本态度的核心是正确认识和控制自己,既有自知之明又充分发扬人的个性。由此可见,"人文精神"的实质是一种人文修养。必须着重指出,"人文"不仅是一种精神境界和人文修养,其本质更是一种生命信念和价值追求,因为"人"是人类社会发展的主体,"人的发展"是人类社会发展永恒的主题,教育的本质是一种通过文化促进人的发展的生命活动,未来的新社会是"以每个人全面而自由的发展为基本原则的社会形式"。因此,当代中国大学应当树立"生命信念与精神境界辩证统一的"人文关怀观,确认大学是人类文明的精神家园,自觉地承担起促使"每个人全面而自由的发展"和为人类社会发展谋福祉的重大使命。这是以"以人为本,实现和谐"为价值基石,以"人文、理性、求实、创新、和谐"为共享核心价值信念,创新当代中国"大学之道"和探索构建当代中国大学人的精神家园,为实现当代中国大学人的理想而奋斗的第一要义和永恒之魂。

2. 理性:知识理性与价值理性

现在人们一提到"象牙塔"往往认为是一种贬义词,似乎离当今的现实非常遥远,这是一种误解。实际上,以恪守古希腊"知识即目的"的理性追求和"为科学而科学"的价值准则为核心的"象牙塔"精神是人类应当永远坚守的一种纯洁、崇高的精神境界,它要求人们崇尚理性甚于崇尚金钱,关心人类社会的根本利益甚于关心眼前利益,关注永恒甚于关心时尚,相对远离实际生活而沉溺于沉思的生活,把"维护理性之清明和良心的纯洁"作为人生追求的一种崇高理想。从根本上说,"理性"和"科学"是紧密相关的。离开了"科学"就不可能有"理性",坚持"科学理性"的本质就是在价值判断的基础上追求、坚持真理和造福人类,它是大学存在的价值基础,其最高境界是一种科学修养,它要求人们在任何时候都能运用智慧冷静而理性地思考和恰到好处地处理问题,为人类社会谋福祉,这同样是一种道德修养。从这个意义上说,是否有"理性"不仅是人与其他动物之间的本质区别,更是一个人、一所大学、一个民族和一个国家是否成熟的重要标志。需要强调的是,作为"知识理性"的科学技术是一把"双刃剑",它理应以为人类社会发展谋福祉的"人道目标"为价值导向,而且近代以来现代科学技术已经极大地提高了社会生产力,促使人类物质财富迅速增长和人民生活明显改善。但是,无数历史事实已经证明,如果"知识理性"忽视以"为人类社会发展谋福祉"的"人道目标"为价值导向,它将有可能给人类带来灾难,甚至毁灭人类。因此,当代中国大学应当以"为人类社会发展谋福祉"的"人道目标"为价值导向,树立"知识理性与价值理性辩证统一的"科学理性观。这是以"以人为本,实现和谐"为价值基石,以"人文、理性、求实、创新、和谐"为核心价值信念,创新当代中国"大学之道"和探索创新当代中国大学人的精神家园,为实现当代中国大学理想而奋斗的认知根基和价值基础。

3. 求实:使命担当与坚守品位

从根本上说,大学的存在是人类社会发展的客观需要。自古以来,我国大学就有强烈的国家意识。通过人文化成"推行教化庶民促使天下昌明"是我国先秦时期"大学之道"的精髓。大学既担当了"立德树人,亲民济世"的重大使命,也坚守了通过人文化成"推行教化庶民促使天下昌明"的文化品位。西方大学曾经长期处于"象牙塔"之内,远离社会之外从事传授知识的教学活动和纯科学研究。自19世纪初叶德国威廉·冯·洪堡在创立柏林大学时把学术研究功能引入大学以后,教育和科学就是构成大学的两个核心要素,它们既是不同质的事物又共处于同一所大学之中。"育人为本"是大学存在的第一要义,教育的本质是通过文化促进人的发展的一种生命活动;"科学为根"是大学存在的价值基础,科学的本质是一种"探索未知"的认知过程,它们共同决定了"大学应当坚守的文化品位和价值追求"的核心内涵,基本要求是始终坚守大学是人类文明的精神家园、人才养成的重要基地和人类社会的知识权威、最富有创造力的学术殿堂的历史地位,以及与之相应的以"致力于照亮人性的美"的人文关怀和"为真理而献身"的独立精神为核心的大学精神文化传统。因此,当代中国大学应当在继承我国先秦时期的优良办学传统和学习借鉴西方近现代大学的办学理念的基础上坚守"使命担当与坚守品位辩证统一的"品位使命观,在坚守大学应有的文化品位和价值追求的基础上全面承担起历史赋予的传承和创新文化的重大使命,在传承和创新高深知识的基础上全面承担起教育责任、学术责任、既服务又引领社会前进的责任和国际责任,为建设富强民主文明和谐美丽的社会主义现代化强国和实现中华民族伟大复兴的"中国梦"而奋斗,进而为积极推动构建"人类命运共同体"作贡献。这就是以"以人为本,实现和谐"

为价值基石,以"人文、理性、求实、创新、和谐"为核心价值信念,创新当代中国"大学之道"和探索创新当代中国大学人的精神家园,为实现当代中国大学理想而奋斗的使命担当和独特品位。

4. 创新:时代呼唤与开放包容

创新既是一个民族不断进步的灵魂,也是一所大学兴旺发达的不竭动力。作为一种意识,创新不仅源于人们"闲逸的好奇"心理,更来自拳拳学子的"报国之心","创造力"是现代大学的价值所在。尤其是当今世界正处于大发展、大变革、大调整时期,创新正在日益成为经济社会发展的主要驱动力,开放包容更是增强国家核心竞争力的重要因素。在这种新的时代背景下,各国为掌握国际竞争主动权,纷纷采取深度开发人力资源、实现创新驱动发展的战略选择。因此,当代中国大学应当顺应当今世界的时代潮流,树立"时代呼唤与开放包容辩证统一的"的战略创新观,继承"自强不息,报效祖国"的奋斗精神和敞开"厚德载物,开放包容"的宽广胸怀,面向现代化,面向世界,面向未来;充分发挥大学作为科技第一生产力和人才第一资源重要结合点及其在国家经济社会发展中具有的不可替代的地位作用,在高度重视优势学科建设的基础上大力增强以"凝聚力、教育力、创造力、引领力"为主要内涵的大学核心竞争力,促使杰出拔尖人才培养和重大核心技术研究主要立足国内,关键在于改革根深蒂固的行政化教育体制,进一步建立、健全中国特色现代大学制度,把大学从重重束缚下解放出来,成为依法面向社会自主办学的法人实体。这是以"以人为本,实现和谐"为价值基石,以"人文、理性、求实、创新、和谐"为核心的价值信念,创新当代中国"大学之道"和探索创新当代中国大学人的精神家园,为实现当代中国大学理想而奋斗的不竭动力和战略需要。

必须强调指出,作为当代中国大学理想的核心价值信念,"人文、理性、求实,创新、和谐"是一个相互关联、相辅相成和辩证统一的有机整体。其中,应当以"生命信念与精神境界辩证统一"的人文关怀观为主导,以"知识理性与价值理性辩证统一"的科学理性观为根基,以"使命担当与坚守品位辩证统一"的品位使命观为方向,以"时代呼唤与开放包容辩证统一"的战略创新观为动力,统一在"'每个人全面而自由的发展'的教育理想"和"'以人为本,实现和谐'是大学应当为之奋斗的崇高信仰"之中。

我国是一个历史悠久的文明古国,有着以孔子儒学及其"以伦理道德为本位"的教育理想为核心的深厚的文化底蕴和独特优势,近一个多世纪以来又经历了艰苦卓绝的民族解放和雄心勃勃的实现工业化、现代化的伟大进程,尤其是经过从 20 世纪初叶到 21 世纪初叶我国教育战线进行的两次重大的思想解放和划时代教育变革，不仅为在我国建立和发展近现代大学奠定了坚实的基础，而且成功地开辟了中国特色社会主义教育发展道路，使我国实现了从人口大国向人力资源大国的深刻转变。我国大学的发展变革，极大地提高了全民族素质，推进了科技创新和文化繁荣，为经济发展、社会进步和民生改善作出了不可替代的重大贡献。我坚信，再经过若干年的改革创新和艰苦奋斗，一个中国特色高等教育强国必将崛起，一个以"人文、理性、求实、创新、和谐"为共享核心价值信念的当代中国大学人的精神家园必将屹立于世界的东方，我国大学必将在为实现当代中国大学人理想而奋斗的伟大征程中，为把我国建设成为富强、民主、文明、和谐、美丽的社会主义现代化强国和为实现中华民族伟大复兴的"中国梦"，进而为积极推进构建"人类命运共同体"的伟大事业作出新的更大的贡献。

（本文系作者 2019 年 11 月在岳麓书院举办的以"大学之道与文明进步"为主题的"清华会讲湖大行"活动主场上的主旨演讲，载于《大学教育科学》2020 年第 2 期）

参考文献

学术专著（60）

1. [英]伯兰特·罗素：《自由之路》，李国山等译，北京，文化艺术出版社，1998。
2. [古希腊]柏拉图：《理想国》，载单中惠、杨汉麟主编：《西方教育学名著提要》，南昌，江西人民出版社，2000。
3. [古希腊]亚里士多德著：《形而上学》，吴寿彭译，北京，商务印书馆，1997。
4. [英]约翰·亨利·纽曼：《大学的理想》，徐辉、顾建新、何曙荣译，杭州，浙江教育出版社，2001。
5. [美]克拉克·科尔：《大学的功用》，陈学飞、周京译，南昌，江西教育出版社，1993。
6. [美]约翰·S.布鲁贝克：《高等教育哲学》，郑继伟、徐小洲等译，杭州，浙江教育出版社，1987。
7. [美]德里克·博克：《走出象牙塔——现代大学的社会责任》，徐小洲、陈军译，杭州，浙江教育出版社，2001。
8. [西]奥尔加特·加塞特：《大学的使命》，徐小洲、陈军译，杭州，浙江教育出版社，2001。
9. [英]爱德华·泰勒：《原始文化》连树声译，上海，上海文艺出版社，1992。
10. [美]艾伦·布姆鲁：《走向封闭的美国大学》，缪青、宋丽娜译，北京，中国社会科学出版社，1994。
11. [加]徐美德：《中国大学1895—1995：一个文化冲突的世纪》，许洁英主译，王嘉毅、陆永玲校，北京，教育科学出版社，2000。
12. [美]约瑟夫·E.奥恩：《教育的未来——人工智能时代的教育变革》，李海燕、王秦辉译，北京，机械工业出版社，2018。
13. 牛宝彤选注：《唐宋八大家文选》，兰州，甘肃人民出版社，1984。
14. 潘懋元主编：《高等教育学（上、下）》，北京，人民教育出版社，福州，福建教育出版社，1984。

15. 林治平：《QQQQ 的人生——全人理念与现代化》，台湾财团法人基督教宇宙光传播中心，1988。

16. 杨适：《中西人论的冲突——文化比较的一种新探求》，北京，中国人民大学出版社，1991。

17. 袁贵仁：《马克思的人学思想》，北京，北京师范大学出版社，1996。

18. 顾明远：《我的教育探索》，北京，教育科学出版社，1998。

19. 李曼丽：《通识教育——一种大学教育观》，北京，清华大学出版社，1999。

20. 黄济：《教育哲学通论》，太原，山西教育出版社，2000。

21. 曾钊新：《教育哲学断想录》，长沙，中南工业大学出版社，2000。

22. 邓志伟：《个性化教学论》，载于《当代教师进修丛书》，钟启泉主编，上海，上海世纪出版集团、上海教育出版社，2000。

23. 杨东平编：《大学精神》，沈阳，辽海出版社，2000。

24. 云南大学 UIS 编写组编著：《塑造大学之魂》，昆明，云南大学出版社，2000。

25. 金耀基：《大学的理念》，北京，生活·读书·新知 三联书店，2001。

26. 李尚德主编：《凝聚中大精神——"中大精神与校园文化建设"大讨论文集》，广州，中山大学出版社，2001。

27. 陈洪捷：《德国古典大学观及其对中国的影响》，北京，北京大学出版社，2002。

28. 刘鄂培主编：《综合创新——张岱年先生学记》，北京，清华大学出版社，2002。

29. 教育部中外大学校长论坛领导小组主编：《中外大学校长论坛文集》，北京，高等教育出版社，2002。

30. 陈平原：《中国大学十讲》，上海，复旦大学出版社，2002。

31. 阎光才：《识读大学——组织文化的视角》，北京，教育科学出版社，2002。

32. 王义遒：《文化素质与科学精神——谈学论教续集》，北京，北京大学出版社，2003。

33. 胡显章、吴剑平主编：《清华名师谈治学育人》，北京，清华大学出版社，2003。

34. 韩延明：《大学理念论纲》，北京，人民教育出版社，2003。

35. 张楚廷：《高等教育哲学》，长沙，湖南教育出版社，2004。

36. 张维迎：《大学的逻辑》，北京，北京大学出版社，2004。

37. 顾明远：《中国教育的文化基础》，太原，山西教育出版社，2004。

38. 张祥云：《大学教育回归人文之蕴》，广州，中山大学出版社，2004。

39. 丁学良著：《什么时世界一流大学？》，北京，北京大学出版社，2004。

40. 张岂之主编：《中国传统文化》，北京，高等教育出版社，2005。

41. 谢泳、智效民：《逝去的大学》，北京，同心出版社，2005。

42. 董云川，《找回大学精神》，昆明，云南大学出版社，2005。

43. 庞青山：《大学学科论》，广州，广东教育出版社，2006。

44. 储朝晖：《中国大学精神的历史与省思》，太原，山西教育出版社，2006。

45. 眭依凡：《大学的使命与责任》，北京，教育科学出版社，2007。

46. 赵沁平：《大学需要文化 文化需要大学》，北京，高等教育出版社，2008。

47. 朱人求：《儒家文化哲学研究》，合肥，安徽人民出版社，2008。

48. 张应强：《大学的文化精神与使命》，合肥，安徽人民出版社，2008。

49. 赵存生主编，林齐模 副主编：《世界多元激荡交融的大学文化——海峡两岸大学文化高层论坛论文集》，北京，高等教育出版社，2009。

50. 胡显章主编：《先进文化建设中的大学文化研究》，北京，高等教育出版社，2009。

51. 王志强主编：《大学文化精神论》，大连，大连理工大学出版社，2009。

52. 傅璇琮、李克主编：《四书五经》，北京，万卷出版公司，2010。

53. 杨自伍编译，《教育：让人成为人》，北京，北京大学出版社，2010。

54. 王少安、周玉清：《社会主义核心价值体系引领大学文化建设论纲》，北京，人民出版社，2011。

55. 梁漱溟：《中国文化的命运》，北京，中信出版社，2013。

56. 眭依凡等：《大学文化思想及文化育人研究》，杭州，浙江大学出版社，2016。

57. 胡显章等，《当代中国大学精神研究》，北京，高等教育出版社，2017。

58. 王义遒：《探索新型综合大学——王义遒教育文选》，武汉，华中科技大学出版社，2018。

59. 王晓阳主编：《大学精神 薪火相传——大学文化研究论文辑刊一、二》，北京，光明日报出版社，2019。

60. 胡显章：《飞鸿印雪——大学之道寻踪》，北京，清华大学出版社，2021。

学术论文（32）

1. 孙中山：《帅座对军校开学演词》，载《广东民国日报》，1924年6月20日—24日。
2. 孙中山：《在黄埔军官学校的演说》，载《孙中山全集》第十卷，中华书局，1986。
3. 蔡元培：《教育独立权》，载《新教育》第4卷第3期，1922年3月。
4. 梅贻琦：《就职演说》，载《国立清华大学校刊》第341号，1931年12月。

5. 竺可桢：《大学教育的主要方针》，载《国立浙江大学校刊》第 248 期，1936 年。

6. 竺可桢：《求是精神与牺牲精神》，载《浙江大学西迁纪实》，1939 年 2 月。

7. 唐文治：《上海交通大学第三十届毕业典礼训辞》，载《唐文治教育文选》，西安，西安交通大学出版社，1995。

8. 罗家伦：《中央大学的使命》，载冒荣、王运来主编：《南京大学办学理念治校方略》，南京，南京大学出版，2002。

9. 陈至立：《在中外大学校长论坛开幕式的致辞》，载《2002 年中外大学校长论坛文集》，北京，高等教育出版社，2002。

10. 袁贵仁：《加强大学文化研究，推进大学文化建设》，载《中国大学教学》2002（10）。

11. 顾明远：《铸造大学的灵魂——读王冀生的新作〈现代大学文化学〉》，载《中国教育报》，2003-01-30。

12. 顾明远：《大学之道》序，，载于《大学之道》，王冀生著，高等教育出版社，2005。

13. 顾明远：《大学文化的缺失》，载《大学文化与思想解放高层论坛文集》，大学文化研究与发展中心编，2009。

14. 潘懋元：《可持续发展的高等教育改革》，载《辽宁高等教育研究》，1997（4）。

15. 潘懋元：《走向 21 世纪高等教育思想的转变》，载《辽宁高等教育研究》1998（6）。

16. 眭依凡：《大学者，有大学文化之谓也——兼谈大学新区的文化建设》，载《教育发展研究》，2004（4）。

17. 肖雪慧：《教育：必要的乌托邦》，载李静主编：《中国问题》，北京，中国工人出版社，2002。

18. 肖雪慧：《大学之魂》，载谢泳、智效民等：《逝去的大学》，北京，同心出版社，2005。

19. 施晓光：《大学：三种意义上的解读》，载《北京大学教育评论》，2006（3）。

20. 张学文：《全球化背景下的大学理性与大学责任》，载《科学时报》，2006-07-04。

21. 卢风：《现代文化批判与生态文化构想》，载《现代大学教育》，2006（5）。

22. 韩水法：《中国大学的自信何在》，载《科学时报》，2006-08-15。

23. 杨福家：《大学的使命与文化内涵》，载《学习时报》，2007-09-02。

24. 杨玉良：《"精神虚脱"，创建不了世界一流大学》，载《中国青年报》，2010-06-22。

25. 龚克：《大学文化是"育人为本"的文化》，载《中国高等教育》，2010（20）。

26. 蒋家平：《找寻'色彩斑斓的大学回忆》，载《2010年大学文化与育人为本学术研讨会论文集》，浙江师范大学，2010。

27. 胡显章、程刚：《大学应充分发挥文化融合功能》，载胡显章主编：《先进文化建设中的大学文化研究》，北京，高等教育出版社，2009。

28. 王义道：《论大学精神形成演变的逻辑值道——大学精神之我见.》，载《中国高教研究》，2012（9）。

29. 王长乐：《大学问题的深层次原因是文化革新缺失》，载《科学网》，2008-04-08。

30. 胡显章：《大学文化哲学——大学文化既是一种存在更是一种信仰》序，载于王冀生：《大学文化哲学——大学文化既是一种存在更是一种信仰》，广州，中山大学出版社，2012。

31. 王义道：《我的大学文化观》序，载王冀生：《我的大学文化观》，天津，天津大学出版社，2014。

32. 方惠坚：《中国特色高等教育文化研究》序，载王冀生：《中国特色高等教育文化研究》，北京，清华大学出版社，2019。

附录：作者有关论著

学术专著、总主编（8）

1. 王冀生：《宏观高等教育学》，北京，高等教育出版社，2000。

2. 王冀生：《现代大学文化学》，北京，北京大学出版社，2002。

3. 王冀生：《大学之道》，北京，高等教育出版社，2005。

4. 王冀生：《大学理念在中国》，北京，高等教育出版社，2008。

5. 王冀生总主编：《中国大学文化百年个案研究系列丛书》，北京，高等教育出版社，2011。

6. 王冀生：《大学文化哲学——大学文化既是一种存在更是一种信仰》，广州，中山大学出版社，2012。

7. 王冀生：《我的大学文化观》，天津，天津大学出版社，2014。

8. 王冀生：《中国特色高等教育文化研究》，北京，清华大学出版社，2019。

学术论文、演讲、报告（84）

1. 《时代精神与教育观念》，载于《上海高教研究》1996年第4期。

2. 《跨世纪人才的主要特征》，载于《高教探索》1997年第3期。

3. 《新时期高等理科教育调整、改革的指导方针》，载于王冀生著《面向21世纪的中国高等教育》，陕西人民教育出版社，1998年9月。

4. 《现代高等工程教育观》，载于王冀生著《面向21世纪的中国高等教育》，陕西人民教育出版社，1998年9月。

5. 《现代大学的本质和主要特征》，载于《电子科技大学学报》（社会科学版）1999年第2期。

6. 《现代大学的教育理念》，载于《中国高教研究》1999年第2期、第4期。

7. 《以人为本 注重学术 服务社会 勇于创新——试论现代大学的办学理念》，载于《教育发展研究》1999年报第11期。

8. 《1978年以来我国高等教育战线的思想解放》，载于《青岛化工学院学报（社会科学版)》2000年第2期。

9.《进一步重视和加强对现代大学的研究》，载于《高等教育研究》2000年第2期。

10.《以人为本与教育创新》，1999年5月提交西安海峡两岸高等教育思想研讨会，1999年12月提交南京国际大学教育思想研讨会的论文，载于《有色金属高教研究》2000年第3期。

11.《全面推进素质教育的科学内涵》，载于《中国高教研究》2000年第7期。

12.《转变中的现代大学》载于中南大学文化素质教育中心组编《大学人文优秀讲稿精选》，中南大学出版社，2000年10月。

13.《大学精神和制度创新》，载于《有色金属高教研究》2001年第1期。

14.《个性发展与教学创新》，载于《现代大学教育》2001年第1期。

15.《通识为本，专识为末》，载于《第三届海峡两岸暨香港大学通识教育思想研讨会论文集》，2001年11月；载于《教育发展研究》2002年第3期。

16.《文化觉醒与理念创新》，载于黄进主编《大学理念与通识教育》，武汉大学出版社，2002年1月。

17.《高等教育国际化的科学内涵》，在中国高等教育学会一次国际学术年会上的发言，载于《现代大学教育》2002年第1期。

18.《现代大学文化学的基本框架》，载于《中国高教研究》2002年第1期。

19.《积极探索高等职业技术教育的科学定位和办学模式》，载于《高教探索》2002年第2期。

20.《全球化时代与大学创新》，载于《高教探索》2002年第3期。

21.《中国大学理念研究》，载于《高教探索》2002年第4期。

22.《以"三个代表"重要思想为指针，加强大学文化问题研究》，载于《中国大学教学》2002年第11期。

23.《大学需要新的文化觉醒》，载于《高等教育研究学报》（国防科技大学）2003年第1期。

24.《"超越象牙塔"：现代大学的社会责任》，载于《高等教育研究》2003年第1期。

25.《办学需要一种精神》，载于《西安欧亚职业学院学报》2003年第2期。

26.《以人为本，崇尚学术，持续发展，走向世界》，载于《大学教育科学》2003年第2期。

27.《关注当代我国高等教育前沿问题》，2003年4月在云南大学举办的"全国高等教育学研究会学术年会"的发言。

28.《关注大学文化问题研究思潮》，载于《复旦教育论坛》2003年第4期。

29.《文化是大学之魂》,载于《北京大学教育评论》2003 年第 4 期。

30.《深刻转变中的我国高等教育》载于《中国高教研究》2003 年第 4、5 期。

31.《大学理念创新研究前沿问题》,2003 年 11 月在"全国高等教育学研究会学术年会"上的发言。

32.《大学文化觉醒与创新治校理念》,载于《中国高等教育》2003 年第 8 期。

33.《文化是育人之基和大学之魂》,载于《湖南大学校刊》,2004 年 4 月 24 日。

34.《当前办大学存在四大误区》,载于《扬子晚报》,2004 年 10 月 27 日。

35.《多样化与高品位》,载于《高教发展与评估》2005 年第 1 期。

36.《论"大学之道"》,载于《复旦教育论坛》2005 年第 1 期。

37.《大学本质与科学办学》,载于《广东技术师范学院学报》2005 年第 3 期。

38.《绿色 人文 科技 和谐——大学校园文化的内涵和建设》,载于《青岛科技大学学报(社会科学版)》2005 年第 4 期。

39.《中国大学文化百年研究》,载于《大学教育科学》2005 年第 4 期。

40.《文化个性与争创一流》,载于《西安交通大学学报(社会科学版)》2005 年第 4 期。

41.《文化个性与大学评估》,载于《高教发展与评估》2005 年第 5 期。

42.《文化觉醒与大学创新》,载于《临沂师范学院学报》2005 年第 5 期、《煤炭高等教育》2005 年第 5 期、《教育发展研究》2005 年第 9 期。

43.《大学文化的科学内涵》,载于《浙江万里学院学报》2005 年第 6 期、《高等教育研究》2005 年第 10 期。

44.《坚持政府宏观调控下的大学组织文化个性和社会监督》,2005 年 7 月在"第三届全国高等教育评估研究会学术年会"上的发言。

45.《大学精神与人文关怀》,2005 年夏提交顺德职业技术学院举办的"高等职业技术教育人文论坛"的论文。

46.《大学文化与办学特色》,2006 年 3 月 9 日在"百年暨南讲堂"做专题报告。

47.《大学文化是大学核心竞争力之所在》,载于《高教发展与评估》2007 年第 1 期。

48.《大学理念在中国的发展》,载于《高等教育研究》2007 年第 1 期。

49.《文化是大学之魂——对大学理念的再认识》,载于《高教发展与评估》2007 年第 1 期。

50.《把握中国文化前进方向 发展中国特色大学文化》,载于《大学教育科学》2007 年第 1 期。

51.《对大学校园文化的内涵和建设的再认识》,载于《第二届大学文化建设论坛文集》,华南理工大学党委宣传部主编,2007 年 5 月。

52.《大学是一个以理智为基石的国家的神殿》,载于《科学时报(大学周刊)》2007年7月8日。

53.《把教育事业交与教育家》,载于《现代大学教育》2007年第5期;《科学时报(大学周刊)》2007年8月14日。

54.《人文关怀和独立精神——真正意义上的永恒的"大学之魂"》,载于《复旦教育评论》2007年第6期。

55.《中国特色大学文化论纲》,载于《现代大学教育》2008年第1期。

56.《追寻中国大学之魂——坚持中国特色社会主义新文化观与普遍意义上的"大学之魂"的有机结合》,载于《高教发展与评估》2008年第3期。

57.《具有根本意义的教育变革和大学创新》,载于《中国发展观察》2009年第1期。

58.《大学文化与校史研究》,2009年7月在哈尔滨工业大学召开的"《中国大学文化百年个案研究系列丛书》执笔人会议"上的主题报告。

59.《育人为本,科学为根,文化为魂——三位一体的大学哲学观》,载于《中国高等教育》2009年第20期。

60.《人文化成:教育活动的本义》,载于《中国高等教育》2010年第2期。

61.《大学是一种文化存在和精神存在》,载于《杭州师范大学学报(社会科学版)》2010年第3期。

62.《开辟了中国特色社会主义教育发展道路》,载于《中国高教研究》2010年第22期。

63.《大力提高实施《教育规划纲要》的文化自觉》,载于《中国高等教育》2010年第22期。

64.《文化传承和创新:当代中国大学的重大文化使命》,载于《清华大学教育研究》2011年第3期。

65.《大学文化既是一种存在更是一种信仰》,载于《文化学刊》2011年第3期。

66."中国大学文化百年个案研究系列丛书"总序,王冀生总主编,高等教育出版社,2011年版。

67.《开展"中国大学文化百年研究"是当代中国大学人的一项创举——访"大学文化研究与发展中心"顾问王冀生先生》,载于《世界教育信息》2011年第11期。

68.《从"高深学问"到"大学文化"是个质的飞跃》,在湖南大学和中南大学高等教育研究所的学术报告,载于《现代大学教育》2012年第4期。

69.《高等教育哲学在当代中国的新进展》,2012年10月在清华大学赠书仪式上的学术演讲。

70.《对大学精神的再认识》,2013年4月在深圳召开的"当代中国大学精神研究课题组成立大会暨大学文化高层论坛"上的学术报告，载于《文化育人》，商务印书馆，2013年第2期。

71.《大学文化的核心和灵魂在精神》，2013年10月在天津召开的"当代中国大学精神高层论坛暨学术研讨会"上的学术报告，载于"光明网"2013年10月。

72.《大学文化是大学人的精神家园》，2014年3月在成都召开的"当代中国大学精神高层论坛暨学术研讨会"上的学术报告，载于《中国高等教育》2014年第9期。

73.《自觉地培育和践行社会主义核心价值观》，2014年11月在杭州召开的"当代中国大学精神建设交流研讨会"上的学术报告。

74.《实事求是：北洋校训文化研究》，2015年6月6日在北洋大学"实事求是"校训一百周年庆祝会上的书面发言。

75.《中华民族伟大复兴的根本在"文化"》，2015年9月15日在北京大学和"大学文化研究与发展中心"联合举办的"'新文化运动百年——回顾与展望'高层论坛"上的主旨发言。

76.《文化育人的本质、内涵、理想和根本》，2016年12月6日在《高职院校文化建设与育人丛书》工作会议上的学术报告。

77.《〈当代中国大学精神研究〉序》，载于《当代中国大学精神研究》，胡显章等著，高等教育出版社，2017年4月。

78.《坚持文化自信和逐步走向和谐》，2017年4月8日在"中国高等教育学会大学文化研究分会成立大会暨'文化自信与大学之道'高层论坛"上的主旨发言。

79.《开启我国高职院校文化育人新征程》，2017年12月23日在"贯彻'十九大'精神，推动全国职业院校文化育人"高层论坛上的主旨演讲。

80.《让每一个孩子都能享有公平而有质量的教育》，2018年5月在天津大学召开的"贯彻'十九大'精神，'建设教育强国'"高层论坛上的主旨发言。

81.《当代中国大学精神研究论纲》，载于《大学精神 薪火相传——大学文化研究论文辑刊一》，王晓阳主编，光明日报出版社，2019年1月。

82.《开启新时代建设中国特色教育强国新征程》，载于《中国特色高等教育文化研究》，王冀生著，清华大学出版社，2019年5月。

83.《探索构建当代中国大学人的精神家园》，载于《我的教育探索人生》，王冀生著，天津大学出版社，2019年9月。

84.《当代中国"大学之道"》，2019年9月在清华大学和湖南大学在岳麓书院联合举办的以"大学之道与文明进步"为主题的"清华会讲湖大行"会讲主场上的主旨演讲，载于《大学教育科学》2020年第2期。